课堂教学艺术
——设计与实践

主　编◎王焕良　马凤岗
副主编◎郑秀文　马晓春　高克甫

清华大学出版社
北京

内 容 简 介

为展示新冠肺炎疫情期间广大教师对教学工作的思考、探索和实践，总结线上教学技术与教学艺术，临沂大学组织优秀教师编撰了《课堂教学艺术》一书，以期这一个个卓越而精彩的教学案例，能让历史记住这一特殊时期师生们的精诚合作以及师生们的共同成长，为教师们继续探寻线上教学艺术和线上线下混合式教学艺术的奥妙，提供宝贵的借鉴和启示。

本书可作为高校教师专业发展和教学能力提升的参考读本。教师们深入阅读本书，可有效促进对课堂教学艺术规律的深层次理解和把握，有助于在教学实践中，结合课程特点和学生实际，打造精品高效课堂，实现教学最优化，提升人才培养质量。

本书封面贴有清华大学出版社防伪标签，无标签者不得销售。
版权所有，侵权必究。举报：010-62782989，beiqinquan@tup.tsinghua.edu.cn。

图书在版编目（CIP）数据

课堂教学艺术：设计与实践 / 王焕良，马凤岗主编. —北京：清华大学出版社，2021.9（2022.10重印）
ISBN 978-7-302-59090-3

Ⅰ．①课… Ⅱ．①王… ②马… Ⅲ．①课堂教学－教学研究－高等学校 Ⅳ．①G424.21

中国版本图书馆 CIP 数据核字（2021）第 185499 号

责任编辑：杜春杰
封面设计：刘　超
版式设计：文森时代
责任校对：马军令
责任印制：曹婉颖

出版发行：清华大学出版社
网　　址：http://www.tup.com.cn，http://www.wqbook.com
地　　址：北京清华大学学研大厦 A 座　　邮　编：100084
社 总 机：010-83470000　　邮　购：010-62786544
投稿与读者服务：010-62776969，c-service@tup.tsinghua.edu.cn
质量反馈：010-62772015，zhiliang@tup.tsinghua.edu.cn

印 装 者：三河市天利华印刷装订有限公司
经　　销：全国新华书店
开　　本：185mm×260mm　　印　张：17.75　　字　数：374 千字
版　　次：2021 年 9 月第 1 版　　印　次：2022 年 10 月第 3 次印刷
定　　价：68.00 元

产品编号：091404-01

编者委员会

主　任　王焕良　马凤岗

副主任　郑秀文　马晓春　高克甫

成　员　（按姓氏笔画排序）

　　　　　刁述妍　马　军　丰培金　王振海

　　　　　王常春　石少广　全先庆　刘凤志

　　　　　闫　妍　李鸣钊　李道勇　吴作凤

　　　　　张　笛　罗亚海　季　超　周云钊

　　　　　周　静　赵光勇　赵金霞　费聿辉

　　　　　夏其英　崔玉理　崔沂峰　梁仁君

　　　　　韩　虎　韩荣苍

序　言

2020年年初的新冠肺炎疫情虽然暂时凝滞了人们的脚步，但在困难中隐藏的转机也为人们开始新的探索提供了希望。在全国上下众志成城抗击疫情的过程中，我校师生共同谱写了一曲斗志昂扬的线上教学战"疫"之歌。广大教师在反思传统教学和探索新的教学模式过程中，从来没有像现在这样思考过教学要如何与现代信息技术有效而深层次地融合。教师们各显其能，积极探索，在做中学，在学中教，教学相长，学思结合，确保"停课不停教、停课不停学"，确保人才培养质量的成色。

当然，教学是一项复杂多变的实践活动，普适性的教学原则与方法仅能为教学活动提供方向性指导，想要达到优异的教学效果还须依靠教学艺术。"台上一分钟，台下十年功。"为展示疫情期间广大教师的思考、探索和实践，总结线上教学技术与教学艺术，临沂大学组织优秀教师编撰了《课堂教学艺术》一书，以期这一个个卓越而精彩的教学案例，能让历史记住这一特殊时期师生们的精诚合作以及师生们的共同成长，为教师继续探寻线上教学艺术和线上线下混合式教学艺术的奥妙，提供宝贵的借鉴和启示。

教师们所总结的这些案例体现了信息技术与课堂教学的深度融合，符合"学生中心、产出导向"的高等教育教学改革发展趋势，蕴含深邃的教学艺术思想、高超的教学技巧和精湛的教学艺术，既是教师进行课程教学设计的参照，也是教师进行教学研究和推进教学改革创新的范本，体现了教学艺术的如下特点：

（1）实践性。教育是培养人的社会实践活动，教师职业是以实践为主的职业。学生在变、知识在变、环境在变。面对一个处于变化的实践对象和环境，教师需要通过学习—实践—再学习—再实践，让课堂充满活力。本书所选

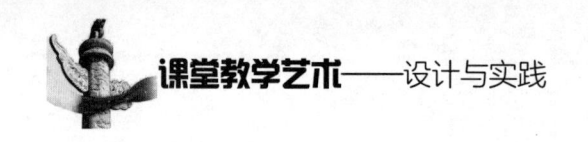

案例是教师们在线上教学实践过程中，为达到最佳教学效果所实施的真实而又典型的教学设计，体现着教师线上教学的广度和深度，值得教育工作者们深入学习和研究。

（2）创新性。教学的魅力在于创新。教学艺术是教学过程中教师独具特色的创新性活动。每位教师承担课程的教学目标不同，每位教师的气质特征、教学风格等也各有不同，其教学过程也自然表现出独特鲜明的个人特色，体现着每位教师的情怀、学识、能力和追求。书中所选案例无不展现着教师对于教学的独特理解和精心构思，是教师依据自身特征和学生实际，创造性地综合运用教学方法达成教学目标的过程。

（3）艺术性。教学既是科学，也是艺术。教学要成为一门充盈着魅力的艺术，首先应当是真实的，失"真"的教学不是教学艺术，不具备教学艺术应有的信服力。这些案例是教师们线上教学真实的写照，符合根据美学法则所创造的教学实践活动，阅读和学习这些经典线上教学案例，能够给人以美的享受，能够提升教师的职业认同感和幸福感。

教学是一门艺术，学无止境，教学探索永远在路上。本书可作为高校教师专业发展和教学能力提升的经典读本，教师们深入阅读本书，可有效促进对课堂教学艺术规律的深层次理解和把握，有助于在教学实践中，结合课程特点和学生实际，打造精品高效课堂，实现教学最优化，提升人才培养质量！

编　者

2020 年 10 月于临沂大学

目　录

文 史 类

情感共鸣艺术，让课程思政之火燎原于行
　　——新冠肺炎疫情期间《公司战略与风险管理》线上教学纪实 3
做"泛在学习"的引路人和同行者
　　——"税法与税务会计"线上教学艺术 10
为新冠肺炎后疫情时代教学保驾护航
　　——"管理运筹学"线上教学纪实 16
与时俱进，开拓创新
　　——"电子商务案例分析"课堂教学探索 23
技术赋能，师生实现课堂穿越
　　——"科学研究概论"课堂教学艺术典型案例 29
聚焦能力提升，线上线下互动
　　——"行政法专题研究"网络教学艺术初探 38
微课堂在线直播的教学艺术探索
　　——以"社会工作督导"课程为例 43
思政课线上交互式教学模式探索
　　——以"毛泽东思想和中国特色社会主义理论体系概论"课程为例 49
引导学生主动参与课堂，在交流思辨中增强情感认同
　　——以"毛泽东思想和中国特色社会主义理论体系概论"为例 55
传道有术，授业有方，解惑有法
　　——"教育政策与法规"在线课堂教学艺术微探 61
借远程互动，天涯若比邻
　　——新冠肺炎疫情下"学前教育学"在线教学艺术探究 66
聚焦智慧课堂，感受统计魅力
　　——"SPSS 应用"教学艺术浅谈 73
相约云端共筑课堂，以心助推疫情防控
　　——"儿童心理学"线上教学艺术 78
线上线下紧密互动，居家防疫强健身心
　　——"大学体育Ⅱ"线上课堂教学艺术典型案例 85

云端的歌声与琴声
——"视唱练耳2"线上教学实记 ... 92

课程思政融入高校艺术史类教学工作的实践探索
——以"外国美术史"线上教学工作为例 ... 97

彰显线上艺术课堂魅力
——"UI设计"课堂教学纪实 ... 106

基于OBE理念的MOOC混合式学习模式探究
——"第二语言习得理论"的课堂教学艺术 ... 112

基于翻转课堂理念的线上教学实践探索
——"古代文学"线上课堂教学实践探究 ... 118

疫情期间线上教学实践与思考
——"英语阅读4"线上课堂教学艺术典型案例 ... 123

"一主两线三融合"线上线下混合式教学模式研究与改革
——以"CIS策划与设计"课程为例 ... 128

基于课程思政理念的线上线下混合式教学艺术探究
——以"媒介道德与法规"为例 ... 137

着力打造实践情景，应对后疫情影视工业导向
——"电视摄像与编辑"的线上教学艺术 ... 142

以技授艺技艺交融
——"数字调色技术"线上直播课程教学艺术 ... 148

彰显人文情怀激发情感共鸣
——"旅游电子商务"翻转课堂教学模式设计 ... 154

抱朴守正，笃学敏行
——"中国古代史2"线上教学纪实 ... 161

多重质疑与即时互动
——"文化产业政策与法规"课程线上教学模式探索 ... 167

理　工　类

不负光阴不负卿
——疫情背景下"环境化学"线上教学实践 ... 175

一个媒介、两个课堂，搭建师生交流的新桥梁
——青教"物理化学"线上教学进阶之路的初探索 ... 182

钉钉相伴，相聚云端课堂
——疫情期间"无机化学"在线教学设计与探索 ... 187

目 录

"1+1"云课堂，让学习跨越时空
　　——疫情之下"生物化学"线上教学方法探索 194

共克时艰筑云端课堂，一丝不苟悟教学艺术
　　——"大学物理"线上课堂教学的实践与探索 199

相约"云端"，乐享课堂
　　——"单片机原理与接口技术"线上信息化教学艺术 204

同心战"疫"停课不停学，师生共情教学保质量
　　——以"数控技术"线上教学为例 211

创新驱动课程发展，携手防疫共筑课堂
　　——"树脂配方原理"线上教学探索与实践 216

依托省级自建慕课，携手共享云端在线翻转课堂
　　——疫情下"智能制造技术"课程案例 222

咬定青山不放松，精彩课堂建云中
　　——"计算机网络"课线上教学艺术 230

借疫情防控之契机，展线上教学之魅力
　　——"C语言"课程线上教学模式的探索与改革 237

改革创新促发展，持续探索建"金课"
　　——"数据结构""基于OBE、理论和实践相结合"的线上教学艺术 243

扎根"智慧树平台"汲取养料，培育"直播课堂"线上花朵
　　——以"地图学"为例的在线教学模式探索 250

直播教学中提升师生体验的六种策略
　　——以"现代教育技术"课程为例 257

多种教学法在"动物生物化学"理论教学中的综合应用
　　——以蛋白质的结构与功能的关系为例 263

线上线下齐合力，混合教学防疫情
　　——"园林苗圃学"的线上线下混合教学艺术 269

文史类

情感共鸣艺术，让课程思政之火燎原于行

——新冠肺炎疫情期间《公司战略与风险管理》线上教学纪实

孙海燕　商学院

大学课程思政教学中不乏对学生的晓之以理，但动之以情手段的应用则不常见，导之至行则更少。正如美国著名的教育家和心理学家本杰明·布卢姆在其《教育目标分类学》中提出的教育目标应该分为认知领域、情感领域、动作技能领域，而情感共鸣教学艺术弥补的正是课程思政教学中情感领域的空白。

疫情期间线上教学中，《公司战略与风险管理》课程教学团队立足课程特色、创新教学方法，积极探索了"情感共鸣艺术"在思政教学中的应用。在达到师生情感共鸣的基础上，对学生"晓之以理，动之以情"，让学生收获了专业知识印象更深刻、课程思政水到渠成的"导之至行"的效果。

一、课前准备：以情感共鸣为基准

"台上一分钟，台下十年功"，大学讲堂亦如此。考虑到要将显性教育与隐性教育相统一，使润物细无声的课程思政与专业知识形成协同效应，教师在课前准备上需要精雕细琢。备课从精选思政元素到教学设计，无一不考虑如何"艺术"而又自然地做到价值塑造；同时也争取让学生的课前预习起到"热身"的效果。

（一）教师备课：精益求精的素材严选与设计艺术

1. 严选思政元素的艺术

育人素材是课程思政生成的先决条件。结合课程特色，教学团队使用的思政元素丰富多彩，包括时政新闻、视频、图片、古诗词文化、企业案例、时令短文、歌曲、沂蒙老区红色文化、临沂名人、临沂大学校史、临沂大学校友创业案例等不一而足，无一不是经过严格筛选、千里挑一的。每一个思政素材都做到了时代特色鲜明，确保知识点、情感共鸣切入点及思政内容三者的高度契合。

2. 教学设计的匹配艺术

为使思政教育融入专业教学，教学团队在教学设计上始终坚持以专业课知识点为中心，让思政素材融入知识点的同时使专业知识的讲授锦上添花。做到思政"择时登

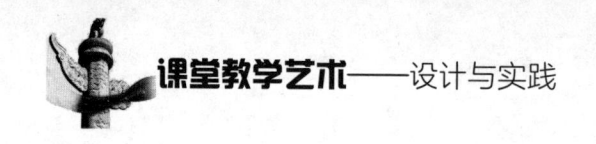

场"的同时避免喧宾夺主,在推敲二者的匹配与融合艺术上力争达到"盐溶于水"的效果。

(二)学生预习:以情感共鸣资料助"热身"

1. 预习作业的发布

现代信息技术在提升课堂教学质量上发挥着举足轻重的作用,本课程疫情期间的线上教学使用的是"雨课堂"平台,教学团队充分将信息技术与教学相融合,尽可能在课程的各个环节将平台的特长发挥到极致。比如,课前3天左右会在平台发布课程"剧透",通常是为对专业及思政起到"热身"作用所提供的短视频、思考题等(见图1),学生可利用茶余饭后时间毫无负担地完成。

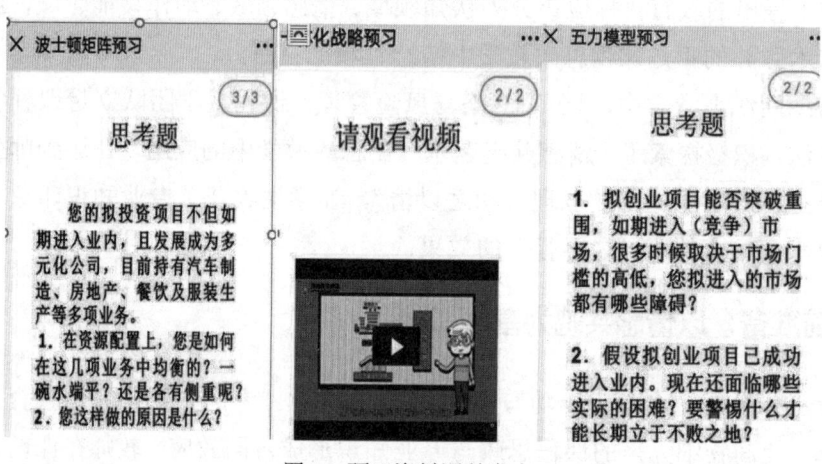

图 1 预习资料课前发布

2. 动态把握学生的课前预习

教师可随时从"雨课堂"平台查看学生的预习情况并发布督促提醒,数据信息会详尽到每一位学生的观看时间、观看页数,这些在线下很难获取的宝贵信息,通过平台都可以一览无余(见图2)。课前也可对预习内容做随堂测评,且将结果与平时成绩挂钩,这样就可以督促每一位同学按时保质完成课前预习。

二、课中实施:以情感共鸣为主线

教学实施过程中,能否"润物细无声"地传达出思政信号,关键在于教师课堂的驾驭艺术。教学团队恪守"情感共鸣主线贯穿始终"的原则,在导入阶段做好充分的"情感共鸣"铺垫,后续跟进"晓之以理",并持续将课程思政延伸至"导之至行",达到步步为营的效果。

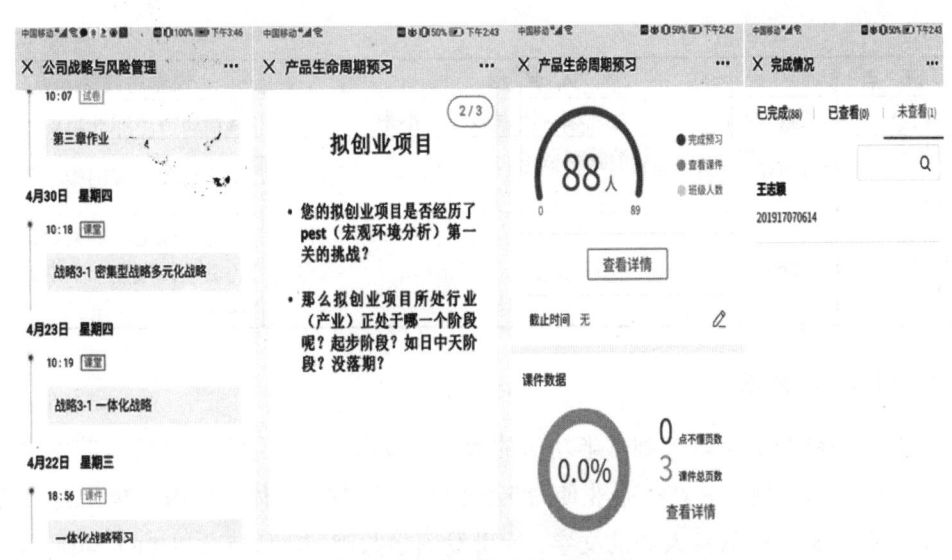

图 2　实时把握学生的预习情况

（一）以共鸣元素为切入点的导入艺术

导入为课堂的第一步，如何能在开篇就抓住同学的心，并引发共鸣是情感共鸣教学实施的关键一环。

1. 导入手段多样化的艺术

根据教学内容的特点，情感共鸣导入的方式也各不相同，通常会借助古诗词、角色带入、提问或讨论、时政新闻、视频、歌曲、大师故事等手段，比如，考虑到备受关注的新冠肺炎疫情，在课堂上用一首抗疫公益歌曲《一路有你》的背景音乐拉开帷幕（见表1）。

表1　情感共鸣式导入元素的应用实例

知 识 点	导入素材		课堂思政融入点
战略分析	优秀传统文化	知彼知己者，百战不殆。《孙子兵法·谋攻篇》	文化自信
企业使命	案例+设疑	威高集团转产防护服	人民利益高于一切
战略变革	优秀歌曲	抗疫公益歌曲《一路有你》的背景音乐	家国情怀
PEST分析	时令短文	选取炙手可热的网络短文	职业道德教育
五力模型	角色带入	拟创业项目已成功入围，现在面临哪些实际困难？如何能长期立于不败之地？	职业道德、科学发展观
钻石模型	时政图片讨论	疫情期间中外街道图片对比	民族自豪感、制度自信

续表

知识点	导入素材		课堂思政融入点
核心竞争力	视频+讨论	短视频《雷军眼中的小米》	诚信服务、职业道德教育
资源的不可模仿性	短视频+讨论	沂蒙老区 红色文化	文化自信、爱国爱家
国家竞争优势	同学发言	中国芯	通过高级生产要素对国家的贡献，激发学生学习的内动力

2. 细节特写艺术

把控好关键细节可以起到事半功倍的效果。课程注重在细节上做特写艺术，以营造情感共鸣氛围。比如，在"企业使命"案例导入环节，媒体报道威高集团转产防护服的文章中提到一段鼓舞人心的文字，为引发同学共鸣，教师特意以PPT动画形式将文字慢速投屏，同时配以有感情的朗读："没有一个冬天不可逾越，没有一个春天不会来临……没有什么可以阻挡春天的脚步，我们有信心、有能力、有把握赢得疫情防控总体战的最终胜利。"在细节特写的烘托之下，思政课堂"动之以情"的铺垫迅速完成，在师生间的情感共鸣达成之后即可顺理成章地引出相对枯燥的专业知识讲授。

（二）情感共鸣式课堂互动艺术

1. 师生互动

教师一言堂在直播课堂尤为不妥，故此课堂教学实施过程中加入了许多师生互动环节。比如，一个知识点讲完后会给学生推送相关随堂测试题，根据学生答题情况的数据反馈，实时了解其对知识点的掌握程度，同学也可以通过弹幕、投稿、"不懂"按键、视频等形式及时与教师互动，教师也可使用截图、手写板功能把需要强调的内容着重呈现给学生，并适当选择典型的学生投稿发送全班，视情况穿插连麦。

教育的目的是引导，而非灌输，所以预备好的"思政信号"往往是通过互动传递出去的。比如，在"使命及战略关系"知识点教授过程中，会引导学生亲自动手访问威高集团，搜索其"偕同白衣使者，开创健康未来"的使命相关内容。此后通过穿插弹幕、投稿以及连麦等方式的师生互动，让学生在互动中发现使命及战略的关系，引导其深入思考。

2. 生生互动

生生互动能让课堂呈现出无限生机，尤其是线上互动能起到全员参与的效果，且部分较内向同学的发言热情甚至超出了线下。比如，主题为"疫情防控、匹夫有责"的课堂讨论，以小组线上互动的方式进行，教师引导学生列出新冠肺炎疫情期间大学生的责任清单,并与组内同学讨论。生生互动激发了学生从我做起、从小事做起,将爱国情怀付诸行动的内动力,真正将课堂思政递进为"导之至行"。

(三)课堂总结:画龙点睛之艺术

教师可画龙点睛地回顾各知识点,也可邀请学生谈其感想,还可引出下次课的主要内容。此环节往往配以播放背景音乐,让学生在回味无穷中结束本堂课的学习。

三、课后跟进:导之至行的艺术

为确保思政落地生根,除了课堂上的引导与点燃,后续的跟进与确认也同样重要。秉持"一个都不能少"的原则,教师积极主动联系、帮扶每一位落队生,同时注重过程性考核的多元化评价改革。

(一)作业测真知,私聊落队生

线上教学的亮点之一为"用数据说话",对预习、测试、作业、出勤等全程数据进行记录。与线下课相比,教师更容易发现落队生,可以一对一地调查情况并因材施教。这一过程中大多数同学都能坦诚地打开心扉,及时端正自己的态度(见图3)。

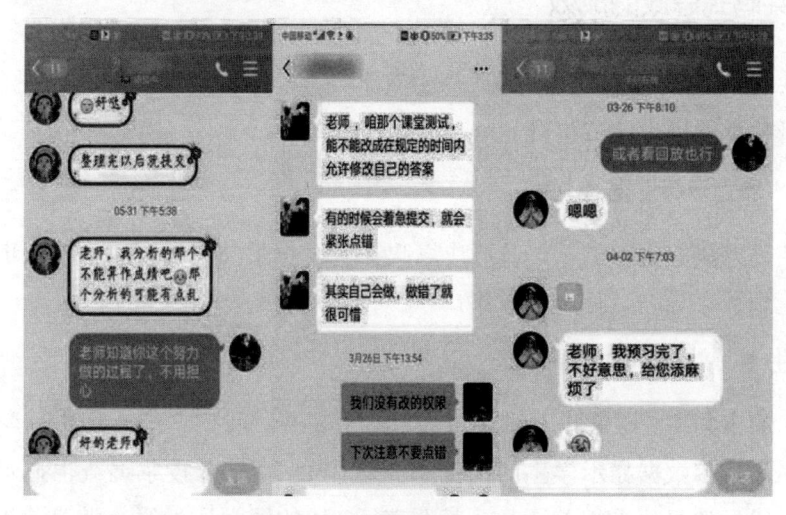

图3 "私聊落队生"截图

(二)教学评价的多元化艺术

在学习评价方面,本着注重"全程、能力、多元"的思路,探索出一条科学、合理、规范的多元化评价体系。

1. 评价项目多元化

课程组将评价项目设定为"511+"模式(见表2)。其中,每次课前5分钟的时政新闻旨在引导学生关心身边大事，养成关注行业动态的良好习惯；附加分中的义工活动旨在引导学生将思政真正付诸行动。最终成绩由"过程性考核（70%）+终结性考核（30%）"构成，借此引导学生注重每一次课堂、每一次作业的过程性学习。

表2 "511+"评价项目

5	1	1	+
课堂笔记 课堂表现 平时测试 团队作业 5分钟时政新闻	期末考试	案例分析 或 企业调研 （实践）	课外读书笔记 参加学科竞赛 义工活动 ……

2. 评价主体多元化

评价主体多样化也是本课程的特色之一，包括主讲教师评价、学生互评、课程组（教师）共评、网络教学平台评价等多种形式，以此来实现评价的公平、合理，并调动学生的学习积极性。

四、情感共鸣式思政的成效

情感共鸣式课程思政的实践可谓师生双丰收，学生的学习热情、爱国热情被点燃，教师的科研教学能力也节节提升。

（一）"导之至行"落地生根

情感共鸣方法的大胆尝试，真正让思政在引发学生共鸣的同时，进一步延伸至实践，从而达到了"导之至行"的效果。

1. 学生学习效果不输线下

从学生的出勤率、课后作业质量以及师生互动中，我们均能感知出同学们的学习热情被点燃。平台数据显示学生的出勤率高达100%，期末投票调查也显示过半的学生认为线上线下学习效果相差无几，甚至有近1/4的同学认为线上学习效果更好（见图4）。

2. 学生爱国激情被点燃

根据学生的反馈，我们发现相当一部分同学表示要远离手机、好好学习，立志成为利国利民的创业者。大部分学生更明白了企业的义利观，明白了国家与民族利益始终高于一切，更增强了社会主义制度自信和文化自信，立志从我做起，从小事做起。

可以说本课程的教学目标不但达成了，而且"超标"完成，期待同学们在日后的人生舞台上始终不忘初心，不仅做好公司战略，更做好人生战略。

图 4　学生线上课堂参与情况

（二）教师教学成果崭露头角

团队教师总结课程思政经验并在国家级期刊《教育学文摘》发表了题为"疫情期间课程思政融入案例教学的探索——以《公司战略与风险管理》在线教学为例"的教改论文。同时，本课程思政案例库的完善也在有序进行中。

五、情感共鸣思政教学的反思

教学实践初步证实了情感共鸣方法的科学性与可行性，但探索之路永无止境，教学团队需要以更加慎思明辨的态度砥砺前行。

第一，确保知识点、情感共鸣切入点及课程思政内容三者的高度契合，不断丰富、遴选课程思政资源，努力做到每一次情感共鸣都恰如其分。

第二，细节把控严谨巧妙。教学素材优选、教案设计、课堂驾驭以及课后的效果追踪等全环节仍需要缜密完善，充分把握课前、课中及课后各关键点，确保无缝衔接地将情感共鸣式思政"润物无声"地隐现于专业知识中。

第三，以情感共鸣自然导向价值引领和价值塑造，动之以情并导之至行，始终是情感共鸣式课程思政追求的最高境界。

做"泛在学习"的引路人和同行者

——"税法与税务会计"线上教学艺术

何洲娥　商学院

2020年的春天，新冠肺炎疫情使得这个春天尤为特殊。我们本该在春暖花开的季节坐在宽敞明亮的教室开始新学期的学习，但是疫情改变了这一切，几乎所有的老师和学生们都不得不待在家中，通过线上的形式开展教学和学习。

从一开始的生疏到逐步适应，我们一直在思考未来教育的发展趋势，以及未来学习的方式。通过一个学期的实践，我们越来越深刻地认识到泛在学习时代已经来临。学习地点、学习时间、学习资源都已经不再是整齐划一的模样，学习将不再局限于学校和课堂，而是变得无处不在、无时不有，并且信息化技术已经将个性化学习、差异化学习变成现实。在这样的大背景下，同学们自主学习的能力就显得越发重要，教师们肩负的使命也更为清晰明确。教师绝非仅是知识的传播者，其更重要的任务是激发学生内在学习的动力。教师应该成为学生泛在学习的引路人和同行者。

为贯彻落实《教育部高等学校课程思政建设指导纲要》，所有高校的所有教师、所有课程都要承担好育人责任，守好一段渠，种好责任田，使各类课程与思政课程同向同行，使显性教育和隐性教育相统一，形成协同效应，构建全员全程全方位育人大格局。在《税法与税务会计》课程教学过程中，考虑到泛在学习的特点，我们适时融入了思政元素，全面落实立德树人根本任务，将价值塑造、知识传授和能力培养三者融为一体，帮助学生塑造正确的世界观、人生观、价值观。

一、结合泛在学习的特点将思政元素融入专业课程课堂

在教学设计的过程中，始终秉承"有用、有趣、有效"的原则，结合泛在学习的特点将思政元素融入专业课程课堂。在所有高校、所有教师、所有课程都要承担思政责任的大背景下，如何做好课程思政就显得尤为重要了。枯燥的、说教式的课程思政无疑是不可取的，在教学设计中必须以学生为中心，考虑到受众的感受和体验，从专业性知识入手，激发学生的学习热情。通过学习让学生意识到专业知识对其自身未来的就业发展、人生规划都是有用的。而要做到这点，就需要做到课堂授课内容具有很强的专业性、前沿性，并和生活生产实践具有高度的相关性，这些要求授课教师在课

堂内容的准备过程中要进行精心的规划和设计。

同时，考虑到当代大学生获取知识的途径和学习的心理规律，在保证课程内容专业性的基础上，通过有趣的案例和故事，将思政元素巧妙地融入课堂教学，让学生在轻松愉快的环境中体会"润物细无声"的深刻用意。

"有效"则是通过课程思政的教学过程，做到让学生通过学习，掌握事物发展规律、通晓天下道理、丰富学识、增长见识、塑造品格，努力成为德智体美劳全面发展的社会主义建设者和接班人。

二、多平台支撑，助力课程思政

在具体的教学过程中，《税法与税务会计》课程教学的实施用到了四个服务支持平台（智慧树、QQ、钉钉、正保云实训），支持课程思政教学的全过程。

（一）三步骤完成课前预习和任务导入

（1）通过班级QQ群提前布置课前预习任务，包括智慧树MOOC资源（授课团队自主录制的线上课程）需要学生自主学习的内容，具体标明章节及视频数量。

（2）布置相应的基础性习题，以便于考核视频学习效果；教师及时批改反馈，了解掌握学生的预习情况和学习中存在的困惑，为课堂授课做好准备。

（3）导入课堂讨论的案例素材，学生提前熟悉材料，并围绕讨论问题搜集资料。

这些任务的布置和问题交流都放在班级QQ群中进行，任务完成结果则需要在班级钉钉群中打卡，教师进行批阅。通过这些环节夯实专业性知识的基础，同时也能培养学生通过自主学习、主动学习掌握事物发展规律，逐步引导学生学会财税类政策课程学习的方法。

（二）答疑解惑、重难点训练及案例讨论

主要通过钉钉平台进行课堂直播。钉钉平台的好处在于网络稳定、同屏效果好，并且支持签到和连麦，提供互动交流和白板，可以很好地进行授课和互动，积极调动学生参与课堂（见图1）。由于是直播，无法直接观察学生的听课效果，因此教学内容设计、流程设计和教学方法就显得尤为重要。我们将直播分为下面三个模块。

1. 反馈预习，答疑解惑

及时掌握学生课前预习和作业情况，找准学习中存在的难点、疑惑点，并从钉钉打卡中选取预习截图展开讲解，抓住学生们的注意力，让他们感受到老师对他们的关注。

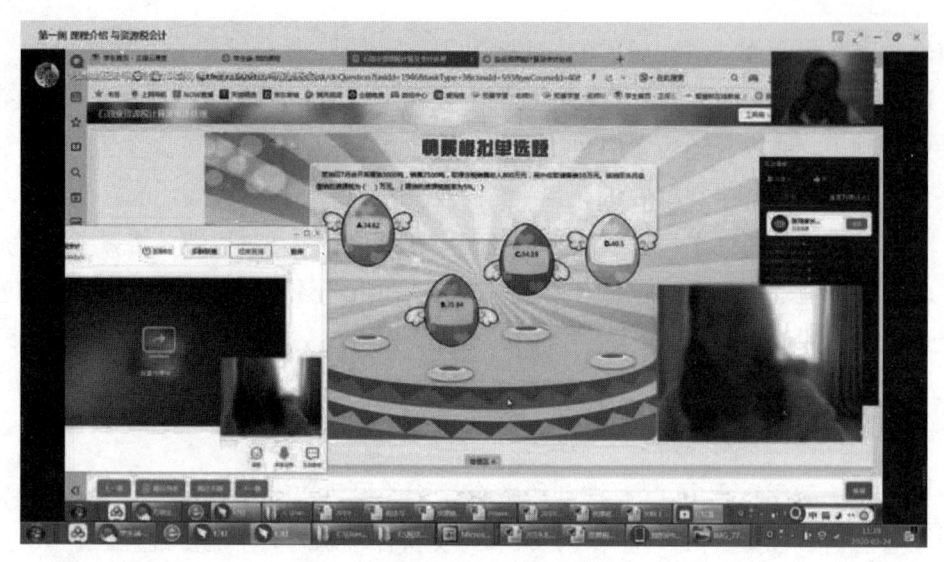

图1　钉钉课堂直播现场截图

2. 边讲边练，竞争性答题

在直播课堂中，通过客观题的形式，让同学们能够便利操作，在互动窗口进行作答，强化对重难点知识的掌握；同时为了加强课堂互动，增加课堂趣味性，采取分小组竞争性答题的形式，调动学生参与作答的热情。教师则主要负责组织、引导和讲解。

3. 案例讨论

采取连麦的方式和分组讨论的形式，让学生深度参与课堂，营造面对面授课和讨论的氛围。只有在学生深度参与课堂时，课程思政的元素才能适时融入课堂，起到"润物细无声"的效果。

比如，在介绍"基本税务会计基本原理"时，选取了《偷牛和偷税》的故事，帮助学生树立纳税光荣、依法纳税的基本态度；在"增值税"章节讲授过程中，安排增值税改革前后有关法规政策具体条例的大讨论，分析其背后的改革逻辑，并且通过改革的探讨，让学生明白为了适应经济社会的发展，法规政策的改革和变化是再自然不过的事情，并适时上升到哲学层面的唯物辩证法，即"唯有变化是永恒不变的"，以此让学生淡然面对改革和变化，拥抱未来的不确定性；在谈到营改增时，讲授国家税务系统关于营改增的具体部署和落实环节的感人故事，来凸显营改增的重要成就和意义。

在经济社会发展高度全球化的今天，任何一个国家的改革都会对国际社会产生一定的影响。增值税之所以在国际上受到广泛欢迎，在于其具有独特的优越性。增值税的抵扣制度避免了重复征税，使税收的中性作用得以充分发挥，有利于营造公平竞争的市场环境，对完善财税体制具有长远意义。不同国家和地区增值税制度存在特色之分、适用之别。尽管中国特色的增值税制度还需要在简并税率、扩大税基、降低遵从成本等方面进一步深化改革，但"营改增"的全面落地必将引导世界财税史融入中国道路、贡献中国智慧、交出中国答卷。中国全面实施"营改增"后，将提高服务的出口竞争力，有利于优化出口贸易结构，进一步拓展企业发展空间，促进创业创新。国际范围内的客观评价进一步增强了学生的民族自信心和凝聚力。

即使是在讲解"耕地占用税"这样的小税种时，我们也不是简单地介绍具体税种的计算和会计处理，而是从我国耕地面积18亿亩红线开始，导入征收耕地占用税的重大意义。

同时结合前沿文献资料，分析耕地占用税收入及其相关指标，借用数据分析耕地占用税的重要作用和意义，以及未来改革的趋势。通过这样的授课过程，学生们不仅深刻理解了税种，同时还对我国的耕地国情和耕地占用税下一步改革的方向有了关注和判断，强化了家国情怀和税收法定的意识。

新冠肺炎疫情期间，我国税收政策也发挥了积极的作用。在授课过程中，通过相关视频呈现特殊时期我们国家抗击疫情的决心和行动力。

（三）虚拟仿真模拟实训

虚拟仿真模拟实训主要通过正保云的"云实训"平台开展，该平台更新及时、内容丰富、形式多样，能够很好地满足实训要求。实训平台通过虚拟仿真的形式，将现实生活中的经济业务场景通过形象的图片或者小视频呈现在软件中，包括税务登记、变更等实务，以及各税种的计算、核算纳税申报等，具有很强的综合性和很好的实操性，能够将理论和实践结合起来，真正做到了"学中练，练中学"。

（四）课后训练巩固

根据课堂授课情况，布置课后作业，一是巩固所学内容，二是总结提升；作业解答则通过录屏讲解的方式发送至班级QQ群，必要的时候会在群里就重点、难点部分发起讨论。同学们经历过学习探索甚至冥思苦想之后，再来参与讨论，其收获比教师直接答疑解惑的效果要好很多。

（五）学习成果展示和学习督促

为了更好地激励学生学习，我们对优秀学生的学习成果进行展示，对其他同学的学习情况进行关注和督促，确保完成特殊时期的教学工作和计划。在成果展示的过程中，学生们会有意识地展示出学习收获和体会，授课教师则适时地进行引导，将社会主义核心价值观的内涵与课程结合，巩固课程思政的效果。

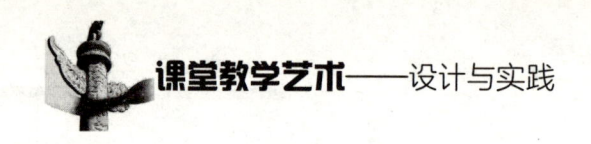

三、学生学习反馈

通过一段时间的线上教学，我们想了解学生们对学习的反馈，以便及时调整教学方案。在QQ群中，同学们踊跃发言，表达了各自的感受和观点（见图2）。

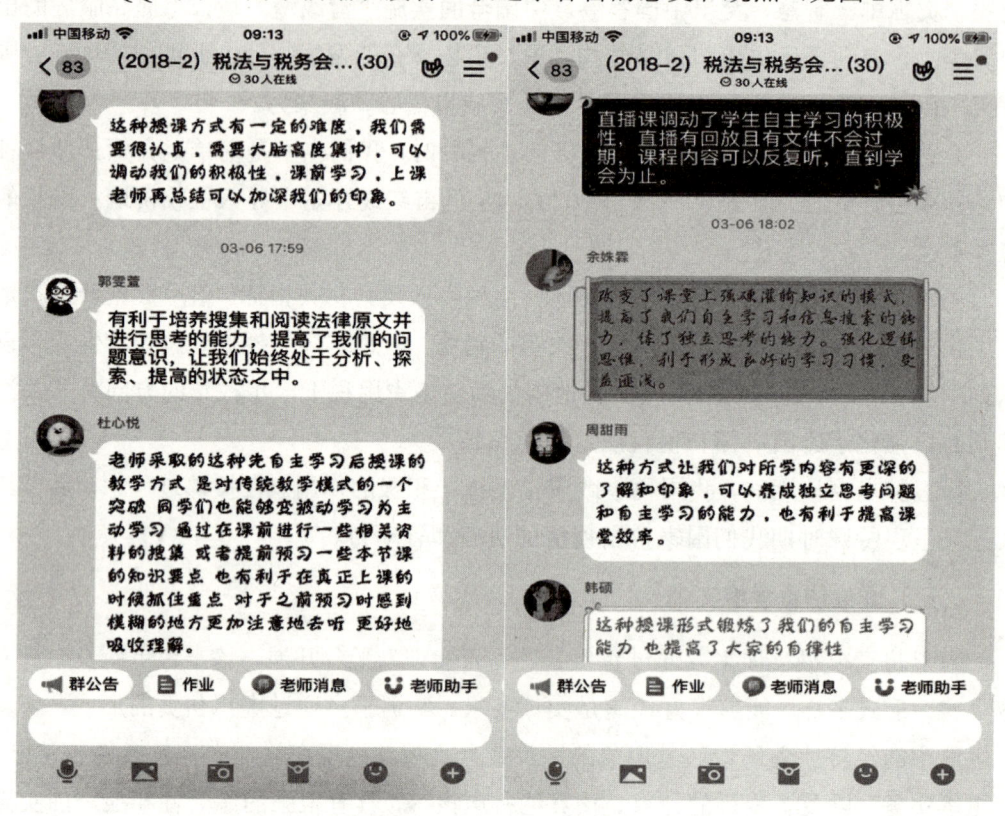

图2 学生学习反馈留言

同学们普遍表示，授课老师善于调动学生积极性，课程能够引导处理好智能培养与情感教育的关系，着眼于全面素质的落实；通过钉钉直播上课的方式，教学方式变得生动活泼，自己的学习兴趣也提升了许多；老师在直播间里以课件的形式授课，让整节课的知识框架变得清晰明朗了起来，十分有利于自己接受并消化专业知识。

同学们在课后感受中提到："'税法与税务会计'是会计学的核心课。这门课的特点是理论性强、知识点多且繁杂，前后章节内容环环相扣，而且税法改动情况频繁，我们应及时跟进税法发展的步伐。为应对疫情带来的影响，老师采用在线直播的形式，直观地进行课程的讲述，效果还是非常好的。老师采用了集中授课的方式，采用钉钉群直播的方式（网络流畅，课堂可以互动，课后可以回放、布置及批改作业）。学校有自己开发的网课，我们利用空闲时间在'智慧树'上学习网课，进行自我预习，通过实训巩固基础。"

"课堂讲授当中老师进行重难点讲解，带着同学们多做题目，使同学们基础更加牢固，也通过做题使得知识点得到应用，不但培养了自学能力，而且能够运用税法解决问题，对我们的发展有极大帮助。"同学们通过直播中的留言面板积极响应老师，通过连线共同讨论难题，学生自主学习和思考的意识空前高涨。

四、结束语

看到学生们的留言和积极向上的精神风貌，我们感到特别欣慰。在大部分的留言中，都看到了"积极""主动""搜索""有趣""独立思考""兴趣""自主学习""自律"等字样，并且"自主学习"出现的频次最高，这恰恰是我们最想看到的教学效果。整体课程设计的初衷就是为了逐步培养学生自主学习的能力，让他们通过自主学习去获取知识，掌握事物发展的规律，获得解决问题的方法和路径。这也表明通过前期的课程设计和教学活动的安排，我们已经初步实现了课程目标。当然，这种教学活动的安排，无论对于学生，还是对于教师，都是一种挑战，意味着更多的付出、尝试、锤炼和持续改进。我们将坚定地拥抱"泛在学习"理念，做学生的引路人和同行者，同时努力做好课程思政教育，紧紧围绕国家和区域发展需求，结合学校发展定位和人才培养目标，为构建全面覆盖、类型丰富、层次递进、相互支撑的课程思政体系做出贡献。

为新冠肺炎后疫情时代教学保驾护航

——"管理运筹学"线上教学纪实

王洪伟　李宗营　物流学院

2020年伊始,新型冠状病毒肆虐全球,对高校正常开学和课堂教学造成的影响,为做好新冠肺炎疫情防控,落实"停课不停教,停课不停学","管理运筹学"课程团队选择线上教学,确保学生在不返校的情况下也能较好地完成课程学习。经过一个学期的线上教学探索与实践,基本实现了线上线下教学的同质等效,学生反馈良好,考核达到了预期目标。

一、平台创建翻转课堂和 SPOC

为做好线上教学准备工作,提升线上教学质量,学校组织开展了各种形式的线上教学培训,通过学习、交流、研讨等方式,教师们掌握了线上平台建课的方法和技巧,为建设优质线上课程奠定了坚实的基础(见图1)。为圆满完成"管理运筹学"课程本学期的线上授课任务,课程团队在线研讨交流,对各在线平台的优缺点进行综合对比分析,最终确定选择"智慧树平台+钉钉+雨课堂"的模式开展线上教学任务,并一致认为建设一门在线课程不仅是疫情背景下开展线上教学的应急举措,也是面向未来教学的有力保障,为此课程团队成员在开课前在线开展了多次教研活动,群策群力、集思广益,按照一流本科课程建设要求,不断优化教学方案,重构教学内容,融入思政教育元素,力求实现课堂教学与思想政治教育相结合的育人目标。

图1　线上教学准备情况

随着教学工作的推进，不断优化教学资源，逐步完善、充实在智慧树教学平台创建的翻转课堂，并依托前期申报山东省一流本科课程的视频制作基础和丰富的教学资源基础，构建异步SPOC（经过一个学期的在线教学实践，至学期结课时已上传发布教学资源132个，发布各种学习任务41个），确保实现上课交互视频回访，使师生交互往纵深处发展，加强过程化考核，尽量做到过程可追溯、评价可测量，为线上教学的实施做了充分准备（见图2）。

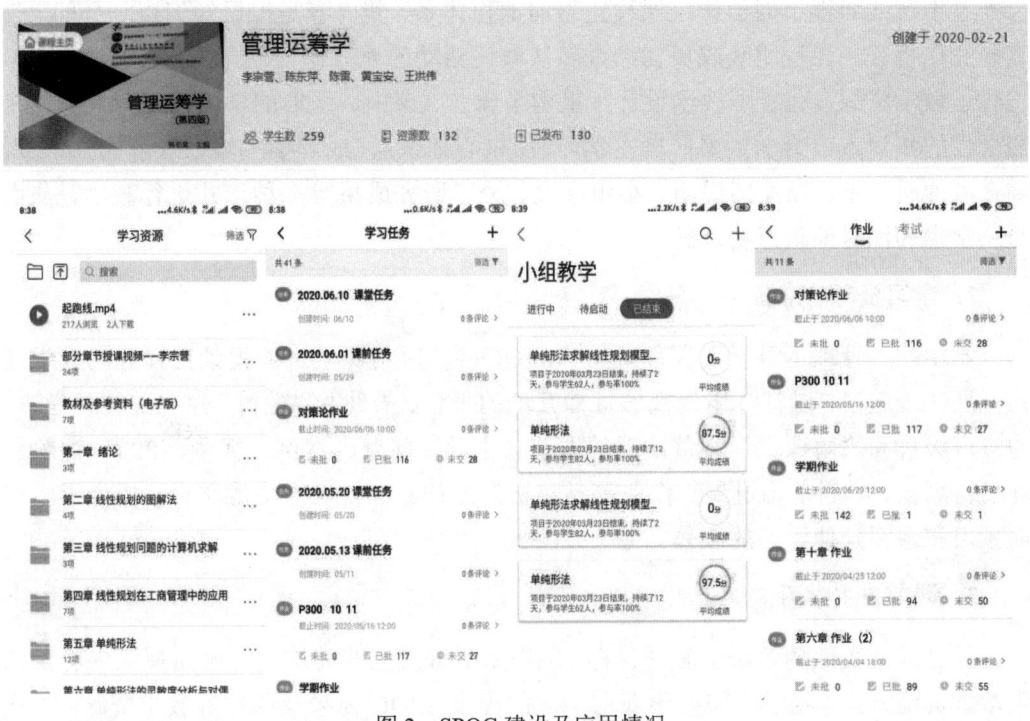

图2 SPOC建设及应用情况

二、线上教学的基本判断与设想

居家在线学习是疫情时期学生学习的主要形态。相对于课堂学习来说，居家在线学习没有教师密切关注，也没有同伴可供参照，这就需要学生在此情况下独立开展学习，而不同年龄段的学生具有不同的适应性。"管理运筹学"是物流管理和电子商务专业的专业核心课，结合当前形势及我校的办学定位和人才培养目标，坚持课程教学与实践相结合的理念，在适当弱化理论、强化应用的教学思想指导下，采用线上线下混合式教学模式，开展"管理运筹学"在线教学。在教学设计环节，课程团队尊重学生居家学习的规律，重构传统班级授课的内容，去粗取精，适当精简，从而更好地匹配学生在线学习的心理状态及居家学习规律，通过课前、课中、课后三个环节开展教学，为提高学习效率、提升学习效果打好基础，通过引导探究、层层递进、环环相扣、拓宽外延的方式传授新知识，体现了学习自主化、深入化、延伸化、思政化的目标。

在开展线上教学过程中，课程团队在教授专业知识的同时，自觉地把思政教育元素融入课堂，注重课堂教学与思想政治教育相结合，教书与育人相互融合，积极开展课程思政教学。

三、教学过程

鉴于在线课程不同于传统课程完整的课程体系，其内容是根据知识点划分的，带有碎片化特征。课程团队成员在经过多次教研活动的充分论证后，重组了教学内容，优化了教学资源，完善了教学设计，重构了课前、课中、课后的学习内容与流程，将概念性的知识点留给学生课前自主学习，而核心知识点，或者学生难以理解的知识点，则在教师引导下，以案例说明、小组探究、分享研究成果等多种形式进行教学，从而帮助学生加深对知识点的理解。

1. 学习资源的准备

本学期"管理运筹学"课程采用"SPOC+钉钉+雨课堂"的视频直播互动教学模式开展在线教学，以钉钉作为视频直播互动的平台，借助"智慧树"建立翻转教学班，通过班级群和"雨课堂"将每次课的课前自主学习问题、案例、视频、PPT、课前和课后自测题、学科前沿进展、作业等学习资源上传到翻转课堂资源平台，作为学生课前预习和课后延伸学习的载体。

2. 课前自主学习

为更好地实现翻转课堂教学目标，课程团队每次上课前均提前确定授课内容及课堂教学实施方式，将学生需要于课前学习的异步SPOC视频及课件等教学资源、本次课的学习任务、达成目标等，上传到"智慧树"教学平台，并通过翻转课堂教学班、"雨课堂"发布学习问题，让学生通过案例、视频、PPT展开课前预习，做课前自测题检验自己课前自主学习效果，同时在课程论坛或通过微信、QQ及钉钉等社交软件以师生、生生互动的方式解决自学中的疑问。上课当天，提前10分钟进入钉钉群直播间，检查、调试电脑和耳麦等直播设备性能，确保直播效果，完成学生签到，最后学生将自学成果以笔记或PPT形式进行总结，并于课上汇报。通过课前学习，学生提高了自主学习能力和学习效率，做到了学习自主化。

3. 课中直播互动

视频直播教学以案例分析为主线，提出问题后，由浅入深地引导学生在思考、讨论、探究中学习新知识。直播中采用快速投票、随机点名、抢答、课堂答疑等方式与学生进行互动，吸引屏幕对面学生的注意力，使学生紧跟课堂节奏。

教学过程中，知识应用部分问题适时采取小组教学方式，让学生课前分组讨论学习，课堂上通过钉钉群直播连麦功能开展线上翻转课展示交流（见图3），在此阶段教师主要起辅助作用。如图3所示，通过事先设定的Excel随机函数来产生随机数确定连麦展示的小组，增加课堂趣味性，调动学生的好奇心，活跃课堂气氛，鼓励和引导小组代表将本小组讨论结果进行在线展示及交流。

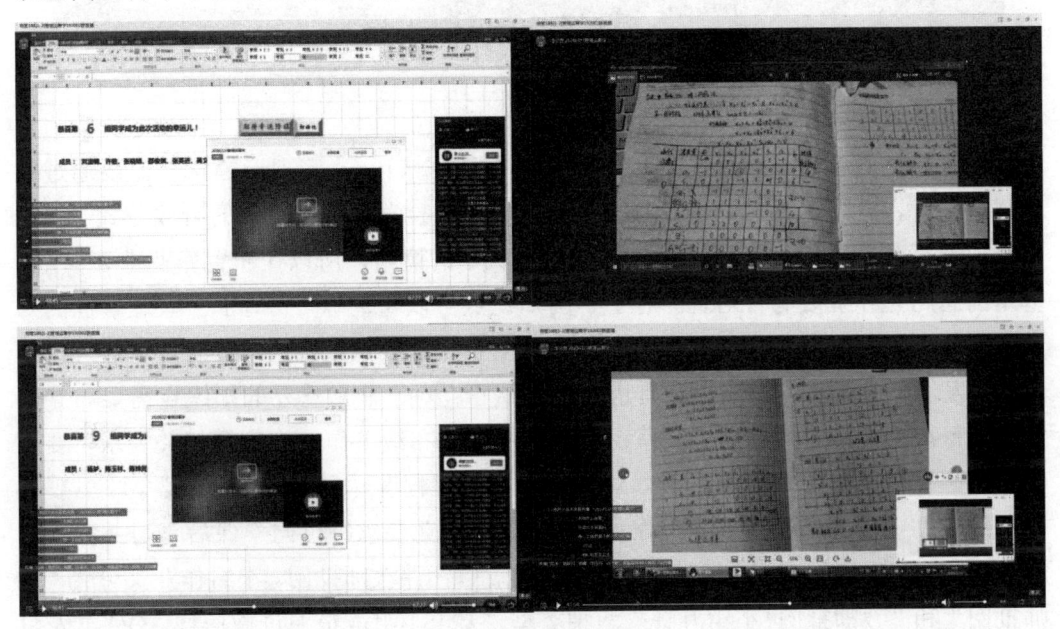

图3　翻转课堂学生展示

　　交流过程中，每个被选中的小组确定一名同学作为代表跟大家在线分享小组讨论成果和收获；同时鼓励学生独立思考。通过连麦和钉钉群发消息讨论的方式，就讨论时产生的问题进行提问，营造活跃的课堂教学气氛，提高学生的学习主动性以获得学习效果。在每个小组代表展示完成后，主讲教师负责对其展示题目的讲解内容加以总结点评，并补充完善。通过课中翻转展示与交流，激发了学生的学习兴趣，不但培养了学生的团队协作精神，而且提高了学生分析问题、解决问题的能力，切实做到了学习思政化和深入化。

　　传授知识固然重要，育人同样不能缺席。将课程思政案例融入教学中，根据在线授课过程中出现的一些问题，如部分同学居家学习的积极性不高、自律性差、不能按时完成学习任务等现象，结合当前大学校园中普遍存在的一些现象，以我校信息科学与工程学院一位同学创作的作品及2019年3位诺贝尔经济学奖获得者中阿比吉特·班纳吉和埃斯特·迪弗洛夫妇的研究成果为素材（见图4），借助西方经济学中机会成本及边际效用递减规律等相关理论，和学生展开互动交流，帮助学生提高责任意识，树立正确的价值观和人生观。

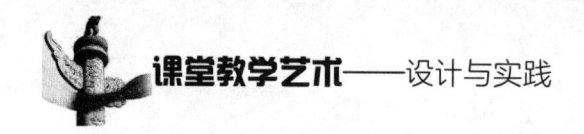

图4 育人素材

4. 课后学习

多举措为教学效果保驾护航。相对于其他课程来讲,"管理运筹学"需要通过练习强化理解,巩固学习效果,适当的课下作业是检验学生学习效果的有效方式。但如果每次课后都布置大量作业,必然激起学生厌学的情绪,所以在布置作业上要慎重,基本的思路是作业要有针对性,对于小的知识点可以随堂练习;对于一些理解性的知识点,可以加入线上课堂讨论,通过引导学生在评论区相互讨论,帮助学生打破思维定式,发散学生思维,对知识点有进一步的认识;对于非常重要的知识点需要布置作业的,每次课程结束后利用"智慧树"教学平台发布线下作业内容及相关要求,要求学生拍照并线上提交,使学生巩固对知识点的掌握程度,便于下次课的学习。

线下作业由普通作业和小组作业构成。普通作业要求每位同学课后复习并独立自主线下完成,手写拍照在"智慧树"平台上传,由任课教师批阅。小组作业又分为"教师批阅"和"教师批阅+小组互评"两种类型,要求小组成员通过微信群、QQ群及钉钉群等社交软件相互交流后形成作业,并由组长负责拍照上传至"智慧树"教学平台,最后完成评阅。图5和图6是本次在线翻转课教学准备过程中所涉及的学生小组交流、作业批改和作业点评的一部分信息。

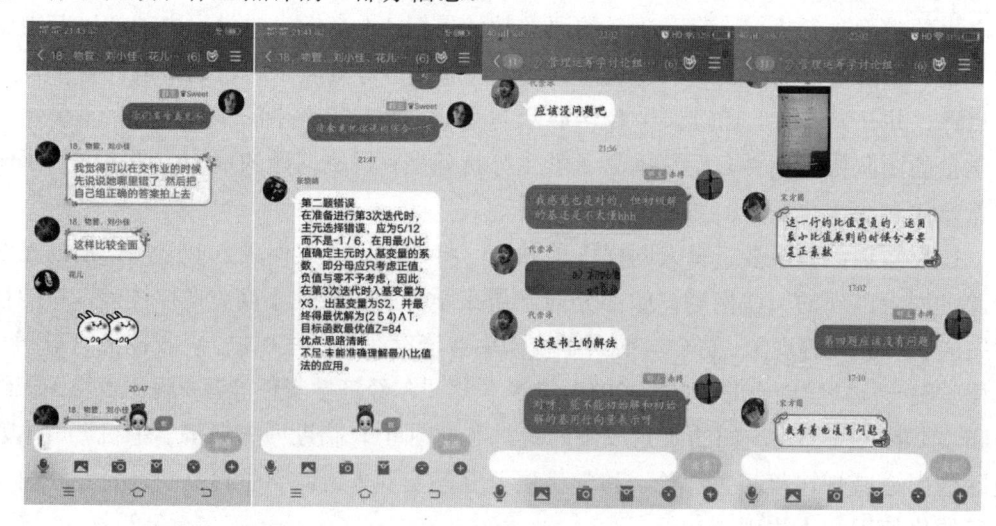

图5 学生间问题讨论

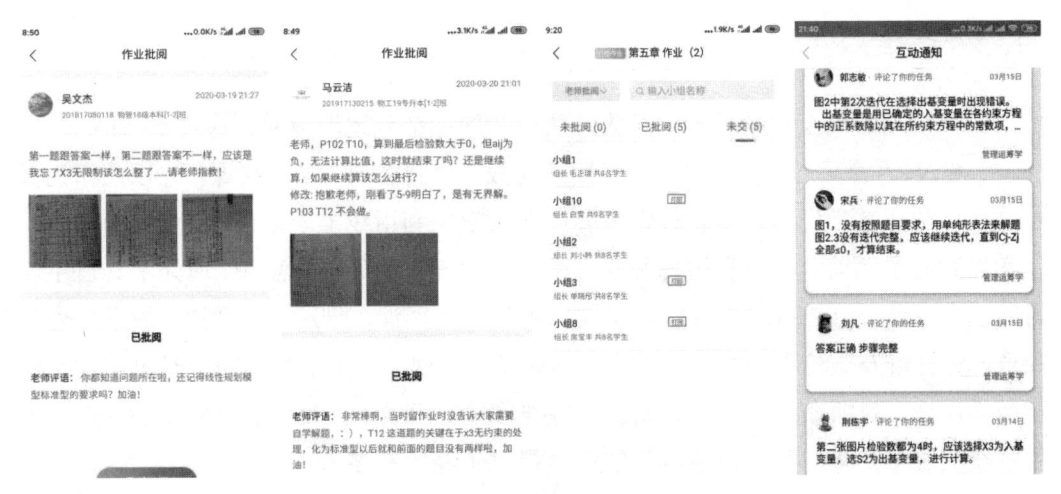

图 6 作业批改评论

建立师生沟通渠道，实时为学生答疑解惑，消除学生自学过程中存在的知识盲点与疑虑，同时通过课下与学生的交流，及时了解学生对课程的掌握情况及听课过程中存在的问题，有效实现教学质量持续改进（见图 7）。

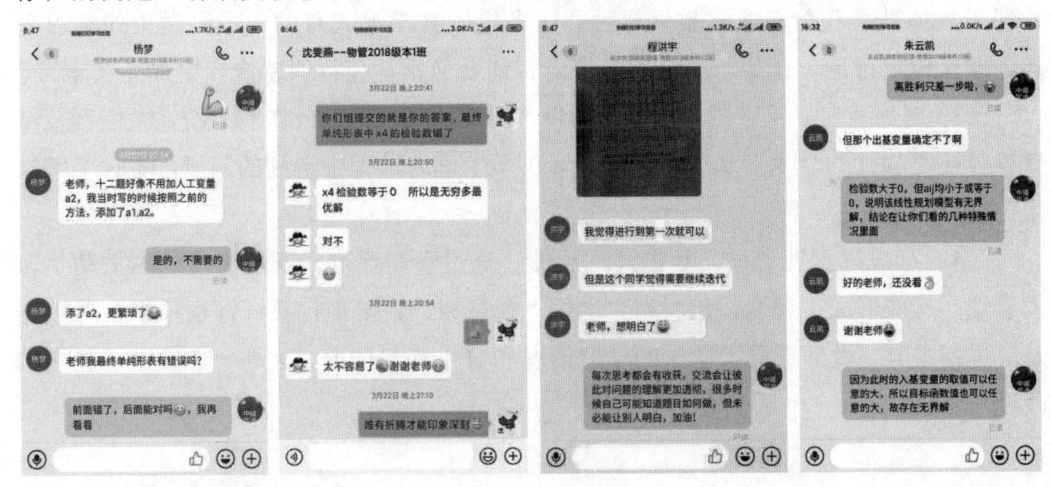

图 7 课后答疑辅导

每次在线直播授课时，均给学生留出线下自学的时间，鼓励学生根据直播学习和自学发现的问题，及时通过微信群、QQ 群及钉钉群等社交软件进行线上交流，图 7 所示信息为对部分学生在课后完成作业和自主学习过程中所遇到问题的答疑情况。学生在线提问非常积极，老师及时在线答疑，整个教学过程组织有序，效果良好。在线答疑过程中，授课教师会根据学生的问题对重点、难点知识进行重点讲解，也会根据课程知识点的需要，在下一堂课的教学设计中有所涉及并随堂讲解。

四、教学总结

一个学期的线上教学已告一段落，从最初的迷茫到逐渐适应，通过不断的学习、探索、实践，"管理运筹学"课程教学团队完成了"智慧树"平台建课，并以此作为异步 SPOC 创建教学资源，丰富教学内容；帮助学生利用线上学习资源进行课程学习，让学生养成了课前和课后利用各种线上线下资源学习的习惯和意识，增强了其自主学习的能力；通过钉钉直播平台实现了在线视频直播授课，借助"智慧树"教学平台班课群、钉钉群及微信群等社交软件及"雨课堂"实现了生师、生生间的时时互动交流和教学反馈。教师在这一特殊时期有了特殊体验，积累了宝贵的教学经验。这期间师生收获与进步颇多，为后疫情时代的教学提供了经验和参考。

（1）智慧树平台建课能力大幅提升。经过不断探索与实践，已建成较完整的线上"管理运筹学"课程，课程建设的创新性与应用能力显著提升，为以后的线上线下混合教学以及一流课程的建设打下了良好的基础。

（2）教学模式多样，学习内容丰富。利用钉钉直播平台、"智慧树"教学平台等实现了直播教学和翻转课堂教学相融合，多样的教学形式有助于提高学生的学习兴趣，课程设置讨论、任务、小组作业等内容辅助教学，使得课堂内容更加充实丰富。

（3）时时互动，保证教学效果。通过"智慧树"教学平台作业系统、微信群及钉钉群等社交软件与学生互动交流，及时解决学生学习过程中遇到的问题，随时了解学生的学习状态。

（4）形成过程性考核，数据及时反馈。通过参与评价，既能激发学生主动学习的意识，又能形成过程性评价材料；运用"智慧树"教学平台及钉钉直播平台对数据及时进行统计，教师掌握了学生的学习情况和自主练习情况，这进一步推进了教学的改进与发展。

与时俱进，开拓创新

——"电子商务案例分析"课堂教学探索

吉玲　物流学院

习近平总书记在全国高校思想政治工作会议上强调，要用好课堂教学这个主渠道，提升思想政治教育亲和力和针对性，满足学生成长发展需求和期待，使各类课程与思想政治理论课同向同行，形成协同效应。"电子商务案例分析"课程教学紧跟时代的脉搏，把握电子商务发展的新动向，使教师在教书的同时做好育人工作。

一、教学设计

（一）课程简介

"电子商务案例分析"是电子商务专业的专业核心课程。本课程的任务是掌握电子商务模式分析的方法，对不同类型的电子商务模式进行分析，通过丰富的企业应用案例，使学生能够掌握案例分析的方法和视角，加深对电子商务模式和电子商务应用的理解，为学生将来进行电子商务项目优化、问题分析以及策划电子商务方案和项目积累知识与方法。

（二）课程目标

通过本课程的学习，学生能够掌握以下基本技能：

（1）了解不同行业的电子商务，培养学生在电子商务营销策划、实际应用与具体操作方面的能力。

（2）通过启发式教学，结合学生的上网实践，帮助学生从案例分析中学习体会相关知识和实际经验，提高学生分析和处理相关问题的能力。

（3）追踪电子商务案例，分析、总结其成功与不足，为电子商务获得更广泛的推广提供借鉴经验。

（三）思政目标

教师在掌握基本技能的基础上，将思政教育融入课程中，通过对大量电子商务案例的分析及实践，使学生在以下几个方面接受教育（见图1）。

1. 社会主义核心价值观教育

从个人实践的角度，教育学生爱岗敬业、讲究诚信，同时，告诉学生个人诚信和

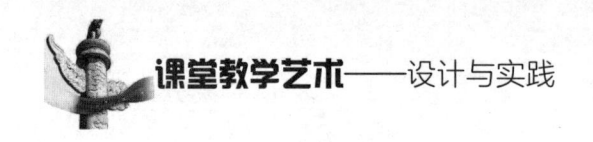

敬业会促进社会公正、法治等方面的进步，从而进一步推动国家富强、和谐地发展。

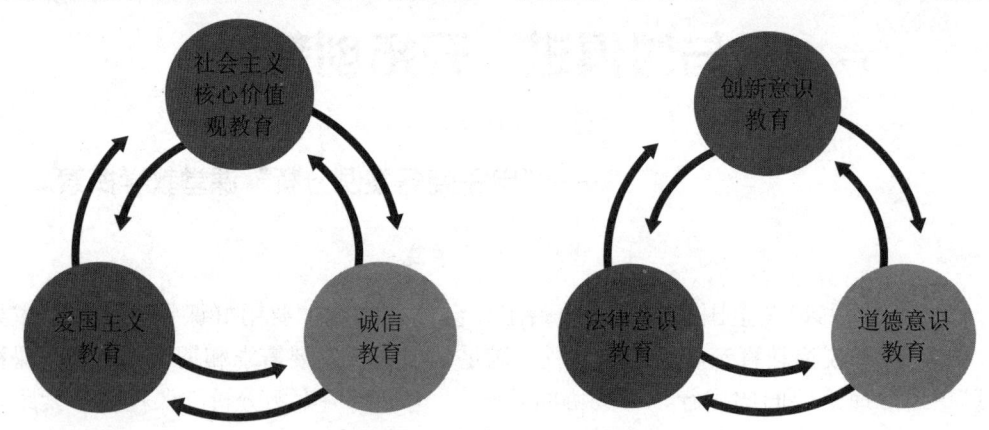

图 1　思政教育培养目标

2. 爱国主义教育

通过我国电子商务发展成就和数字经济实力的展示，让学生感受中国在全球经济发展中的重要地位，开展爱国主义教育，增强学生的国家自豪感。

3. 诚信教育

在教学过程中，要从注册信息真实、有效，商品文案信息客观、真实、不隐瞒、不夸张，不出售假货，下单慎重，不随意退换货，收到商品后及时确认，客观、理智地进行收货评价等方面，对学生进行诚信教育。

4. 创新意识教育

创新是一个民族进步的灵魂，是一个国家兴旺发达的不竭动力，而创新型人才则是创新的源泉，要注重培养学生在实践环节的创新意识。

5. 法律意识教育

在目前部分法律法规尚未健全的情况下，要教育学生自觉遵守现有的规范，养成自觉守法的意识，并付诸实际行动。

6. 道德意识教育

培养学生电子商务的从业职业道德，培养学生良好的敬业精神、严肃的法制观念、较强的团队意识、严谨的工作作风和坚定的开拓意识。

（四）课程内容

教学内容采用模块化方式进行，主要包括以下五个模块：模块一：电子商务案例分析技巧；模块二：电子商务模式案例；模块三：电子商务技术案例；模块四：电子商务网站网店建设与维护案例；模块五：电子商务物流案例。

二、教学过程

教学过程的分析以 2019－2020 年第二学期第九周的线上课程为例，由于受新冠肺炎疫情影响，课堂教学以钉钉在线课堂的方式进行。

（一）课前准备

提前一周将下节课要讲的内容布置到钉钉群中，让同学们准备要讲的案例分析 PPT，并要求上课前两天发给老师，老师初步审核通过后，在上课时使用线上翻转课堂模式进行授课。每次上课前五分钟，和同学们一起浏览关于电子商务的新闻，比如浏览艾瑞网或网经社网站，了解最近一周发生的和电子商务相关的重要事件。某周关注的话题是"无敌主播助力瑞安政府千场直播带货，解决疫情期间农货滞销难题"。如图 2 所示，在疫情防控和复工复产的大背景下，直播电子商务已成为各地政府销售当地特产的新手段。中国多地市委书记、市长、县长、局长等官员化身"网红"直播"带货"，推荐"自家"的农产品，而且销售业绩都不错。疫情是一次打击，更是一次转机，学会危中寻机，方能取得脱贫攻坚的最终胜利。在分析电子商务新闻的过程中，要使学生树立正确的价值观，与时俱进，开拓思路，有创新精神。

图 2　艾瑞网关于农产品直播带货的新闻

（二）课堂安排

正式上课时，老师先进行本章案例基础知识的介绍，通过"PPT 展示+直播"的方式对网络经纪模式的定义和特点进行概括性讲解，然后对学生提交的作业进行简要点评。本节课讲授的内容是"网络销售模式"。淘宝网是亚太地区较大的网络零售、商圈，由阿里巴巴集团在 2003 年 5 月创立。淘宝网是中国深受欢迎的网购零售平台，拥有近 5 亿的注册用户数，每天有超过 6000 万的固定访客，同时每天的在线商品数已经超过了 8 亿件，平均每分钟售出 4.8 万件商品。淘宝网的成功无疑给电子商务人

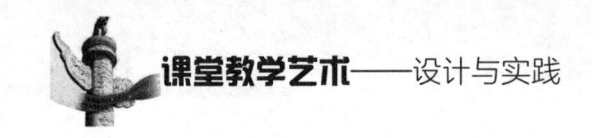

带来了更多机遇和挑战,对电商专业学生来说,研究淘宝的经营模式是非常有必要的。

　　网络上有很多关于淘宝网的介绍资料,经过认真筛选,通过钉钉群播放中国大学慕课网站中关于淘宝营销策略的视频,主要向学生介绍淘宝网如何进行营销,统一观看视频后,为了解学生对视频知识的掌握程度,可随堂进行测试。

　　在翻转课堂阶段,由学生展示PPT内容并进行讲解,讲解时间为10~20分钟,讲解完毕,老师会根据学生讲述的内容进行有针对性的提问,并随机挑选线上的同学进行回答。最后,老师对本节课的内容进行点评和总结,布置课后作业及下节课的预习内容,并公布下节课要准备PPT的同学名单。

(三)作业批改

　　对学生的作业在钉钉中进行单独批改,并选出优秀作业,下次上课时再统一进行点评。

(四)课后总结

　　本次课应到学生73人,实到72人,1人旷课。教师在课后专门加了该同学好友,询问未上课原因,提醒其下次按时上课。

　　考虑到课程已经过半,网课也已经上了九周,通过对学生进行问卷调查,了解学生对老师上课方式的态度,并征求学生意见。另外针对尝试使用翻转课堂的方式,对学生也进行了问卷调查,通过学生提交的数据,发现大部分同学对网络授课方式表示赞同,有个别同学认为使用翻转课堂的学习效率不高,还需要进一步适应课堂直播授课方式。通过调查结果,教师重新完善教学计划,缩短翻转课堂的时间,采用其他更灵活多变的方式提高课堂效果。

　　由于线上授课会受到一些限制,因此线下上课时增加了辩论环节,针对当前热点话题或有争议的话题,在智慧教室中采用辩论赛的方式,分两组进行对战。这种方式能极大地提高学生的积极性和学习热情,同时在辩论的过程中,能够使学生加深对知识的理解,并可提高小组的团结协作能力(见图3)。

图3　智慧课堂实景

三、教学成效

通过一个学期的课程改革，本门课程的授课方式及效果得到了广大同学的肯定，取得了较为满意的成效。

第一，在上课前和同学们一起回顾本周发生的重大电子商务事件，提高学生的学习兴趣和积极性，通过对董明珠的介绍，让学生了解民营企业在新形势下做出的改变，对学生进行核心价值观教育。

第二，采用翻转课堂的方式，让学生自己制作PPT，在查找资料和制作PPT的过程中，使其加深对案例的理解，讲解的过程更有意识地锻炼了学生的表达能力和团队协作能力，同时加强了其创新意识和诚信意识。

第三，利用中国大学慕课上丰富的教学资源，扩展学生的知识面，同时老师也能根据各高校名师讲授的课程内容取长补短，提高自己的授课水平。

第四，不定期进行问卷调查，帮助老师及时调整教学方法和手段，并通过设计合理的问卷调查了解学生的思想动向。

第五，课后作业以讨论题的方式，让学生各抒己见，通过对具体问题的讨论，提高学生的认知能力，提升学生的法律意识和道德意识。

四、教学反思与改进

2020年注定是不平凡的一年，这一年的新冠肺炎疫情使中国各方力量空前凝聚，同时也改变了现有的教学方式，使在线教学成为常态，虽然这种常态是暂时的，但也引起了教育工作者的反思，特别是在后疫情时代，如何将线上课堂和线下课堂相结合，是摆在老师们面前的一个重要课题。老师需要继续总结经验，提升课堂效率。本课程取得了一定的教学成效，但还存在一些问题，需要继续改进。

（一）重视线上思政教育

在线教学不等于狭隘的直播教学，线上教学也不仅仅是课本知识的讲授与学习，线上教学除了注重理论知识的传授外，思想政治教育更不能放松。当下的疫情局势对大家、小家都造成了巨大的影响，但同时也是一次很好的思政教育课堂。鲜活的事例比书本上的文字更有说服力，教师要结合网上的实时新闻动态对课程内容进行调整，使同学们能更好地发挥"与时俱进，开拓创新"的主动性。

（二）改变传统备课方式

在备课过程中，要改变传统的备课方式。备课不再是教材内容的简要诠释、教学过程的简要安排、教学方法的简要展示，而是要从新理念出发，在学生主体学习上下

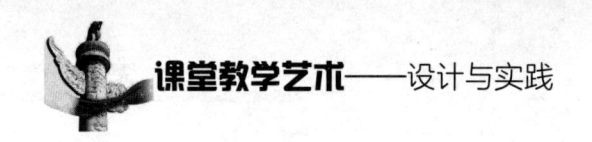

功夫、在自主学习上下功夫、在合作学习上下功夫、在思政教育上下功夫，真正提高学生的学习积极性，防止学生的学习流于形式。

（三）正视线上教学的弊端

虽然经过一学期的线上授课，大部分同学都能适应这种新模式，但也要正视线上教学的弊端，比如互动性欠缺、监管难等问题，要不断研究课堂新模式，争取让线上课堂更加生动有趣。

教学本身就是一门艺术，需要我们在教学过程中不断挖掘、创新，改进教学方式，更好地做到以学生为中心，让每个学生都能主动参与到课程中来。

技术赋能，师生实现课堂穿越

——"科学研究概论"课堂教学艺术典型案例

陈东萍　物流学院

新冠肺炎疫情阻断了我们返校的道路，但是技术却赋予了课堂时空穿越的能力，从根本上实现了"停课不停学"，让大部分学生通过线上教学在家获得了知识。在智慧时代，充分利用信息技术助力教学过程，既是教学发展的一个机遇，也是师生共同面对的一个挑战。抓住这个机遇，就能够实现教学在形式、内容、效率等方面的根本性变革，同时，高质量的线上教学，也需要师生分别从教和学两个方面共同努力，去适应并利用线上方式完成教学过程、提升教学效果。以"科学研究概论"的线上教学过程为例，从教学方式选择、师生互动策略等方面说明智慧时代在线课程开展的方法。

一、线上教学方式的选择

线上教学方式可以分为同步和异步两种，教学方式的选择是开展线上教学首先要解决的问题。直播属于同步在线教学，录播属于异步在线教学，这两种在线教学方式在教学规模、教学内容、软硬件条件等方面的要求不同，可根据课程特点选择合适的教学方式。下文对直播与录播两种教学方式的优缺点进行了分析，并解释"科学研究概论"课程的教学方式选择过程。

（一）直播与录播优缺点分析

两种方式有各自的优缺点和适用范围，总结如表1所示。

表1　直播与录播两种线上教学方式的比较

比较项目	直　　播	录　　播
教学规模	受网速限制，学生规模相对较小（小于500人）	学生规模不受限制
教学内容	1. 具有较好的互动性和机动性，在讲解有争议性知识方面具有优势 2. 可以讲解系统性知识，根据学生学习情况进行调整 3. 课程节奏主要由教师控制，学生不能暂停，要求学生具备课程相关的预备知识	1. 互动性、机动性较差，适合知识点相对明确、无二义性的知识讲解 2. 适合单个知识点的讲解 3. 学生可暂停、反复观看，对学生的知识结构没有硬性要求
环境要求	网速要求高	不受时间限制，师生可异步上课
制作成本	准备工作简便，与传统线下课程类似	录播制作成本较高

(二)"科学研究概论"线上教学方式选择

（1）在教学规模方面，本学期有 83 名学生选修了"科学研究概论"课程，班级规模相对较小，采用直播方式不会对网络造成压力，因此直播、录播皆可。

（2）在教学内容方面，"科学研究概论"注重学生思维习惯和能力的培养，主要介绍科研与科研方法的基本概念，包括科研过程、科研方法、科研问题分析、科研思维方式以及论文撰写及发表的基本要素，更适于采用直播教学方式。考虑授课对象为本科二年级学生，其知识结构大致相同，不会因为授课对象的预备知识不足而影响直播的效果。

（3）在环境要求方面，开课前一周，要使用钉钉群调查学生硬件、网络情况等，如图 1 所示，调查结果显示所有同学均可以参与直播教学。

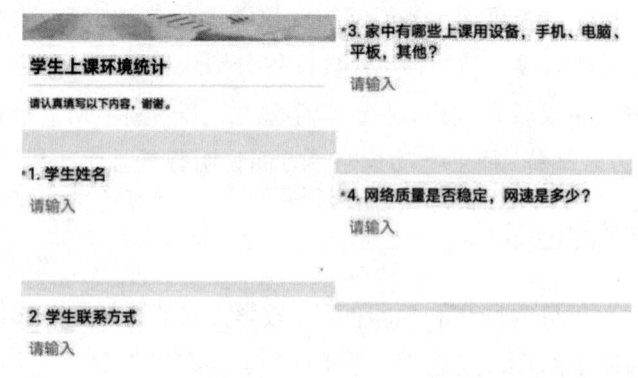

图 1　学生线上上课环境调查

（4）在制作成本方面，开学初期"科学研究概论"没有现成的录播课程，如果所有课程都录播，将会给教师备课带来很大压力。

综合考虑教学内容和环境、成本等方面的特点，认为直播教学是此课程的首选。但从长远角度考虑课程建设，可将单个知识点的讲解录制成视频，供以后教学反复使用。因此，最终选择"直播+录播"混合式在线教学方式。

二、目标驱动，激发学生学习动力

反向设计是公认的效果良好的教学设计方法，在在线课程中同样适用，但对比传统面对面课堂教学，在线教学的反向设计又有其特殊性。"科学研究概论"在线教学采用反向设计方法，用目标驱动教学过程，有效激发学生的学习积极性。具体体现在如下三个方面。

（1）在教学内容方面，与传统面对面课堂教学相同，需要让学生明白课程学习的知识目标、能力目标，以目标驱动学生学习的动力。

（2）在课程思政方面，阐明课程学习的目标与学生工作、生活的关系，以学生切实关心的问题驱动学习。信息的筛选与过滤是科学研究的一个重要手段，也是本课程的一个重要学习内容。在信息爆炸的时代，懂得如何去筛选、过滤信息，既是工作的需要，也是生活的需要。如图2所示，在工作中，很多工作内容是以前没有学习过的，面对新的问题，科研的思维与方法可以提供解决问题的思路。在生活中，学会信息的过滤同样是重要的技能。例如"魏则西事件"中，信息过滤不良是酿成悲剧的一主要原因。将学习目标与学生身边的事联系起来，可以有效地激发学生的学习动力。

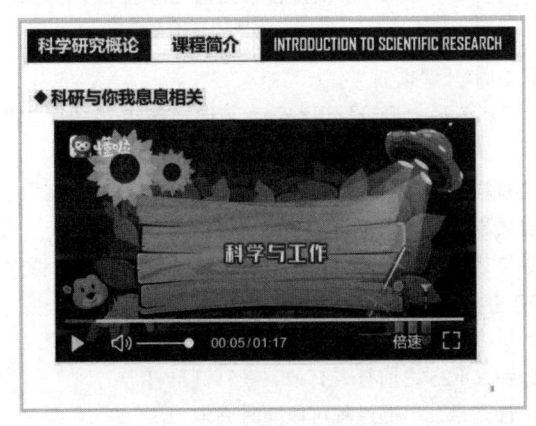

图2 课程与工作的关系

（3）在教学方式变化方面，阐明线上教学的重要性。教学方式由传统课堂教学改为线上教学，技术因素、环境因素等会导致学生的不适应。教师以线上教学的目标为切入点，引导学生适应并积极探索线上教学环境下的学习。线上学习也是学生离开学校之后的主要学习方式，是应对社会飞速发展的重要手段，因此从现在开始，掌握线上学习的技巧、适应线上学习的过程，将有益于学生终身的自我能力提升。

三、提升信息素养，迎接线上教学常态

在线课程主要借助社交平台开展，师生交流的信息比较多，容易将重要的课程任务、学生的反馈信息淹没，这在无形中增加了教师和学生信息筛选的难度，是影响在线教学效果的一个重要问题。为此，师生都应提升自身信息素养，以更好地适应、利用在线教学。一方面，教师需加强自身信息素养；另一方面，教师应通过布置作业的方式引导学生综合应用数据库、应用文写作等知识。

（一）教师的信息素养

教师需要将课程任务提取出来，显性化地布置给学生，并存储在固定位置，使得课程任务明确、容易查找。本课程初步探索了课程任务的结构化表达方法。首先，将

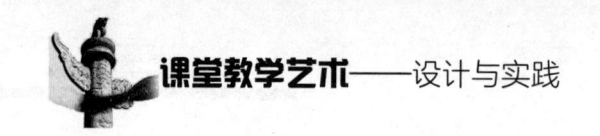

这些进行分类,例如将任务分为事务通知、团队任务、个人作业、课程反馈等类型。其中,事务通知是涉及课程时间、方式等变化的消息;团队任务包括分组、分组讨论、分组作业等;个人作业一般是指与学习内容相关的作业;课程反馈是教师收集的学生对教学过程、工具、进度等的反馈意见。其次,将各类别任务按顺序编号。最后,各类任务的名称要简要,要包含重要的信息,并避免同类任务重名。表 2 为各类任务的举例。

表 2 各类型任务结构化示例

类型	示例
事务通知	【事务通知】-第 1 周-开课须知 ➢ 上课方式:"科学研究概论"课程第一节课(2020 年 2 月 24 日 8:30),将按照如下方式进行: (1)首选钉钉群直播 (2)如果钉钉群效果不佳,则采用 QQ 群直播 (3)如果所有直播效果均不佳,则将 1.1 节的 PPT 录课、PPT 课件发送至 QQ 群,大家观看录课,并在 QQ 群内答疑 ➢ 纪律问题: (1)上课前 5 分钟(8:25 之前打卡有效)在钉钉群打卡 (2)保证手机电量充足,上课过程可以随时充电 (3)提前告知亲朋好友上课期间免打扰
团队任务	【团队任务】-01-介绍历史上的科研事件 ➢ 内容要求:介绍事件的背景、原理、作用。其中,1~2 组选择西方国家古代的科研事件;3~4 组选择中国古代的科研事件;5~6 组选择西方国家现代的科研事件;7~8 组选择中国现代的科研事件 ➢ 形式要求:PowerPoint;命名:事件名称-班级-组名 ➢ 反馈时间:2020 年 3 月 3 日前 ➢ 反馈途径:email
个人作业	【个人作业】-04-选取一篇专业相关的 EI 论文并进行分析 ➢ 内容要求:分析文章的研究问题、研究方法、研究结论、创新点 ➢ 形式要求:Word;命名:文章名称-学号-姓名 ➢ 反馈时间:2020 年 5 月 8 日前 ➢ 反馈途径:email
课程反馈	【课程反馈】-01-线上教学工具的反馈 针对第 1 节课采用的教学工具,从安装、使用、功能、效果等方面进行评价

此外,教师应熟练掌握各种软件、工具的使用方法,以更好地吸引学生注意力、强调重点内容、收集统计学生作业。

(1)吸引注意力。借助"雨课堂"等工具,在幻灯片中增加试题、测验,吸引学生注意力,如图 3 所示。

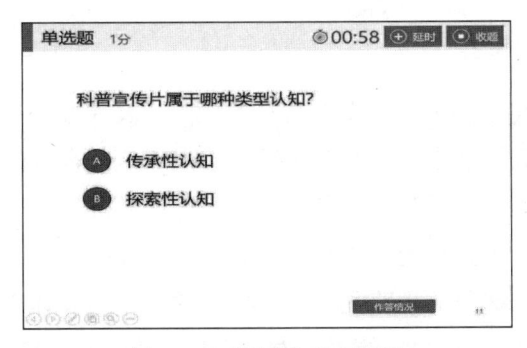

图3 "雨课堂"设置题目

（2）强调重点内容。利用 PowerPoint 自带的激光笔、高亮鼠标、放大镜等功能，强调重点内容，防止学生走神，如图4所示。

（a）激光笔指示讲到哪里（红色圆点）　　　（b）放大镜突出讲解内容（亮色方框）

图4 PowerPoint 演讲功能

（3）收集统计。利用钉钉群、QQ群的数据统计功能，统计学生作业完成信息，有利于教师掌握学生学习情况，如图5所示。

图5 钉钉群家校本统计

（二）学生的信息素养

教师培养学生的信息素养，主要体现在要规范上交作业的格式、命名，并将此纳入考核项。首先，从课程要求、就业要求等方面强调信息素养的重要性，让学生知道提升信息素养的重要性，激发其学习的主动性。在课程方面，对作业文档进行科学的命名，利于后期查找，提升学习效率。在就业方面，现在是网络化时代，绝大多数工作需要涉及邮件沟通，文档的规范化是工作能力的一个基本体现，现阶段提升信息素养，有利于工作中更高效的沟通。其次，在整个课程中，通过规范学生作业相关文档，培养学生的信息素养。例如，对每次作业的反馈形式、命名、邮件主题等，给出明确的要求，并解释原因。对学生作业的信息素养要求主要有如下几个方面。

（1）关于文档的命名。文档命名需规范化、结构化并能体现关键信息。命名不能随意，需能够体现文档的主要内容，并能够抽取出时间、章节等关键性、区分性的信息，这样可以方便查找，管理文档。

（2）关于文档的格式。熟练使用 office 软件进行科学材料的整理，包括 Word、PowerPoint、Visio，各类文档须有完整结构，格式标准、正规。

（3）关于邮件。邮件是现代社会的一种重要的、正式的沟通手段，学会邮件的撰写、使用是工作的基本要求。教师应从邮件的构成、撰写与使用等方面教授并训练学生。邮件的构成要素包括主题、正文和附件，要让学生明白这三个要素分别需要包含哪些信息。其中主题要突出邮件的主旨，让收件人一看到这个主题就能大概知道你想传递的是什么信息，例如"科学研究概论-第 1 章作业-姓名-学号"，此外，还应让学生明白什么内容放在正文撰写，什么内容放在附件中，以及发送邮件时注意检查是否插入了相应的附件。

四、教学过程纪实

（一）课前准备

提前一周建立钉钉群，发布签到任务，让学生熟悉上课环境、签到等操作。为防止钉钉群直播效果不佳，相应建立 QQ 群、雨课堂，录制课程 PPT 视频，并在各群内发布上课的方式，如图 6 所示。

如图 7 所示，上课当天，提前 15 分钟开通钉钉群直播间，测试直播效果，包括老师的声音、画面、学生连麦的效果。

利用钉钉群在线作业，布置课堂作业"用一句话或一个词说明科学或科研是什么"，了解学生对科研的既有认知，通过评价既有认知，引出学习此门课程的重要性，说明科研与生活、工作的关系，强调课程的重要性，明确课程的目标。

文 史 类

（a）QQ群公告　　　（b）钉钉群公告　　　（c）录制课程

图6　课前准备

图7　课前测试

（二）在线课堂

将教师的电脑桌面共享在直播间，学生观看共享桌面的课程课件，老师讲解。课程开始前5分钟，教师开启摄像头，向学生解释课程的进行方式（见图8）。

图8　在线课堂

在讲解课堂知识时，关闭教师摄像头，让学生更全面地观看课件，在线听取老师的课程讲解。主要讲解内容为1.1节科学与科学认识（见图9）。

课程中间，采用"雨课堂"收集学生对课件的标注、弹幕内容、答题情况、活跃度等信息，以便随时有针对性地调整课堂重点。针对点击"不懂"人数超过学生数量1/5 的幻灯片，单独录播或直播讲解、答疑。

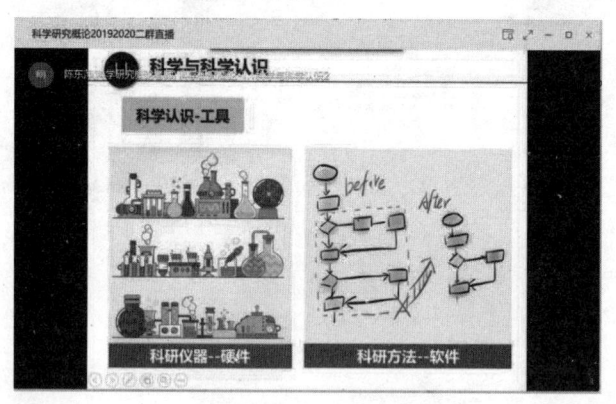

图 9 在线课堂

（三）课后任务布置

查看观看直播的学生数量、课堂表现，要求学生发起本节课学习收获投稿，将本节课学习体会和收获通过雨课堂投稿形式提交，记入学习表现；使用钉钉群问卷调查功能，调查直播效果；发布班级圈，建立班级文化，增加学生对直播课堂的归属感（见图 10）。

（a）学生观看直播情况　　　（b）班级圈　　　（c）课后问卷调查

图 10 课后任务

五、教学反思与改进

（一）明确疫情期间的教学认识

（1）在线教学有同步、异步、混合式等方式，不是所有的教学环节都需要采用同步直播的形式。

（2）直播教学的全过程并不都需要由老师来纯讲授。当教师对直播时使用快速提问、选择题/投票、观看学生回答情况等工具运用熟练之后，可以在课程中大幅度增加与学生的互动——既能更好地维持学生的注意力，减少其分心，也能使教师更清楚学生们的听课状况（如根据回答的响应速度）。

（3）建议采用同步、异步相融合的混合式教学方式：通过自主学习打好基础，师生互动深化认识，布置任务作业巩固水平，同时，也方便和疫情后的面授教学进行衔接。

（4）要提前了解和考虑师生的网络条件，如果没有最好的平台工具，那么根据教学要求和实际情况选用合适的工具即可。

（5）要用好、用足各种已经建好的优质在线课程资源。

（6）问题引导、任务驱动，要相信大学生有一定的自学能力。

（二）区分对待，快速开展在线教学

（1）已有本校 SPOC 在线课程的：组织学生用好自建课程开展在线教学与弹性辅导，并按照课表定期间隔安排实时互动答疑。

（2）教育部推荐各大 MOOC 平台已有同名课程的：组织学生 MOOC 选课或选择开设异步 SPOC。本校任课教师与同学共同参与 MOOC 学习，并按课表定期间隔安排实时互动答疑。

（3）没有现成在线课程资源的：用好直播平台或网络工具开展在线教学。建议尽量选用登录方式简单、视频稳定、录播回放、资料共享的平台。对于师生信息素养不高的，尽量选用简单易用的工具平台，对于师生信息素养高或特殊的专业教学，可选用功能多样的工具平台。在开学前多做测试和试练，并准备好应急备选手段——以钉钉直播课堂为首选，以腾讯课堂作为应急备选手段。

（4）控制直播教学时长，提前做好第一次直播课的突发情况预案。

（5）提前做好前后几次关联课程的教学设计。疫情不会永远持续下去，提前做好将在线学习（疫情中）与面授学习（疫情后）相衔接的准备。

（三）直播课程注意事项

（1）讲课速度和细致程度与平时教室讲课差不多。

（2）在需要用激光笔的场合，用触屏（直播软件支持）或共享屏幕使用外挂小软件（ZoomIt 之类）来标注，能达成良好效果。

（3）关注聊天室、学生提问列表、学生举手情况，所消耗的精力并不多。

（4）在熟悉直播软件操作之后，备课所需的精力投入并不算大。

（5）超过百人的课程上，存在少数网络卡顿现象，堪比网络状况的大考验。

聚焦能力提升,线上线下互动

——"行政法专题研究"网络教学艺术初探

闫凡群　法学院

专题式教学是诸多学科使用的一种授课方式,法学专业课程中也较为常见。但是在新冠肺炎疫情背景下,如何发挥好专题教学与网络授课的有效联结和有机统一,将是一个富有挑战性的新课题。"行政法专题研究"是为法学专业学生开设的一门必修课程。教学过程中,本课程遵循"一二三四"的教学原则,即一个中心、两个手段、三个环节和四个要素。具体而言就是,沿着以提升学生解决现实问题能力为中心,有效利用线上、线下两种方式,充分统筹课前、课中、课后三个环节,合理设计案例、争议、法条、原理四个要素的基本思路,有效地设计专题式教学,让学生从案例中发现争议,学会用法条解决问题,从而体悟其中的法学原理,助力学生解决现实法律问题。

一、以提升学生解决现实问题能力为中心

王泽鉴教授指出,法学教育不仅要传授法学知识,而且要担负起培养掌握各类法律技能,胜任实际法律工作的"法律人"的重任。由此观之,"实践性""应用性"成为当前大陆法学教育的一个导向,可谓顺应了法学教育的内在规律。作为一门与司法实践紧密联系的学科,法学与其他人文学科有较大的区别,如果不重视实操性,法学专业的魅力将不复存在;如不关注法律现实争议问题的解决,法学专业教学的魅力将大打折扣。基于此,笔者的课程教学将提升学生分析解决现实争议问题的能力作为中心,统领整个教学环节。

基于此,本课程将教学内容进行合理的划分,以专题形式推进教学实施(见表1)。专题的划分结合课程性质和内容进行,主要考虑专业知识的关联度和相近性,部分专题内容庞大,还需增加课时分两次乃至更多的次数进行研讨,也就是需要合理地设计部分子专题。此外,将争议性问题引入课堂。教学中每个专题都以疑难案例导入,引发学生结合老师讲授进行思考,利用法律条例对比、原理阐释、案例解读等方式,带动学生思考问题。这就改变了单纯进行原理介绍或者法律条例阐释的传统教学方式,而是基于问题导向进行课堂教学设计,这样,便可增加课程深度,增强学习挑战度。

表1 课程的专题安排

专题内容	课堂讨论
第一　行政法基本概念	思考：高校管理行为是否属于行政？
第二　行政法基本渊源	讨论：国际条约是否属于我国行政法的基本渊源？
第三　行政法基本原则	思考：不确定法律概念如何运用原则进行解释？
第四　公务员制度	讨论：公务员在各种法律关系中的身份如何界定？
第五　行政行为一般原理	思考：行政行为成立、生效、有效之间应如何区别？
第六　行政处罚	讨论："钓鱼执法"是否合法？
第七　行政许可	讨论：行政许可能否由地方规章设定？
第八　行政强制	讨论：如何解决行政拆迁与公民个人权利的冲突？
第九　行政复议	分析：行政复议范围与管辖如何革新？
第十　行政诉讼基本原则	思考：如何理解"起诉不停止原执行"的原则？

二、有效利用线上、线下两个手段

教育部发布的《疫情期间中小学线上教学工作情况》指出，针对这次大规模在线教育实验对运用信息化手段推进教育教学方式改革具有革命性意义，可以最大限度地检验在线教育的优越性、可行性，成果经验弥足珍贵。疫情期间的高校线上教学也是一次重大探索。如何有效利用线上、线下两个手段进行教学成为"必答题"，而非"选答题"。疫情背景下，积极利用网络教学成为常规教学模式的有机补充，也是顺应卓越法治人才培养的必然选择。有学者认为，疫情期间高校师生线上教学面临挑战，但是，笔者认为，机遇大于挑战，优势大于弊端，关键是手段要合理。

（一）有效利用线上手段

比如，在听课情况的统计方面，线上的大数据统计就优势明显。就线上而言，利用教学平台可以及时统计每次课程信息，便于授课教师了解诸如上课时长、观看回放、课程互动等基本情况。

（二）有效利用线下手段

当然，由于疫情原因，线下学生的学习情况教师无法全面地了解和掌控，因此，基于对线上学习情况的大致了解，就需要教师针对性地采取措施进行线下学习的把握，从而提高学生线下学习的主动性和实效性。就线下而言，授课教师根据线上掌握的学情，可以有效督促学生进行线下的课后强化学习，特别是要重点关注听课时长较短的学生，以抽查笔记、要求回看、上课提问等方式进行督学。如此，线上线下便有效地实现了互动。

三、充分统筹课前、课中、课后三个环节

课程的基本教学环节就是课前、课中、课后，即使有学者提出了"六环节"的新思路，其实还是基于三环节的逻辑脉络所进行的延展，课前、课中和课后三环节仍是最基本的课程设计思路。

（一）课前发放资料，便于学生预习

将电子书、典型案例、教学课件等材料提前发放，让学生有效预习，增加学习针对性（见图1）。必须指出的是，这些发给学生的资料都是要经过教师认真筛选的，课堂上需要重点讨论的争议性问题是要明确告知学生的，这样才能给后续的课堂讨论和交流打好基础，不至于老师提出问题，学生无所适从。

图1 课前推送学生的课程资料

（二）课堂师生互动，善于引导学生

通过课堂连线发言、互动信息反馈等方式，带动学生运用所学原理和法条解决现实问题，提升学生解决问题的能力。在课程中充分采取"启发式""研究式""讨论式"的教学方法，同时有选择地采用案例分析、资料演示、学生讲授等灵活多样的方法和形式，将知识传授与能力培养紧密结合起来，激发学生的独立思考能力和创新意识。除此之外，为提高学生参与互动的积极性，本课程在考核方案的拟定中，适当加入了课堂表现的平时成绩赋分。

（三）课后督学促学，利于学生巩固

课后预留作业，特别是要提供有争议的案例供学生研习，并且周查月测，有力督促。此外，半月抽查一次笔记，根据进度进行每月测试案例分析，计入平时成绩，监督并了解学生学习情况。在此过程中，网络交流的随机性、便利性也发挥了积极作用，

学生对于疑难问题可以随时随地提问，老师也可根据情况随时随地答复。课后的师生互动也通过网络扩展了空间和时间，师生交流变得更加便捷。

四、合理设计案例、争议、法条、原理四个要素

（一）合理安排案例与争议

课程提供了一些典型的行政法案例进行深度分析，通过真实案例，寻找争议性问题，增加了课堂研讨的可行性和随机性，有效避免了传统的填鸭式教学模式。当然，这些案例的选择是个"大工程"，也是一篇"大文章"，需要任课教师基于专题授课的需要进行合理的筛选，也很考验授课教师对现实热点事例和问题的驾驭能力。

在引发学生研讨和思考的兴趣前提下，跟进法条的解读，让学生有效地运用法条进行现实问题的解决，这些要素的设计，极大地提高了学生参与课堂讨论和深度思考的积极性。比如《职工带薪年休假条例》中，关于如何理解"职工连续工作 1 年以上的，享受带薪年休假"就是一个争议性问题。"连续工作 1 年以上"，究竟是仅限于职工在同一单位连续工作 1 年以上的情形，还是包括职工在同一或者不同用人单位连续工作 1 年以上的情形？这个问题交给学生思考并由老师根据法律进行解读，就是一个很好的例证。课程中，由学生初步给出选择，然后老师挑选持有不同意见的学生进行交流，从而有效地对争议问题进行阐释和解读。

（二）合理运用法条和原理

其实，法条的运用本身既是复杂的又是现实的，有时可以通过司法解释、上级答复等手段进行有效解决。但是复杂案例中的疑难问题，有时无法简单地通过法条进行解决，此时可能就需要引导学生体悟法学原理，以原理指导现实问题的解决。本课程也涉及了一些此类问题。

例如，原《河南省盐业管理条例》第三十条第一款规定："违反本条例第二十一条第一款规定的，由盐业行政主管部门没收违法运输的盐产品，对货主和承运人分别处以违法运输的盐产品价值一倍以上三倍以下的罚款。"而原《食盐专营办法》第二十五条规定："违反本办法第十八条的规定，无食盐准运托运证或者自运食盐的，由盐业主管机构没收违法运输的食盐，对货主处以违法运输的食盐价值三倍以下的罚款，对承运人处以违法所得三倍以下的罚款。"这两项规定是否一致，如不一致应如何适用？这种问题很好地引导了学生研读法条，并积极体悟法学原理，同时也将我们对行政法原理的介绍，很好地呈现给了学生，并让学生自己练习运用。通过网络授课的情况来看，学生参与互动的积极性很高，有时会主动申请连线参与探究，特别是老

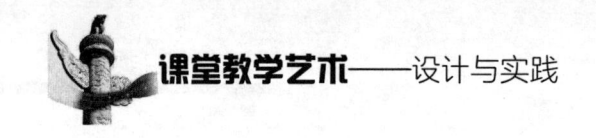

师的介绍与其思考的路径或者结果不一致的时候,课后还会收到学生的一些研讨的互动申请。

五、结束语

疫情背景下的法学专业教学面临挑战,但更多的是机遇。通过专题式网络教学,课前课后、线上线下、师生互动、讲练结合等多元手段均在课程中获得了有效利用,增加了学生的参与度。通过合理设置专题,选择典型的疑难案例,有效增加了学习的挑战度;通过网络打卡、公开授课统计数据、课前签到、课中提问、课后安排案例研习、课后随测等多种督促学习手段的混合使用,有效地保障了学生学习的实效性,真正提升了学生解决现实疑难法律问题的能力。以后教学中,"一个中心、两个手段、三个环节和四个要素"的专题式教学设计原则应当与时俱进,更好地助力卓越法治人才的培养。

微课堂在线直播的教学艺术探索

——以"社会工作督导"课程为例

杨超　法学院

由于新冠肺炎疫情的影响，高校原有的线下课程无法通过现场讲授方式展开，网络授课成为新的选择。面对新的形势与授课方式，网络授课应当如何展开？网络授课可靠吗？网络授课的质量又是怎样的呢？这些新的议题并非个体化的，而是有着一定的普遍性。探索疫情下的网络教学课堂艺术是广大师生关心的重要问题，这一问题在后疫情时代依然具有重要价值，它所带来的启发将对高校课堂教学产生长远的影响。本文将以"社会工作督导"课程为例，通过"荔枝微课"的互联网授课方式开展教学，探索互联网语境下的课堂教学艺术。

一、课程教学设计

（一）课程概况

"社会工作督导"是社会工作专业的实务课程，同时也是高等学校社会工作专业的一门专业选修课。本课程主要是基于社会工作原理和方法之上的社会工作实践教学，通过全面介绍社会工作督导，帮助学生了解督导在社会服务机构中的地位、作用、实施督导的过程以及目前与之相关的一些问题，旨在为学习如何做好督导工作奠定知识基础并做好必要的准备。本课程目的不仅在于对督导理论的教学，也十分强调实际工作案例分析。该课程的学时数为32学时，学分数为2分。课程开设对象是社会工作专业大二学生。

（二）教学目标和要求

通过教学，要求学生系统学习关于社会工作督导的含义和目标、教学的理论与原则、社会工作督导中的角色与责任、社会工作实务方法（包括个案社会工作、小组社会工作、社区社会工作等方面）的专业基础理论与知识。督导老师按照一定的程序对学生的社会工作督导活动进行持续的监督、指导，传授专业服务的知识和技术，以增进学生的专业服务技巧，促进学生专业成长并确保其服务质量。

（三）设计理念

本课程所面向的学生均第一次接触网络授课方式。一方面，我们相信学生有学习的积极性和主动性，另一方面也要明白人性中的懈怠心理，对此，我们应当强调教学与管理相结合的方式。因此，应通过多元化方式督促学生听课，保障教学工作的顺利完成，并尽全力提升教学质量。教学工具则借助线上课程平台"荔枝微课"进行直播，并结合微信课程群。教学方式上，线上与线下相结合完成课程讲授及学习。线上通过"荔枝微课"平台进行网络直播，讲授课程内容，要求学生对每节课做笔记，并在课程结束之后上传到微信群由教师进行监督。通过布置课程作业、检查课程笔记来保障教学效果，通过微信课程群进行辅导答疑。线下则通过课堂正常教学完成课程学习。

学习资源方面，本课程使用自编讲义，课件、教学大纲、教案、教学日历、案例、习题、实训项目等教学相关资料齐全，符合课程设计要求，并利用学校网络教学平台建立网络教学资源。教材选用自编讲义，参考书有三本，第一本是 Jane Wonnacott 著，赵环、魏文倩译的《社会工作督导》，由华东理工大学出版社 2015 年出版；第二本是卡杜山、哈克尼斯著，郭名倞译的《社会工作督导》，由中国人民大学出版社 2008 年出版；第三本是徐明心著的《社会工作督导》，由香港基督教服务处 2003 年出版。

二、课程教学工具

（一）"荔枝微课"平台

随着网络社会的兴起，教育也进入网络时代。荔枝微课是一个免费使用的在线教育平台，由深圳十方融海科技有限公司开发。通过荔枝微课平台，每个人都可以随时随地开课分享，也可以听课学习。该平台的优势在于开课零门槛，支持微信公众号、App 和电脑多种方式听课，拥有语音、图片、PPT、视频、音频等多种讲课模式，能够让讲师便捷高效地开课讲课。基于这一平台，帮助用户自我成长，用知识联结每个人，形成一个有温度的知识分享平台。

（二）微信

"荔枝微课"平台能够发挥课堂教学中签到、基本互动、授课 PPT 屏幕分享、语音沟通等功能，这些为网络课堂教学奠定了基础，但是也存在一些问题，如互动不及时、无法传输资料等弊端，且每次使用荔枝微课平台都需要专门进入小程序进行密码等输入，并不十分便捷。为此，我们将普遍使用的微信也纳入教学工具，通过微信来弥补"荔枝微课"的不足，即在微信上再次下发课程开课以及作业通知，由学生将课堂笔记拍照发送至微信课程群，等等。

文 史 类

三、网络微课堂教学过程

通过多次课堂教学经验总结，概括出常规性的"社会工作督导"网络微课堂教学步骤。

第一步，通过微信课程群提前发放课程资料，布置预习任务。将教学课件、提前阅读参考等材料提前发放，让学生有效预习复习。这一步同时设计了预习后要提问的问题，督促学生真正落实预习的任务。

第二步，在微信课程群提前发送直播课程二维码以及密码，要求学生扫描进入课堂。通过荔枝微课平台的后台，教师可以自主设定直播的时间、上传相应的课件以及参考资料，并设置相应功能，提前提醒学生参加课程直播。之后荔枝微课平台会自动生成一个二维码的图片，如图1所示。但是这个二维码并非单纯的二维码，而是加入了图片、励志的话语，这本身就是一种靓丽的课程宣传。学生反映看到这样的图片会受到鼓舞，有时候图片配文恰好能够击中学生的内心，鼓励学生认真对待网络课堂教学。

图1 课堂教学预告

第三步，在约定的时间教师与学生共同进入荔枝微课直播课堂，如图2所示。教师利用荔枝微课平台自带签到功能进行程序设置，要求学生签到，并调适设备，确定学生听课声音效果，之后准备开始上课。

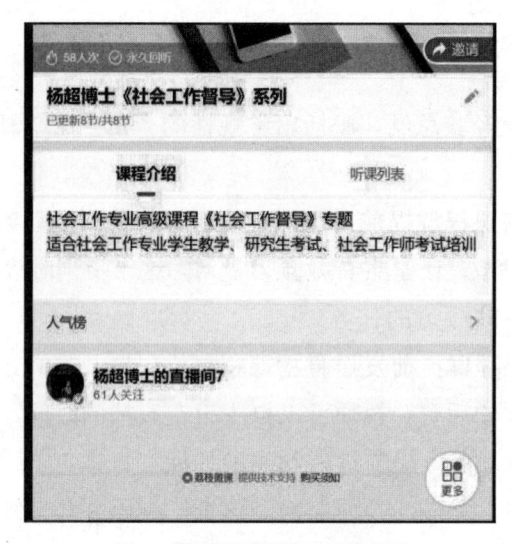

图2 荔枝微课堂直播间界面

第四步，利用荔枝微课平台实时授课，课程中通过声音、文字等进行互动讨论。在讲授过程中，由于师生分处于网络两端，缺乏场地化感，而学生容易受到外在环境的影响，自律性不足，容易出现脱离网络课堂的问题。针对这种可能的游离课堂、脱离课堂的情况，我们加入了较多的讨论、思考以及其他师生互动的环节。比如，如图3所示，课程开始前会设置问题带领学生讨论，在这一过程中，我们也会提前告知学生参与课堂互动的益处，尤其是强调平台的后台会自动记录大家的互动频率，以此督促学生积极参与课堂讨论。

图3 微课堂的教学过程与师生互动

在课后将平台自动生成的课程信息统计数据进行群内公示（见图4），既能够督促

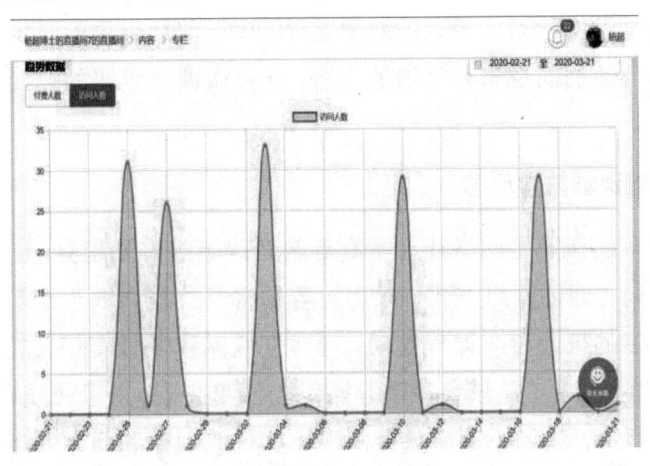

学生认真听课，又能有效掌握学生上课情况。

图 4 微课堂的统计数据

第五步，课后要求学生将听课笔记拍照发送到微信课程群中，由教师进行查看和反馈。对此关键是要求学生及时反馈，一般要求在半个小时之内就拍照上传，如果时间过长就失去了意义，这样实质是在允许学生补笔记，从而无法发挥督促学生参与课堂记录笔记的作用。对于因请假未及时跟进的同学，要求其收看回放视频进行弥补。

四、网络微课堂教学特点与反思

（一）网络微课堂教学特点

（1）利用网络多元手段授课。通过微信、"荔枝微课"共同使用、声音和文字交互使用，增进学生参与度。尽管互联网为线上课堂教学提供了革命性手段，但仍处于探索中。作为教学主体的教师和学生都具有主体性，同时也是立体的，而目前单一的互联网手段还没有达到立体式教学，因此需要多元网络手段交互使用。

（2）通过课堂笔记进行督促。每堂课要求学生在限定时间内完成课堂笔记拍照上传，以此督促学生听课。学生是网络教学的中心和目的，学情分析下我们发现学生的自律性并不强，因此，通过互联网手段设定监督方式是保障网络教学的前提。课堂笔记不仅能够帮助学生梳理知识点，增进知识的内化，通过笔记上传还能够达到监督的目的。

（3）微信小程序提升便捷性。荔枝微课不需要学生专门下载软件，通过微信公众号即可进入，方便学生快捷使用。相较于钉钉 App、腾讯企业软件等，它们需要专门下载，而无法嵌入已有的常用软件中，荔枝微课则设计了小程序，通过嵌入学生常用的微信小软件即可使用，这无疑增进了教学的便捷性。

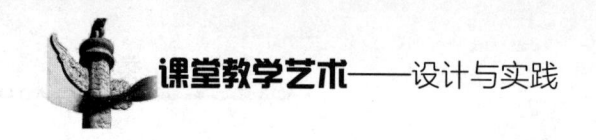

（4）励志话语激发学习动力。荔枝微课在每次课前扫描图片中加入了励志经典话语，有利于激励学生学习。授课的对象是 2000 年前后出生的学生，为吸引他们的眼球需要建立符合他们的逻辑和话语的内容，荔枝微课二维码的设计十分符合当代年轻人的喜好。

（二）网络微课堂教学反思

网络课堂教学的探索是网络社会下高等教育改革的重要趋势，也是传统教育方法和手段转型的方向。通过网络方式，教师更容易将一些资料展示给学生，学生通过网络平台也有了更多的机会参与课程互动。通过互联网以及教育相关技术，对于传统的考勤签到、督促学生听课、记录参与率等操作更为便捷，促进了传统课堂教学的变革。

然而，在转型中，我们不可避免会出现一些过渡现象和问题。其一就是师生尚未完全适应网络课堂教学。尤其是教师需要学习新的技术手段，并达到娴熟的程度，这并非朝夕可以完成。其二，我们对学生的假设需要重新反思。我们是相信学生有自律的能力、有理性的基础还是持怀疑的态度呢？对于地方性院校来说，我们更多还是选择后者，然而，这并不太有利于网络教学的推广。为此，我们需要强化对学生自律与理性能力的提升和训练，这应当成为网络教学的前提。其三，网络教学容易出现师生情感交流不足的问题，为此需要强化互动教学，避免网络教学的过度技术化。

互联网技术和制度安排构成了网络在线教学的外在环境，真正有助于实现教学目的、保障教学质量的是网络课堂教学艺术。教学艺术是一个在情景化背景下产生的实践智慧，往往会因适应情境而发生变化。总结教学艺术，进而总结一定的规律有着现实意义，但在普遍意义上，它更为重要的是能够为教师的教学工作提供一些指导原则。这些原则产生的基础在于在互联网情境下的教与学双方主体的心理特征，在此意义上，可作为一次常识性的探索。

思政课线上交互式教学模式探索

——以"毛泽东思想和中国特色社会主义理论体系概论"课程为例

刘洪慧　马克思主义学院

由于新冠肺炎疫情的原因，2020年春季学期大学生未能如期开学，遵循学校"停课不停教，停课不停学"的要求，我们开展了线上教学，借助于网络教学平台进行授课。和线下教学相比较，线上教学时教师比较难把握学生的听课状态，因此有可能不能及时根据学生状态做出相应调整。基于这一原因，交互式教学模式就显得尤为重要。线上交互式教学模式需要教师和学生通过课前、课中、课后的良好交流互动，才能达到较好的教学效果和学习效果。而师生良好互动的前提是选择适宜的网络教学平台，通过学校锐思云平台和学生取得联系后，在师生共同协商后，我们选择了QQ群和钉钉作为"毛泽东思想和中国特色社会主义理论体系概论"课程的教学平台。下面就以该课程为例来探讨交互式教学模式在思政课线上教学中的应用。

一、教学设计

（一）学情分析

"毛泽东思想和中国特色社会主义理论体系概论"作为中宣部、教育部规定的高校思想政治理论课程之一，对于增强学生对中国特色社会主义的政治认同、思想认同、情感认同，增强"四个自信"，从而促使青年学生更自觉更坚定地投身于为实现中华民族伟大复兴中国梦而奋斗的伟大历程中具有重要的意义。近年来随着思政课的不断改革创新，学生的习得感在不断提升，但由于内容的高度凝练，使得其理论性、学理性较浓，学生在学习过程中可能会产生趣味性不强、亲和力不够的感觉而导致学习兴趣不高。加之，疫情期间的线上教学使得教师很难把控学生的听课状态，在这种情况下，如果教师单方面讲授，不注重调动学生参与课堂的积极性，就可能会出现学生游离于课堂之外的状况。

（二）教学思想

基于以上学情分析，笔者采取了线上交互式教学模式，通过多种方式、方法，实现教师和学生的课前、课中、课后的交流沟通，尤其是课中注重运用不同的教学方法来调动学生参与课堂的互动。例如，通过讲授法发挥教师的教为主导的作用；运用案

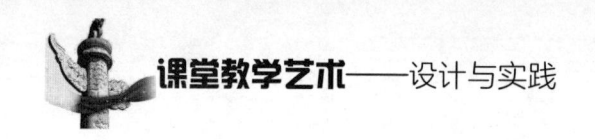

例教学法增加课堂的趣味性；运用问题式教学法激发学生思考，尤其对于教学重点难点，授课中尤其注意巧妙地设置一些问题激发学生思考、引导学生参与到课堂中来，实现师生互动、生生互动。多种教学方法的运用创设了一个民主、和谐的学习氛围，激发了学生的学习兴趣，让学生在知识学习的过程中提高了情感认同。

二、教学过程

线上教学解决了空间阻隔的问题，但课堂管理的难度凸显，若管理不到位，就会出现大批学生游离于课堂之外的情况。线上教学不像线下教学那样师生面对面，教师能够通过学生的神态、表情等随时把握学生的听课状态，从而及时做出调整并进行相应的课堂管理。因此，线上教学需要教师进行巧妙设计，运用交互式教学模式，实现课前、课中、课后的有效沟通与交流，以达到较好的教学效果。

（一）课前准备

首先，考虑到学生手头没有教材会影响预习及课程学习，学期初开课之前，将电子版教材、课程教学大纲和课程考试考核方案等课程资料传至 QQ 群文件中，让学生对课程的学习做到心中有数。

其次，每次上课之前，为方便学生预习和准备课堂发言，至少在上课前一两天将上课资料及预习提示发至 QQ 群文件（见图 1），并在 QQ 群中就学生提出的问题给出解答。

再次，考虑到学生登陆及使用 QQ 的频率相对较高，每次课前在 QQ 班级群中发布上课提醒，提醒同学们按时进入钉钉课堂上课（见图 2）。

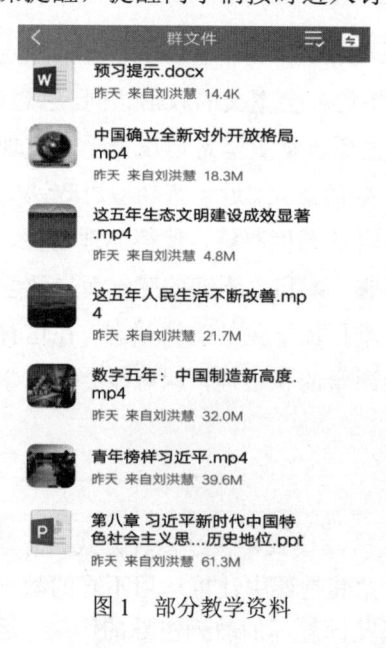

图 1　部分教学资料　　　　　　图 2　上课提醒

最后，教师课前提前 15 分钟打开钉钉在线课堂等待学生进入课堂上课，与提前进入课堂的同学进行沟通并测试设备，同时就上一次课布置的当前社会热点问题让同学发表自己的观点，同学们的发言会激发其他同学的共鸣，调动同学们的学习积极性，从而创设出一个良好的学习氛围。

经过以上环节的课前准备，课前师生的有效沟通，为下面讲授新课做好了铺垫。

（二）讲授新课

授课过程中，注意运用多种教学方法创设一个民主和谐的教学环境，合理地调节学生的注意力和兴奋度，为交互式教学的开展创造条件。下面就以具体的教学情节为例，介绍一下运用不同教学方法开展交互式教学的情况。

第一，运用微视频教学法起到激发、告知、影响的作用。例如，在讲授"中国特色社会主义进入新时代"部分导入新课环节中，通过微视频及资料展示的方式激发学生的学习兴趣，积极引导学生谈出感受，让学生在参与课堂互动的过程中，了解当今国家领导人、新时代中国特色社会主义理论的主要创立者习近平总书记的成长经历，感受其身上的平民情怀，并领略这位具有平民情怀的国家领导人为我们描绘的"新时代"。从图 3 微视频教学过程中的学生积极发言可见，短小新颖的微视频一下子抓住了学生的注意力，自然而然地导入了新课。

图 3 微视频教学

第二，运用案例式教学法增加课堂的趣味性和生动性。例如，在讲授中国特色社会主义进入新时代的原因之一——党的十八大以来的历史性成就和历史性变革时，主

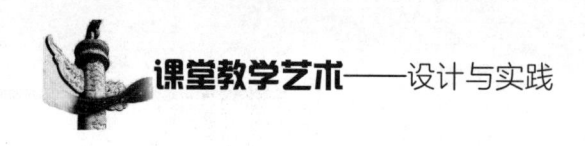

要通过案例式教学法让学生认识到，在党的十八大到十九大这极不平凡的五年当中，党和国家事业取得的历史性成就以及由此带来的中国全方位的历史性变革，以增强学生对中国特色社会主义的政治认同、思想认同和情感认同。从图4案例式教学过程中学生发言当中可见，案例式教学法使得教学内容变得富有趣味性和生动性，很容易触动学生的心灵，让学生在学习知识的过程中增强民族自信心和自豪感。

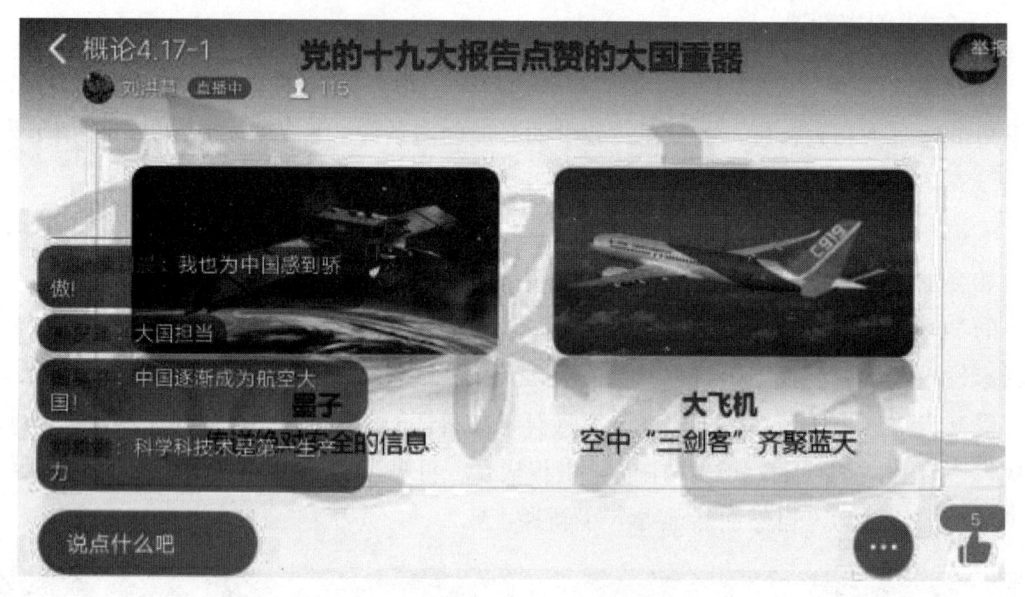

图4 案例式教学

第三，运用问题式教学法和讨论法启发学生思考，鼓励学生参与互动，创设民主和谐的学习氛围。例如，讲授"中国特色社会主义进入新时代的原因之二——新时代中国社会主要矛盾转化"时，首先抛出问题：党的十九大之前我国社会的主要矛盾是什么？在学生给出答案后，接着针对社会主要矛盾的两个方面继续提问：今天我国的社会生产是否仍然落后？人民的物质文化需求有什么变化？并举例说明。针对提出的问题让学生思考发言。从图5学生的讨论中可见，从大国重器到身边生活中的高科技，学生认为今天我国的社会生产已经不能用落后来形容了。从图6学生的发言中可见，学生感受到了随着我国国力的提升，人民生活水平在不断提高。通过以上这些问题的设置，激发学生思考、引导学生互动，让学生在轻松愉快的学习氛围中掌握新时代中国社会主要矛盾转化这一知识点。然后，教师进一步提出问题：新时代中国社会主要矛盾转化的"变"与"不变"分别是什么？在问题分析的基础上帮学生树立全局观，让学生端正态度，既不妄自尊大，也不妄自菲薄。

图 5　学生课堂讨论　　　　图 6　课堂学生互动

总之，在授课过程中，教师通过讲授法发挥教为主导的作用，运用微视频教学法、案例式教学法、问题式教学法和讨论法等实现师生互动、生生互动，让学生在轻松愉悦的氛围中学习知识、认识社会，增强民族自信心和自豪感。

（三）课后跟进

一是发布作业。有时是布置书面作业，课后发布到钉钉群作业中，学生通过钉钉提交作业，教师及时进行作业的批改及评阅，评出优秀作业（见图7），并对作业存在的问题及时进行反馈，这对学生既是一种督促，也是一种激励；有时作业是结合所学知识针对当前社会热点问题查阅资料，于下一次讲授新课前就热点问题请同学谈谈自己的观点和看法，通过这种方式，实现了课堂教师讲授和课下学生动手、动脑的有机结合。

二是，数据统计。钉钉在线课堂结束后生成上课信息数据，根据生成数据了解每位同学的上课时长，对于没有请假而缺课的同学以及上课时长较短的同学的情况进行了解，督促其回看视频进行学习，提醒其以后注意按时上课。

三、教学效果

线上交互式教学模式很好地实现了师生课前、课中、课后的有效沟通与交流，尤其在教学过程中借助于各种教学方法创设了民主和谐的教学环境、轻松愉悦的学习氛围，课堂互动较好，仅两节课时间学生在互动面板发送的消息数量就达到了587条，其中包括有的学生看到同学的精彩发言后的回复和互动，学生课堂参与度较高，解决

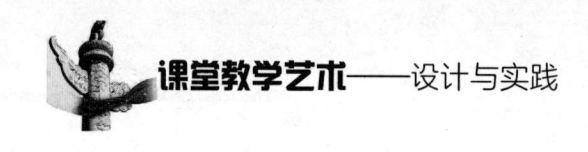

了线上教学学生游离于课堂之外的难题，实现了有效的课堂管理，让学生在学到知识的同时增加了情感认同，很好地发挥了思政课的思想价值引领作用。

图7　部分学生优秀作业展示

四、教学反思

课堂上虽然学生在互动面板上的发言比较多，但经常由于教学内容安排较满，导致互动方式不够丰富，尤其连麦比较少。今后应注意更加合理地安排教学内容和时间，以留出更多的时间让同学主动连麦、教师随机点名同学连麦发言，创设更加和谐的教学环境和学习氛围。

总之，思政课线上交互式教学模式的探索和应用，让课堂变得生动，有效的师生互动、生生互动，使得线上直播课既解决了时空阻隔的问题，也拉近了师生的距离，取得了较好的教学效果。当然，为了更好地提升线上思政课的教学效果，更为有效地发挥思政课的育人功能，还需要进一步对思政课线上教学模式进行深入探索。

引导学生主动参与课堂，在交流思辨中增强情感认同

——以"毛泽东思想和中国特色社会主义理论体系概论"为例

许云超　马克思主义学院

"毛泽东思想和中国特色社会主义理论体系概论"（以下简称"概论"）课程是推动用党的创新理论最新成果武装大学生头脑的重要课程，其思想性和理论性较强。本课程要求学生能系统地理解和掌握马克思主义中国化进程中形成的理论成果，加深对中国共产党领导人民进行革命、建设和改革的历史进程、历史变革、历史成就的认识，坚定中国特色社会主义道路自信、理论自信、制度自信、文化自信，从而更自觉更坚定地投身于为实现中华民族伟大复兴中国梦而奋斗的伟大事业中。

因受新冠肺炎疫情影响而采取的线上教学模式，为课程教学带来了新的亮点。在教学中，运用钉钉在线直播授课、布置作业，运用腾讯会议开展"课前小演讲"活动，在雨课堂教学平台进行单元测试，通过多种平台的综合运用，引导学生以更加积极主动的姿态进入课程学习中，在讨论交流中引发思想共鸣。实践证明，这种教学方式有效地激发了学生的学习热情，增强了学生的情感认同，取得了较好的效果。

一、教学设计

习近平总书记在主持召开学校思想政治理论课教师座谈会（2019年3月18日）时强调，国内外形势、党和国家工作任务发展变化较快，思政课教学内容要跟上时代，只有不断备课、常讲常新才能取得较好的教学效果。而作为思想政治理论课程中非常重要的"概论"课程，是与我国改革开放和现代化建设实践结合最为密切的课程，其客观上要求学生把思政小课堂同社会大课堂结合起来，关心国家发展大局，洞察当今世情、国情、党情，加深对党的创新理论的深刻理解。

因此，本课程的教学导入多采用？"课前小演讲"的方式，引导学生关注社会热点问题，关心国家大事，进行深入的思考形成自己的见解和观点，并在课堂上表达出来与同学们进行讨论交流。

在课堂讲解环节，综合理论讲授、网络答疑、课堂讨论、视频插播等多种教学方法手段开展教学，在教学中注重引导学生对社会焦点问题进行深入思考，通过翔实的案例和丰富的视频教学资源展示，穿插讲解习近平总书记对相关问题的重要论述，引导同学们加深对中国特色社会主义理论体系的认识和理解，并在讨论交流中引发思想共鸣，切实增强同学们的情感认同，从而实现教学目的。最后根据学生思想实际设置课后作业题目，以帮助同学们加深理解（见图1）。

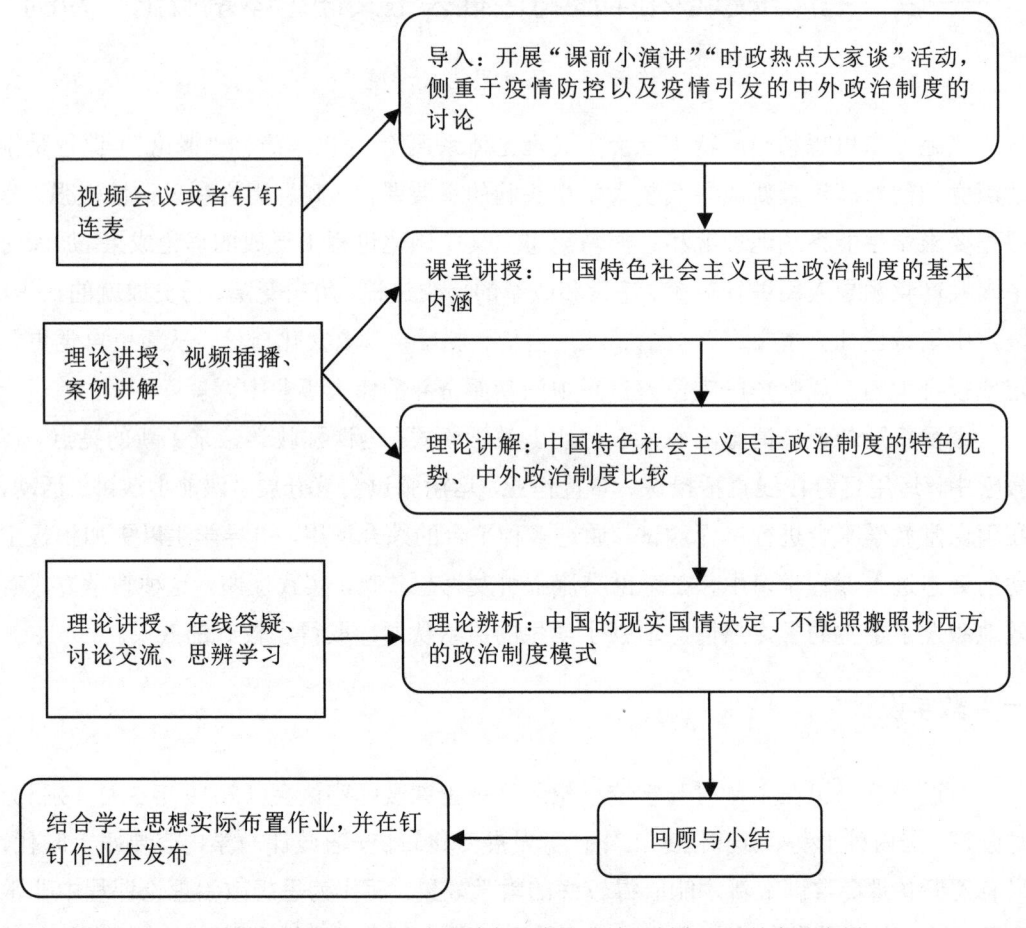

图1 教学设计思路（以"中国特色社会主义政治制度"相关章节为例）

二、教学过程

（一）课前准备

课前在钉钉班级群中发布预习提醒，并发布"课前小演讲"题目供学生参考，让同学们提前做好准备。在准备上课的同时，开展"课前小演讲"活动，每次课安排2~3名学生从参考题目中选择一个感兴趣的话题进行3~5分钟的小演讲，通过引导同学们对社会热点问题的思考讨论，激发同学们的学习热情。

"课前小演讲"活动要求学生积极利用课余时间多看报、多看电视、多听新闻，关注社会热点问题，引导学生运用学过的理论知识对社会问题进行分析研究，然后形成文章，发表自己的见解，充分锻炼学生的学习、观察、思考和分析问题的能力，体现了思政课程思想价值引领的育人观念。该活动调动了学生学习的积极性，让学生切实参与到课堂中来，变被动的价值灌输为主动的学习探究，取得了较好的效果。

（二）教学实施

本课程的教学实施，体现了鲜明的问题导向意识，即课上讲解的内容要鲜明回答青年学生头脑中的种种疑惑。因此，在教学导入环节，多采用小演讲或讨论的形式引出同学们对相关问题的思考，提出本次课所要解答的问题。例如，在讲解"中国特色社会主义政治制度"相关章节时，正值新冠肺炎疫情在国内已经得到明显的控制，而在国外呈现出爆发态势的时期，国内外舆论对疫情以及疫情引发的中外政治制度的讨论热度不减，学生对此颇感兴趣，但同时也存在诸多疑惑。尤其是西方少数政客利用网络上的杂音，乐此不疲地攻击中国政治制度，一时间让少数人莫辨是非。那么，作为新时代的大学生，应该如何正确认识这些杂音呢？如何才能更加坚定中国特色社会主义政治制度自信？之后，提出设问：中国特色社会主义政治制度的内涵和优势是什么？中国特色社会主义政治制度的历史必然性是什么？中国为什么不能照搬西方政治制度模式？以此引导同学们进行思考，从而引入本次课的教学。

在教学实施的过程中，根据教学内容的不同而选择不同的教学方法手段。

第一，在讲解知识性内容时，通常会采用微视频、课堂讲解及资料展示的方式，通过翔实的历史背景资料展示和清晰的历史事件脉络梳理，帮助同学们掌握课程的基本知识。这些方法使得枯燥的知识更形象、更具体，激发了学生学习的兴趣。

第二，在讲解理论性较强的教学内容时，会通过讨论式、启发式教学法，启发学生独立思考，引导学生在课堂上进行交流思辨（见图2）。

例如，在讲解"社会主义建设道路初步探索的理论成果"时，涉及"如何正确看待改革开放前和改革开放后两个历史时期"的理论问题，引导同学们通过查阅相关资料或者走访调研，总结改革开放前和改革开放后两个时期我国社会主义建设的成果及不足，形成自己的思考并在课堂上进行交流。在讨论和思辨中，大家逐渐认识到，这两个时期本质上都是党领导人民进行社会主义建设的实践探索，改革开放前的探索为之后积累了经验并准备了条件，改革开放后的探索则是对之前的坚持、改革、发展。

图 2　课上讨论交流

第三，在讲解具有思想引领性的教学内容时，通过案例式教学和问题启发式教学引导学生积极参与课堂互动。例如，在讲解"中国特色社会主义政治制度"相关内容时，引入同学们比较喜爱看的影片《建国大业》，帮助同学们厘清影片的主线、传递的历史信息以及影片要表达的中心思想，引导同学们将课上所学和自己的生活实践紧密联系起来，同时把同学们的思绪拉回教学中，让同学们深刻认识到发展中国特色社会主义政治制度是历史和人民的郑重选择。之后，与同学们深入探讨中国的人口、民族、历史文化、经济社会发展状况等问题，运用"叶利钦与'七寡头'""泰国'红衫军'与'黄衫军'的抗争"等案例向同学们形象地展示在这些问题上与中国非常相似的国家盲目照抄西方政治制度模式引发的社会混乱，从而引发同学们对此的深入思考，形成强烈的政治认同和情感认同，让同学们深切认识到，一个国家选择什么样的政治制度，是由这个国家的历史文化、社会性质、经济发展水平决定的，中国的现实国情决定了中国不能照搬西方政治制度模式。

第四，在讲解策论性较强的教学内容时，注重采取探究式学习方法，引导同学们坚持理论与实践相统一，积极开展调查研究，在主动探究中加深对相关内容的学习理解。例如，在开展"建设美丽中国"和"深化供给侧结构性改革"等相关内容教学时，提前给同学们布置任务，引导同学们到附近的企业、工厂、社区和农村开展调研走访，撰写调研报告并在钉钉课堂上与大家交流。

（三）考核评价

对本课程学生学习效果的考核评价依教学目标不同而采取不同的方式。对知识性教学目标的考核，在"雨课堂"上进行线上单元测试和期中考试；对能力性教学目标的考核，则采取布置作业、学生提交论文或者课堂演讲的方式进行（见图3）。

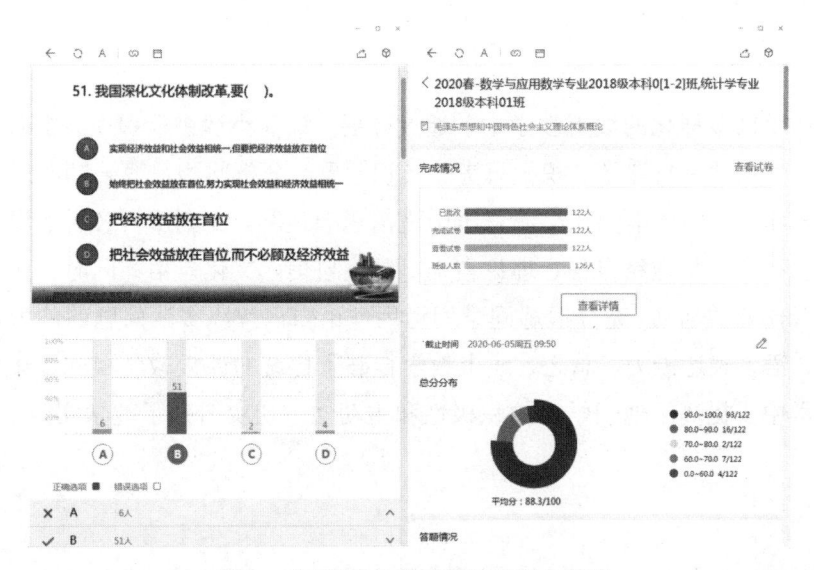

图3 "雨课堂"单元测试及期中考试

三、教学效果及反思

在课前开展"小演讲"活动，学生参与的热情很高，形成了自己独到的见解。该活动更好地激发了学生的学习兴趣，充分发挥了学生的主体作用，切实有效地提高了学生分析问题和解决问题的能力，提升了学生的思想政治素质和政治理论水平，给稍显枯燥的政治理论课教学注入了活力，受到了学生的欢迎。

在授课过程中，注意运用案例式、问题启发式等教学方法，引导学生参与课堂互动，注重与学生进行思想上的交流和沟通，注重不同观点的思辨，澄清学生思想迷雾，增强教学的感染力，发挥价值引领作用，帮助学生对所学理论产生高度的情感认同。

在课后与同学们的交流中了解到，在学习中他们能够积极主动思考，深入探究，并进行了深入的交流讨论，通过学习，更加理解了中国特色社会主义理论体系，明辨了各种错误思潮，也更加坚定了"四个自信"。

从作业完成情况来看，通过课程学习，大家基本掌握了基本理论，树立起了正确的价值观，并能够运用所学理论认识和分析社会的现实问题，达到了教学目的。

同时，在教学中也存在一些需要反思和改进的环节。一是教学的理论性较强，需要进一步将理论与学生实践相结合。如在讨论交流、案例分析等环节寻找与同学们联系更紧密的事例来进行讲解，从而使教学贴近实际、贴近生活，产生更强的感染力。二是教学活动结束后要进行深入的点评，以帮助同学们成长提高，但往往囿于自身学识水平的限制，对同学们的点评质量有待进一步提升，这需要教师进一步加强学习，强化学识水平。

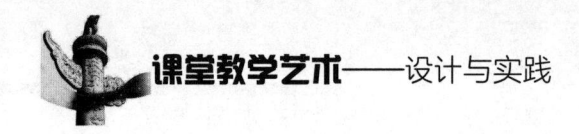

四、结语

在方法手段多样化的线上教学中,通过开展"课前小演讲"和"线上研讨"等活动,引导学生主动参与课堂、积极思考、认识问题、分析问题,变被动的理论灌输为主动的思辨学习,使同学们在交流思辨中澄清思想迷雾,深刻辨析各种思潮,从而坚定中国特色社会主义道路自信、理论自信、制度自信、文化自信;同时,通过开展线上展示实践作业的活动,充分锻炼同学们运用理论知识解决实践问题的能力以及归纳总结能力、语言表达能力。总之,线上教学打破了传统的课堂教学模式,让学生真正参与到教学中,提高了他们学习的积极性和主动性,切实增强了教学实效。

传道有术，授业有方，解惑有法

——"教育政策与法规"在线课堂教学艺术微探

张世爱　教育学院

所谓教学艺术，就是教师娴熟地运用综合的教学技能技巧，遵循教学规律、运用教学原则、创设教学情境而进行的有独创性的教学实践活动，课堂教学艺术也是教师劳动创造性特征的集中体现。在小学教育专业必修课"教育政策与法规"的网络授课过程中，教学艺术的运用主要体现在教学目标确定的艺术、教学内容创生的艺术、教学模式创新使用的艺术、教学方法的运用艺术以及课堂启发的艺术等几方面。

一、教学目标确定的艺术

教学目标是课堂教学的灵魂和方向，目标越清晰，达成目标的路径也就越明了，它决定着一堂课的教学内容、教学模式、教学方法和教学组织形式等诸多方面，起着导向作用。教学目标的确定是一门艺术，应该依据学科的知识体系和学生心理认知发展的规律来做取舍。本课程在确立教学目标时，根据时代发展要求，在教学设计过程中重视对学生进行育人教育，重视培养学生的品德和个人修养，主动融合思政教育元素，让专业课的理论知识和思想政治理论相结合，最终确立了以下教学目标。

（1）知识与技能。通过课程教学，学生能够系统地掌握有关教育政策与法规的基本原理，教育法律关系主体的权利、义务、责任等教育法的基础知识。

（2）过程与方法。通过案例分析、讨论，学生对有关教育政策与法规问题进行分析，具备运用所学知识解决教育活动中出现的各种政策法规问题的能力。

（3）情感态度价值观。学生能够增强法律意识，热爱教育事业，热爱本职工作，懂法、守法、用法，真正做到依法执教，做能正确履行教师职责的教育工作者。

二、教学内容创生的艺术

有效课堂教学应注重让学生体验知识获得的过程和方法，培养学生独立思考、质疑创新的思维品质。教师面对海量的网络教学资源，首先要解决的就是"教什么"的问题，应在当前社会运行大环境下结合本学科理论前沿和研究热点，对教学内容进行创生和重构。教师在"教育政策与法规"课程教学过程中，积极挖掘、梳理并运用本课程蕴含的丰富的育人元素，浸润式地提升学生思想政治和道德素养，创造性地将教学内容构建为三个模块：第一，政策意识、法治观念、教育情怀；第二，学生观、权利意识、师德师风；第三，教师观、权益意识、依法执教。教师通过对教学内容的整合优化，生成丰富的教学资源，创设符合学科知识序和学生心理序的问题情境，找寻师生课堂对话合作的路径，使教学成为师生共享共进的过程。下面简要列举三个教学内容创生的案例。

第一，"绪论"部分在讨论"中小学教师提高教育法律素养的必要性"这一课题时，从以下四个方面入手：依法治国与依法治教的必然要求；法制建设日益完善的客观要求；公民法律意识不断增强的必然要求；教师专业化发展的内在要求。其中在分析第一个维度"依法治国与依法治教的必然要求"时，为了激发学生的法治意识和政治认同，引入 2018 年 3 月 17 日国家领导人首次宪法宣誓的视频。这是我国国家领导人首次进行宪法宣誓，也是宪法宣誓制度实行以来首次在全国人民代表大会上对全国人大代表举行宪法宣誓。新当选的国家领导人尤其是习近平同志作为党、国家、军队最高领导人，带头进行宪法宣誓，树立了尊崇宪法、维护宪法、恪守宪法的楷模，彰显了以习近平同志为核心的党中央坚持依宪治国、依宪执政的坚强决心。

通过观看这种庄严的具有强烈仪式感的宪法宣誓，让学生强烈感受到我国宪法的神圣和至上，体会到宪法宣誓的庄重感和严肃性，激发学生对国家、对宪法的思想认同和情感认同，进一步坚定宪法自信、坚定中国特色社会主义道路自信。

第二，在解读"四有好老师"的内容时，以"责任和担当"为关键词，结合大学生的年龄特点进行深化和拓展，结合"全国大学生同上一堂疫情防控思政大课"，来阐述时代赋予青年一代的责任和担当，学生既理解了理论观点，又亲历了实践过程，并提升了理解和认知（见图1）。

图 1　学生观看"全国大学生同上一堂疫情防控思政大课"

第三，在解读《中华人民共和国教育法》时，我们紧抓时政热点，融合 2020 年 3 月 20 中共中央、国务院发布《关于全面加强新时代大中小学劳动教育的意见》和 3 月 30 日教育部长陈宝生在《人民日报》发表署名文章《全面贯彻党的教育方针 大力加强新时代劳动教育》的内容，进行了深入的理论阐述，同时对学生进行了情感态度价值观的教育（见图 2）。

图 2　为学生讲解《关于全面加强新时代大中小学劳动教育的意见》截图

三、教学模式创新使用的艺术

面对"停课不停学"，传统的教学模式面临挑战。顺应网络教学的特征和需要，我们采用翻转课堂的教学模式来组织教学。翻转课堂的教学模式可以帮助教师克服"教育政策与法规"传统课堂教学模式弊端，推动混合式教学、过程性评价和多渠道互动，深化本专业学生法治精神的培养。教学实践中，教师充分发挥 QQ 群课堂、云班课、慕课等智慧教学工具的多元功能，课前引领学生积极主动地自主学习，课上创新师生多渠道互动途径，课后帮助教师进行教学评价和教学反思，提高教学效果。

课前，发放关于疫情期间"教育政策与法规"课程学习要求的通知，告知学生网络课堂教学的运行模式和所需资料（见图 3）。疫情期间的网络学习方式，根据国家和学校的有关规定，结合课程自身的性质，采取"课堂网络视频预习+QQ 群课堂直播+QQ 群讨论答疑+在线提交课堂作业"的模式进行。

图 3　关于疫情期课程学习要求通知的截图

每周课程开始之前，把本周相关学习资料上传至QQ学习群，并派发本次课的课前学习任务单，第一节课主要让学生带着问题进行自主学习（见图4）。

文件	更新时间	过期时间	大小	上传者	下载次数
模块一 第二讲 教育政策过程.ppt	2020-03-20	永久	13.3MB	张世爱…	23次
模块一 第三讲 教育政策体系.ppt	2020-03-20	永久	1.48MB	张世爱…	30次
模块一 第二讲 教育政策过程.ppt	2020-03-12	永久	13.3MB	张世爱…	39次
模块一 第一讲 教育政策概述.ppt	2020-03-12	永久	1.48MB	张世爱…	35次
疫情期《教育政策与法规》学习要求.d…	2020-02-23	永久	123KB	张世爱…	24次
第一章小学教育政策以法规概论.ppt	2020-02-23	永久	229KB	张世爱…	41次
《小学教育政策与法规》教学大纲.doc	2020-02-23	永久	78.5KB	张世爱…	21次
教学日历 张世爱.doc	2020-02-23	永久	69KB	张世爱…	23次
教育政策法规教材电子版.pdf	2020-02-23	永久	44.8MB	张世爱…	41次
疫情期《教育政策与法规》学习要求.d…	2020-02-23	永久	123KB	张世爱…	20次

图4 QQ课程群学习资料截图

课中，主要通过QQ群课堂网络直播，进行教学重点难点的讲解、答疑，以及教学相关内容的拓展。

课后，主要通过QQ作业群进行头脑风暴或者随堂测试，对所学知识进行巩固和应用。

四、教学方法的运用艺术

教学方法是实现课堂教学目标的重要途径，教学方法的选择凝聚着教师的教学智慧。在"教育政策与法规"网络授课过程中师生共同构建了"情境表达—理论讲析—案例分析—拓展深化"的教学方法体系，旨在更好地增强学生的教育政策法规意识，提高学生的教育政策与法规理论素养以及将理论运用于指导教学实践的能力。

比如，课堂导入法虽然没有既定的规定，但却有共通的艺术特征。也就是说，导入要能激发学生的兴趣，拨动其思维之弦，让他们以最佳的兴奋状态投入学习活动。好的课堂导入的艺术指标主要有趣味性、激发度、主题吻合度和走向明确等。我们在课堂导入时，主要采用案例情景导入法，在情绪上激发起学生的学习兴趣，引起学生学习的意向，同时又要明确逻辑操作方向，且与主题吻合度高。

另外，在本次网络在线教学中，我们采用了"分组在线合作探究"的方法激发学生利用已知去寻求未知，提升学生对教育问题的敏感度和对教学实践的自主探究能力。采用分组教学，提前派发小组合作学习任务单，之后小组在线合作探究完成任务，最后小组成员代表通过 QQ 群课堂与大家分享探究成果。

五、课堂启发的艺术

　　课堂启发艺术是指教师通过提问、质疑、暗示、点拨等，使学生得出结论，完成由无知到有知、由知之不多到知之较多的转变的课堂操作过程。课堂启发的艺术指标主要有提问追问、巧妙导思、学生参与、学生思考等。例如，在讲解第二章"教育政策平等取向"时，教师运用启发法，在横向上引导学生从分析身边的教育不平等现象入手，进而逐渐深入关注到教育的校际之间、城乡之间、地区之间的不平等；在纵向上，引导学生找寻近些年我国教育发展的数据，进而分析近 30 年我国教育发展从量到质的变化，启发学生得出正视教育政策问题的结论，并找寻解决问题的路径和方法。

　　由于在线教学的局限性，在课堂启发过程中需要注意以下两点问题：第一，注重教师语言的形象性，通过抑扬顿挫的语音语调的变化，通过比喻、类比等语言艺术的运用，可使学生及时抓住课题要领，茅塞顿开，透彻理解。第二，关注教学过程的情感性。在线教学无法缩短师生之间的空间距离，但是要努力拉近师生之间的心理距离。教学过程既是教学信息交流的过程，也是师生情感交流的过程。教师热情、乐观、和善、满面春风的教学态度，与冷漠、忧郁、严厉、满面愁云的教学态度，所产生的教学效果是不一样的。

　　总之，教学具有无限的可能性，没有固定不变的公式，在线教学更是如此。"教学有法，教无定法"，作为一名专业教师，应该不断地进行课堂教学艺术的修炼，努力做到教得巧妙一点、有效一点、独特一点、美一点，引导学生学会学习、乐于学习，培养学生的创新意识和实践能力，促使教学艺术开花结果。

借远程互动，天涯若比邻

——新冠肺炎疫情下"学前教育学"在线教学艺术探究

任伟伟　教育学院

教学是一门科学，又是一门细腻的综合性艺术。作为一门科学，它有一定的规律可循，而作为一门艺术，却贵在创新。突如其来的新冠肺炎疫情打破了正常的教学模式，本着"停课不停学"的原则，"学前教育学"课程团队立足课程特点，集思广益，创新方法，以教师的"教"为主导，以学生的"学"为主体，倾心打造精彩课程，力争出成绩、见成效，为促学抗疫贡献力量。

一、"学前教育学"课程简介

"学前教育学"（48学时，3学分）作为学前教育专业的核心必修课，以"学前卫生学""学前心理学""教育学"等基本理论及最新研究成果为基础，帮助学生掌握现代幼儿教育思想，全面理解幼儿园教育工作的一般规律，以达到提升学生教育理论素养素质，形成以运用理论联系实际分析教育现象、解决教育问题的能力为教学目标的一门教育应用学科，是理论性与实践性并举的基础理论课程。

"学前教育学"作为一门基础理论课程，在设计思想上强调时代性和实用性，在整体把握当前国内相关专业教科书的内容信息的基础上，结合当前本课程发展的实际状况，有机整合相关内容，构建起了以基本原理为根基、以注重实践运用为目标的内容体系。其关于学前教育的观念确立与实践操作思路反映着当代学前教育教学研究的最新动态与最新成果，具有浓郁的时代性与先进性。

"学前教育学"作为一门实践性课程，在设计思想上强调以职业能力培养为重点，厚基础、宽口径、强能力的培养，充分体现了职业性要求。学生通过学习，能够及时了解当今幼儿园发展的新动态，了解社会对幼儿教育的新需求，该课程内容根据学生个性不同、就业需求不同给予不同满足，体现了课程设计的开放性。

二、"学前教育学"在线教学艺术探寻

（一）在线教学设计艺术

教学设计是提高课堂教学效率的最重要环节之一，也是日常教学活动中最重要的

第一步。在开学前夕,"学前教育学"课程团队通过钉钉在线视频会议,共同探讨课程在线教学事项。

1. 明晰课程设计思想,树立以学生为中心的教学设计观

课程团队成员一致认同"教学过程是教师的教和学生的学双边统一的过程,遵循教师为主导、学生为主体"的理念,在教学过程中不能忽视教师的主导作用,但更重要的是把学生作为教育活动和发展的主体,凸显学生的主体作用。教师要转型为"导演",以学生为中心设计教学,让学生成为在线课堂的"主角"(见图1)。

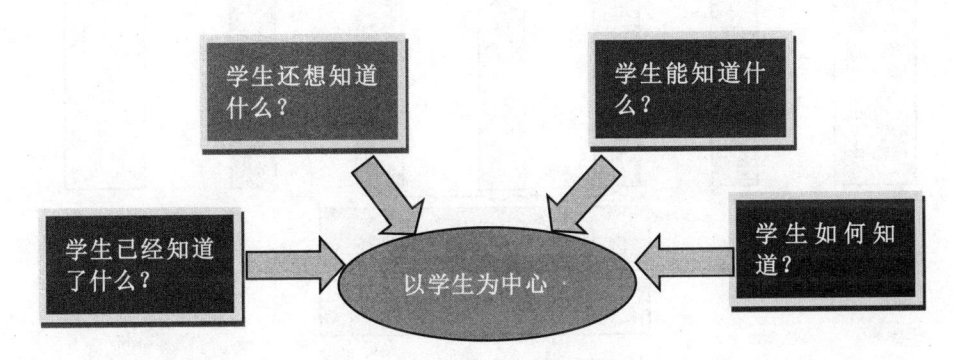

图1 以学生为中心的教学设计观

2. 努力为学习者创设一个建构主义学习环境

建构主义强调学习的主动建构性、社会互动性和情境性。此次疫情前所未有地推动了信息技术的应用,信息技术的应用无疑会改变我们学习的模式。因此,课程团队要站在学生学习的角度,多多优化学生学习环境的设计,关注学生学什么、怎样学。课程团队结合"学前教育学"课程性质,从学习者的实际出发,利用信息技术对课程的教、学、测评进行了一体化教学设计,力争为学习者创设优质的学习环境。

3. 多次打磨、不断完善课程设计方案

"学前教育学"课程团队成员打破空间壁垒,积极组织在线教学研讨,共同出谋划策,综合考虑课程性质、客观条件等因素,针对网络环境中师生、生生互动受限的弊端,梳理教学内容,设计教学环节,调适知识点难易度,精心设计了一套"云班课+钉钉直播"的混合式教学方案,以此实现不同问题区别对待,不略过知识盲点,不放过知识热点,力求教学效果最大化。"学前教育学"教学设计流程具体如图2所示。

基于这样的设计,教师从"演员"转变为"导演",学生从"观众"转变为"演员",通过灵活互动引导学生自始至终参与到教学中来。

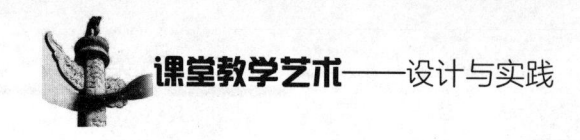

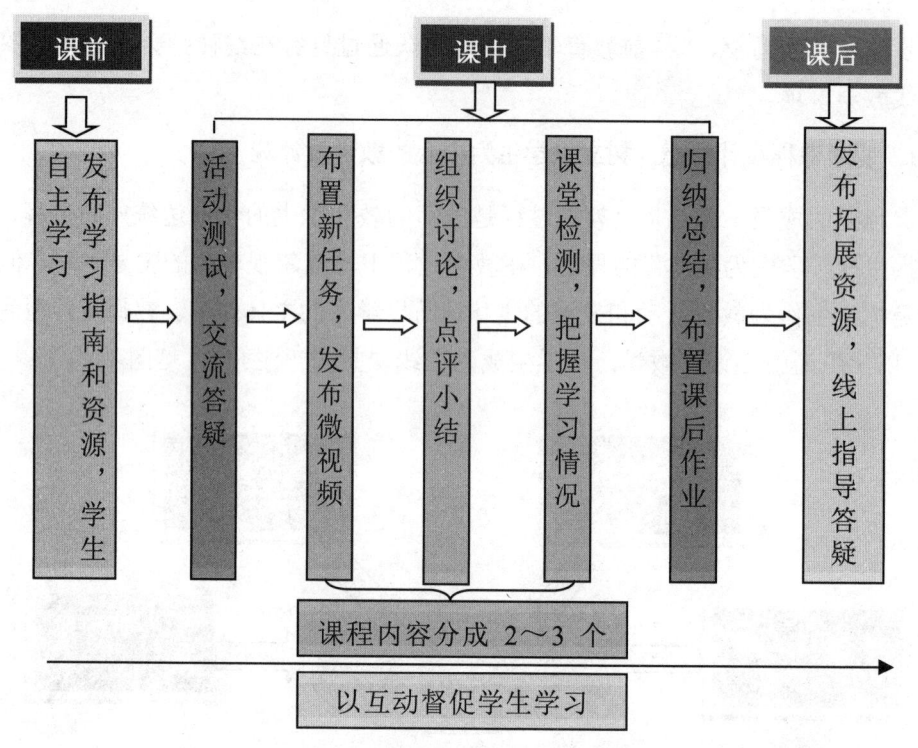

```
课前 →  自主学习  发布学习指南和资源,学生
课中 →  活动测试,交流答疑 ⇒ 布置新任务,发布微视频 ⇒ 组织讨论,点评小结 ⇒ 课堂检测,把握学习情况 ⇒ 归纳总结,布置课后作业
课后 →  发布拓展资源,线上指导答疑
```

课程内容分成 2～3 个

以互动督促学生学习

图 2 "学前教育学"教学设计流程

(二)优化课程教学资源的教学艺术

在线教学"开课难"的症结主要在于课程教学资源的匮乏。因此,丰富课程教学资源是开展在线教学的前提和基础,同时,课程资源是否优质也是影响在线教学成败的重要因素。为了丰富和优化在线课程资源,"学前教育学"课程团队主要从以下两个方面进行了努力探索。

1. 注重课程教学资源的有效性

课前将课程课件、《幼儿园工作规程》等相关文件以及精心选择的中国大学慕课(陕西师范大学"学前教育原理")的课程资源整合到"云班课"课程资源中,为学生提供一站式服务。

2. 注重教学资源的互动性

在线教学要突破空间距离,做到隔空导学,首先要面对的问题就是要增加师生间、生生间的有效互动性。为此,课程团队成员重新设计课件,增加互动的环节,让课件既作教具,又作学具,于课前上传到云班课资源中,同时发布学习指南,引导学生自主学习,课中开展在线测试的题目、讨论的主题等要提前准备好,课后完成的作业也要提前设计好。总而言之,各种教学资源在课前要精心准备好,并通过"云班课"随

文史类

时查看学生学习进度，及时批改作业，对重点问题做重点反馈，切实保障教师"教"与学生"学"的高效性和彼此的互通性。

为了丰富教学资源，"学前教育学"团队成员积极组织在线研讨，群策群力，加班加点，经过课程团队成员的合作和不懈努力，实现了课程教学资源的从无到有、从少到多、从量到质的可喜转化（见图3）。

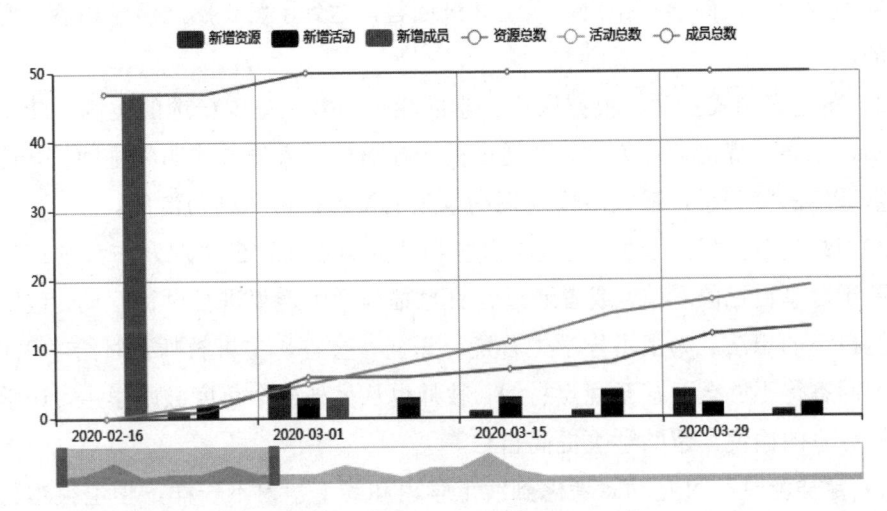

图3 "学前教育学"资源教学周报

（三）多措互动的在线教学艺术

德国教育学家第斯多惠曾说："教学的艺术不在于传授的本领，而在于激动，唤醒，鼓舞。"疫情下的在线教学中，师生处于一种隔空状态，要想运用教学艺术最大限度地引导学习者积极主动地参与到教学过程中去，教师就要做到"眼中无人，心中有人"，要随时跟学生进行互动。

1. 课前导学互动

按照翻转课堂的思路，课程团队首先要做好单元学习指南、录制微课视频，告知同学们主要的学习内容，提供学习建议，便于大家明确学习目标，把握学习重点，提高学习效率；发布有关的微课视频或者MOOC资源链接，方便同学们的学习，同时讨论发布教师在课堂上要问的问题，引发学生们的思考，让学生带着问题来上课。

2. 直播灵活互动

主讲教师一般在课前5分钟提醒学生在云班课签到，在钉钉开启直播。在授课之初，师生要彼此感知对方的存在。例如，在上课前教师会问："同学们好！如果大家听得流畅，看得清楚的话，请回复1。"通过问候等与学生进行情感交流，营造和谐氛

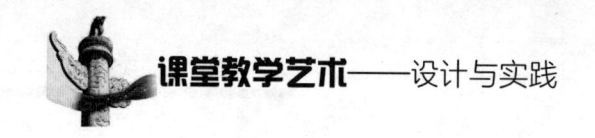

围，为直播的开始做好准备。

为了考查学生学习状态，收获学生的课程反馈，主讲老师主要采取的办法是根据教学内容，设计合适的互动。在"学前教育学"的直播中，一般会进行以下几方面的互动。

（1）归纳问题式互动。教师根据教学目标和教学的重难点，归纳出互动问题，并在直播教学中依次向学生抛出。学生通过回答，达到了解、熟悉所学内容，开阔思路的目的。

（2）精选案例式互动。根据课程教学的相关内容，呈现精选的案例，让学生调用已学知识来尝试提出解决方案，并通过摇一摇随机选人的方式叫学生回答，让学生保持课堂适度的紧张感，最大限度地调动学生的学习热情和学习潜能。

（3）热点问题讨论互动。就教学内容相关的热点通过云班课发布头脑风暴，鼓励学生敢于分享自己的看法，或者通过钉钉直播与学生连麦进行讨论互动，鼓励学生勇于表达自己的想法。为了引导学生善疑、乐问、会答，主讲教师及时给学生点赞，即使学生回答得不够全面甚至观点有误，教师也从另外一个角度鼓励学生，让学生体验到讨论分享的愉悦，帮助学生提高自信。

（4）穿插测试练习互动。考虑到线上学习和线下学习不一样，学生很难长时间专注，因此将教学内容划分成 10~15 分钟一小节，每个小节学完后，组织随堂测试来提高学生的课堂注意力。测试结果既可以检验当堂的听课效果，也可以督促学生更加投入课堂，同时将随堂练习的提交情况作为出勤率的重要参考依据，以防止出现学生上课挂机情况。

3. 课后答疑互动

为把课内的学习有效延伸到课外，本课程团队同样注重在课后的答疑互动。

（1）利用作业实现互动。为调动学生的学习兴趣，根据教学内容安排形式多样的作业。如阅读推荐文献，包括名著、最新的期刊文章或相关的政策等，撰写读书笔记、感悟，总结著名学前教育学家的思想，绘制思维导图，等等。要求学生将作业上传到云班课平台，通过云班课紧紧关注学生的参与情况。评价观念由终结性评价向发展性评价转变，注重学生学习的过程，实施评价主体多元化，让学生也成为评价的主体，这种采取学生互评的方式，既可以督促学生完成作业，又可以彼此间相互学习。

（2）主题讨论答疑区互动。云班课设有主题讨论答疑区，搭建讨论互动平台，教师利用课程讨论区组织学生开展学习讨论活动，与学生进行平等的对话，解决学生困惑，并以"经验值"作为激励措施，鼓励学生积极参与。同时在征求同学们的意见后，建立课程微信群，方便与学生充分进行互动。

三、教学效果反思

为更好地改进教学，我们利用云班课进行了教学质量调查。一共 70 人提交了结果。结果显示有 71%的同学非常满意这种"云班课+钉钉直播"的组合方式。从相关问题的统计结果来看，同学们还是比较喜欢钉钉直播的，喜欢教师在上课时的直播和互动，并且有 60%的同学希望将在线课程保持常态化。认为这种教学效果非常好的有 23 人，占 33%，认为教学效果很好的有 35 人，占 50%（见图 4），由此可见，绝大多数的同学满意这种在线教学效果。

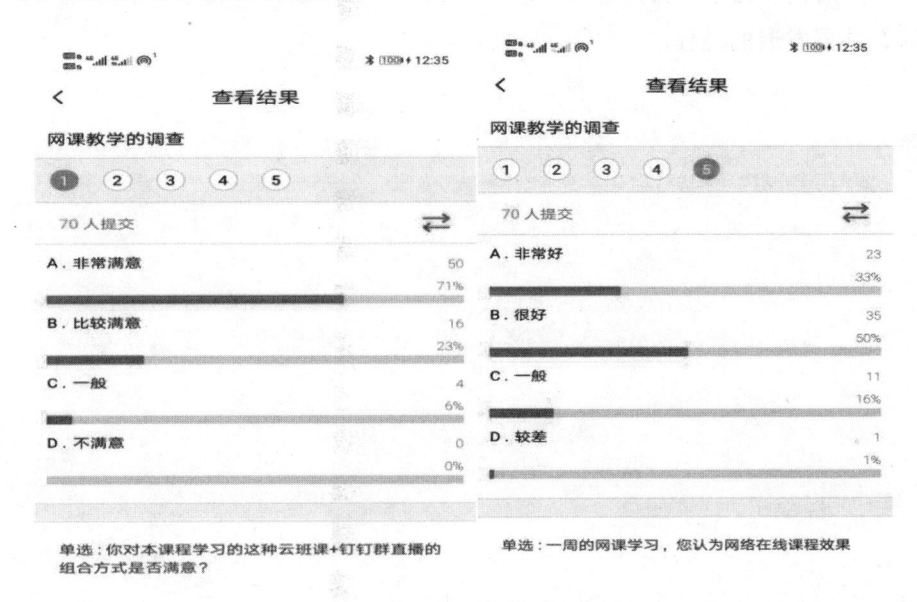

图 4 "学前教育学"教学质量调查截图

在线教学是疫情下的无奈之举，虽然教师想方设法地调动学生学习的积极性，但毕竟对于网上隔空的教学来说，师生间心灵与眼神的互动很难做到，因此，对线上和线下面授的混合式教学给予更多期待。

"路漫漫其修远兮"，在提升教学质量的道路上，课程团队成员坚持在教学实践中反思，再实践，再反思，不断提升教学质量。今后，在在线教学中还会遇到各种问题，课程团队将会根据学生提出的各种建议和问题持续改进教学质量，力求实现更好的教学效果。

四、结束语

　　线上教学的效果不仅仅取决于教师是否教得到位,更重要的在于教师是否能够促进学生主动学习。疫情下教学环境发生了很大变化,为了化"危"为"机",教师心中理应时刻牢记学生是一个需要点燃的火种,要善于调动学生学习的积极性、自主性,教学内容力求"生动",互动方式经常"变动",学生思维善于"发动",内容安排配合"活动",有效提升教学有效性。"学前教育学"课程团队成员要积极努力探索线上隔空"互动"的教学艺术,努力让教学有"黏性",有"磁性",力争让教学过程成为师生交往、共同发展的过程。

聚焦智慧课堂，感受统计魅力

——"SPSS 应用"教学艺术浅谈

姜开岩　教育学院

在当今信息化与大数据时代背景下，大量的信息和数据充斥着人们生活的各个层面，要在大量的信息和数据中获得有科学价值的内容，必须具有对采集的信息和数据进行整理、统计分析的能力。基于实际的需求和现实的情况，"SPSS 应用"课程应运而生，它以多元统计为基础理论，研究如何利用有效的方法收集、整理与分析受到随机因素影响的数据，从而对所涉及的问题进行统计推断，为科学决策提供建议。作为一门统计软件的使用课程，高实用和易学一直是"SPSS 应用"课程教学的两个重要出发点，从课程内容设计到课堂教学的组织实施都讲究教学的艺术，让学习者轻松掌握数据分析的技巧。

一、"SPSS 应用"课程内容设计

"SPSS 应用"作为一门线上课程，课程的设计具有宏观的引领作用。充分考虑到教学对象的可接受性、教学方法的适应性等问题，课程在难度设计上遵循由浅入深、由简单到复杂的原则；在模式设计上，采用理论讲解、案例引入与操作演示相结合的方式。

课程基于"以培养实际操作能力为核心，以案例为引导，以理论为穿插，用任务来驱动"的设计理念，在教学过程中使用案例教学、任务化驱动的教学方法来设计课程内容。该课程具有四个功能模块，主要包括知识传递模块、知识交流模块、知识积累共享模块和知识反馈模块，其具体结构及设计如图 1 所示。

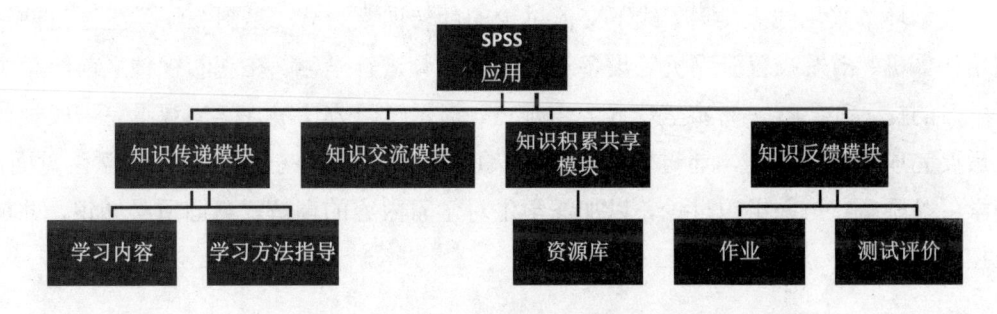

图 1　线上课程的四个功能模块

（1）知识传递模块。主要包括学习内容和学习方法指导。SPSS软件功能非常强大，结合实际的需要，采用专题形式优化课程内容，课程共设计了十一个必选专题和两个可选专题，必选专题基本能够满足日常统计分析需要。每个专题主要采用案例学习的方法，所使用的案例来源于实际研究，与真实生活情境相关，与学习者已有的知识经验能够很好地建立联系。学习方法指导贯穿于整个学习过程中，教师借助知识可视化工具来显性化自己的隐性知识，学生将"老师的方法"和"自己的方法"进行比较，通过内化和已有的知识建立联系，自主建构，并不断地在具体的多样化的情境中应用，以达到真正掌握的程度。

（2）知识交流模块。每一部分内容都有精心设计的讨论主题，在交流过程中，教师不断地引导学生，同时促进学生之间的交流和知识共享，避免合作学习中的"低板效应"。交流工具除了使用平台在线讨论功能之外，还选择使用了钉钉在线沟通平台，有效促进了知识的传递与共享。

（3）知识积累共享模块。资源库除了包括已经完成的课件、教案、课程补充材料和素材等静态的内容，还动态地进行扩展更新，适时地记录学生特有的解决问题的方法。

（4）知识反馈模块。作业是和教学内容密切联系起来的，该模块主要通过案例明确学习任务部分，要求学习者进行实践操作，以巩固已学知识。测试评价主要以每章主要内容为主，包含理论知识和实际操作，综合检测学习者对所学知识的掌握程度，全面地评价学习者的实际操作能力。

"SPSS应用"课程的设计充分尊重学生的主体地位，通过网络学习及协作学习，使学生真正成为学习的主体，教师成为活动的设计者、学生学习的帮助者。

二、课程教学的组织实施

（一）以翻转课堂形式安排教学环节

教学环节采用线上学习、线下交流讨论的翻转课堂形式（见图2）。学生通过网络使用计算机、平板或智能手机等设备观看教学视频进行学习。在观看视频之前给学生以学习的提示和指导，例如呈现内容重难点、提示学习方法等。学生观看完一段视频之后要完成相应的习题，通过学习平台获取反馈解答。线下教师定期组织学生见面，为学生答疑解惑，并组织讨论，以加深学生对学习内容的理解，巩固所学知识，并加以拓展。

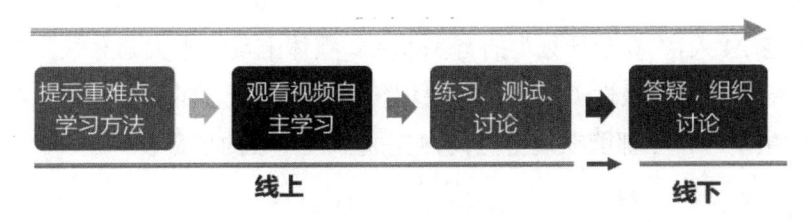

图2 线上学习、线下交流讨论教学环节

（二）以教学视频为核心组织课内外学习体系

根据在线开放课程的要求，课程严格按照知识点进行课件设计和课程录制，同时又兼顾知识学习的系统性。在线开放课程训练单元小，每个训练单元都有对应10分钟左右的教学视频。以教学视频为单位，组织作业、题解，呈现相关的参考资料和组织教学讨论，等等，教学视频可以反复多次观看，极大方便了学习者的学习。

每一节教学视频学习完成后，通过网络平台给学生提供相应习题，为学生推荐相应章节的学习参考资料，学生也可以相互推荐相关的学习资源并上传至平台。线上课程给学习者提供的学习资料非常全面，主要有授课课件、学习所用到的数据文件、相关的电子书籍和学习网站，完全可以满足学习需要（见图3）。

图3 线上学习参考资料及相关资源

（三）多平台实时与学生交流讨论

除了"智慧树"学习平台外，我们还使用了学校的锐思云平台和钉钉交流平台，一方面，实时关注学生存在的疑问，给予及时解答；另一方面，针对每阶段学习的任务，在规定时间内组织直播见面课，组建了四个钉钉班级群，全面了解学生学习情况，解决学生近期共同存在的学习疑问（见图4）。

三、教学成效

（一）线上学习学习进度与平时作业完成情况

从"智慧树"平台反馈的线上学习进度数据看，"没有学习"的学生为0人，"低

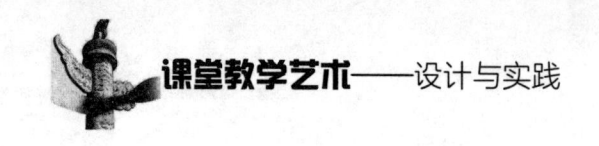

于计划"的有 24 人,"高于计划"的有 166 人。整体上反映出大部分学生具有相当高的自觉性、主动性和积极性(见图 5)。课程每一章都有配套的作业,从平台反馈的数据来看,学生平时作业都能在规定时间内完成,且完成的质量较好。

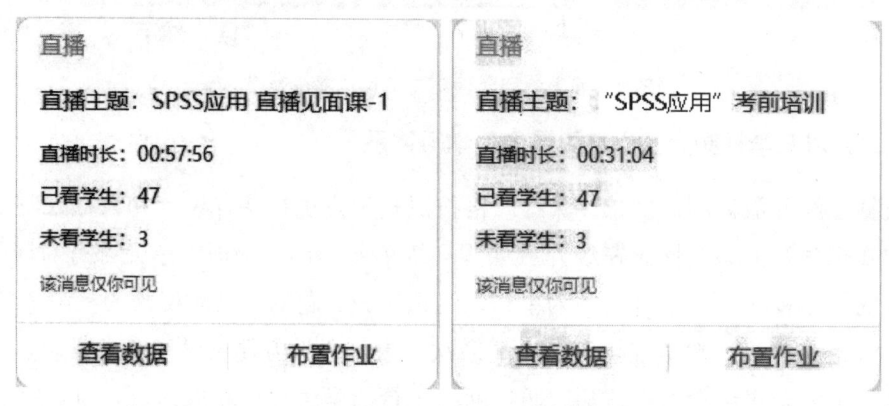

图 4　利用钉钉平台直播统一解答学习疑问

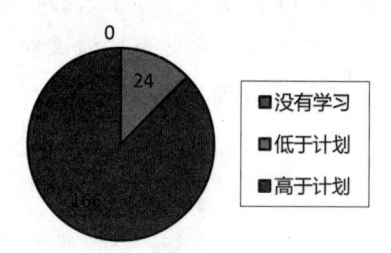

图 5　"智慧树"平台线上学习进度情况

(二)学生参与讨论情况

学生参与讨论的主要环节是在钉钉直播模块,讨论的题目一方面来源于已经通过"智慧树"平台下发的部分,也有通过四个组建班级的负责人统一收集的问题。通过直播情况来看,大部分学生都能积极参加并发言,对问题的思考也有一定的深度,很多同学都能结合自己的专业提出一些问题。如数学与应用数学专业的一个同学,正在完成数学建模项目,多次就建模方法和技术与老师深度沟通,在老师的建议下,提前完成了典型相关和线性回归知识模块的学习,并完成了结项材料的提报。

(三)期末考试成绩分布情况

本学期选修"SPSS 应用"课程的同学共 190 名,成绩分布情况如表 1 所示。

表 1　课程学生期末考试成绩统计

最小值	最大值	均值	不合格	合格	良好	优秀
50	100	88.76	2	4	108	76

表1反映出，学生对课程的内容掌握程度较好，平均值为88.76分，良好（70~89分）所占的比例达到57%，优秀（90~100分）所占的比例达到40%。整体上反映出课程目标的达成度较高（见图6）。

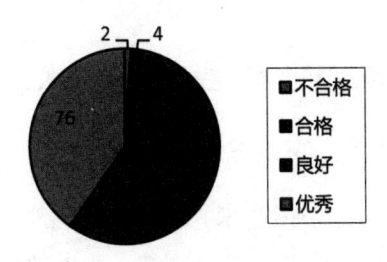

图6　课程学生期末考试成绩分布

（四）学生评教情况

本学期，课程学生评教得分96.87，从备课授课情况、教学内容、教学手段的使用等方面进行了评价，整体上反映出学生对教师教学的认可度较高。

四、教学反思

教学离不开艺术，教学艺术贯穿于整个教学过程的始终。一场突如其来的新冠肺炎疫情对整个教育系统产生了重要影响，但是停课不停学。正因如此，线上的教与学如雨后春笋般兴起，赋予了教学艺术更多的内涵。线上教学将互联网技术与传统教学相融合，打造了一种全新的交互式教与学的体验，延伸了学习的空间和时间，不仅能帮助教师对教学情况进行总结和反思，还有利于培养学生主动学习的能力。

作为一门软件的使用课程，教是一个重要的方面，关键还在于练。如何让线下的学生主动去练，我想对所有的这类课程设计者都是一个难题。从现实情况来看，学生的学习效果与线下授课还是存在一定差距的。今后要做到线上和线下的有机融合，发挥线上教学的优势，弥补线上教学的不足，在探索中不断总结经验，以最适合的方式保证教学质量的提升。

相约云端共筑课堂，以心助推疫情防控

——"儿童心理学"线上教学艺术

赵金霞　教育学院

教学既是一门科学，又是一门艺术。作为一门科学，它有规律可循，作为一门艺术，贵在创新。面对突如其来的新冠肺炎疫情，线上教学如何创新教学模式与方法使其发挥应有的教学效益？教师在备好教学内容，熟练运用现代化教学手段的同时，如何将教学艺术融会贯通于教学活动，提升教学效果？如何遵照教学法则和美学尺度要求，灵活运用语言、心理活动、图像组织、质量监控等手段发挥教学的情感功能？这些疑惑成为每一位教师潜心思考的首要问题。

为此，"儿童心理学"课程团队打破了常规教学模式，立足课程特性，集思广益，创新方法，以"学生中心、产出导向、持续改进"为教学设计理念，综合融资源优化、教学实施、教学评价等艺术于课堂教学之中，倾心打造精彩线上精品课堂，力争出成绩、见成效。同时，为助推疫情防控，本课程充分发挥自身优势，将心理辅导艺术融入课堂教学，与学生共同探讨防疫的儿童心理学知识，帮助学生理解中小学生疫情防控时期的心理，激发学生有效运用各种积极心理资源，合理面对消极情绪，促使其心态更加平和、乐观，从而为学生构架起"相约云端共筑课堂，以心助推疫情防控"的儿童心理学线上教学平台。

一、"学生中心、产出导向、持续改进"的教学设计理念

教学设计是教学活动开展的首要环节，是教师为达成教学目标，对教学活动进行的系统规划、安排与决策。以"学生中心、产出导向、持续改进"的教育理念为指导，疫情防控条件下的"儿童心理学"在线教学设计从课程目标、教学目标、教学内容、教学模式、方法与手段、考核评价等方面体现了"学生中心、产出导向"的教育理念，并根据课程目标达成情况持续改进课程教学，具体如图1所示。

首先，树立"学生中心"的教学设计观，教学活动既要体现学生的主体地位，又不忽视教师的主导作用，教师从知识的传播者转型为学生获取知识的"设计者"，学生从接受知识的"观众"转变为主动获取知识的"演员"，使学生真正成为在线课堂的"主角"。

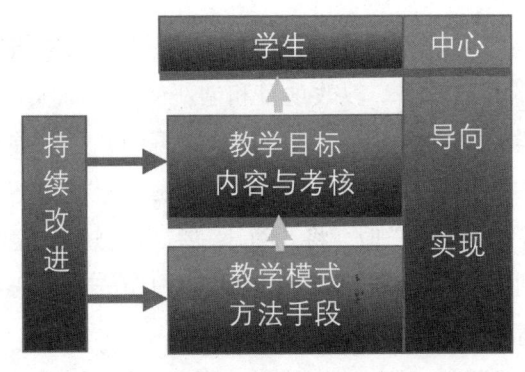

图1 "儿童心理学"教学设计理念

其次,树立"产出导向"的考核评价观,实施过程性/表现性和终结性评价相统一的综合性考核。考核方式以过程性/表现性评价为主,考核内容重点检测学生"运用儿童发展知识解决复杂问题"的综合应用能力和高阶思维水平。

再次,树立"持续改进"的教学组织观,及时将上一次课的教学评价应用于下一次课的课堂教学改进,推动"儿童心理学"课堂教学质量持续提升。

二、"项目引领、师生共创"的资源优化艺术

丰富的、高质量的线上教学资源,是保障线上教学质量、提升教学效果的关键。根据省一流课程建设需要,本课程团队成员共同研讨、分工合作,从资源获得路径和内容创新两方面对线上教学资源进行了整合,以提高学习时效,促进师生互动。

(一)团队合作拓宽课程资源,提高学习时效

根据学科性质和学生特点,课程团队为学生精心挑选了北京大学"发展心理学"精品课程资源,提供了多本中英结合的儿童心理学电子教材,完善了临沂大学"儿童心理学"课程中心网站;团队成员分别负责几个章节的习题和课外阅读资源的筹备,以接力赛的方式进行在线授课,一起进行作业辅导、线上答疑;每次课堂教学之前,将课件、学生需要思考的问题和其他教学资源软件包上传至"儿童心理"学课程中心平台;学生课前自主学习,探寻问题答案;课上汇报,同学辩论、补充,教师引领、启发、提升,体现"学生中心"的教育理念。

(二)项目引领创新教学内容,促进师生互动

疫情防控条件下,线上教学面临的最大挑战是,教师无法直接观察学生的学习状态,无法与学生进行眼神交流,无法通过教师的行为规范和人格魅力影响学生。因此,如何创新教学内容,如何通过有效的师生互动达到提升教学质量的目的,就成为每位老师需认真思考并努力改进的问题。为此,课程团队成员分工协作完成了如下工作。

（1）创新课程内容。本着"产出导向"的教育理念，本学期"儿童心理学"在线课堂教学以主讲教师的科研项目、教改项目和创新创业训练项目为引领，推进教学内容向实践转化，确保学生学到"活"的、"接地气"的儿童发展理论。例如，在讲授"儿童交往的发展"时，将课程组教改项目"儿童社交技能训练"的内容渗透到课堂教学中；在讲授"儿童行为发展"时，将儿童不良行为的矫正方案渗透到课堂教学中；鉴于公费师范生的就业面向广大农村，课程组将农村留守儿童心理发展与教育的相关科研成果融入课堂教学中。

（2）重新设计授课课件。每一章节增加了互动性的问题，让课件既作教具，又作学具，课前将问题上传至教学平台，同时发布学习指南，引导学生自主学习。

（3）调整章节课后练习题。线上课堂教学结束后，学生通过在线提交练习题，检测其对课堂教学内容的掌握情况；教师根据检测结果，调整下堂课的教学目标和授课方式。

三、"设疑导课、翻转授课"的教学实施艺术

教学实施是教学艺术的重要组成部分，要使课堂教学取得更好的效果，教师就必须不断提高自己的教学实施艺术。疫情防控条件下，师生交流具有空间上的远距离性，教师要想隔空调动学生的学习积极性，就必须不断创新教学实施艺术，做到"眼中无人，心中有人"，灵活与学生进行各种形式的互动。

（一）课前导入艺术

导课是课堂教学的准备动作，为师生即将开展的思维活动做好心理准备。所谓万事开头难，开好了头就等于成功了一半。教师精心设计导课，可以起到先声夺人的效果，为接下来的课堂教学打好基础。

导课方式多样，具体根据课程性质和教学内容而定。实践证明，疑问、矛盾、问题是思维的"启发剂"，它能使学生的求知欲从潜伏状态进入活跃状态。为此，"儿童心理学"线上课堂教学主要以翻转课堂的思路开展，采用"设疑导课"的教学艺术进行导课设计。课前，将PPT、学习资料包和设置的疑难问题上传至教学平台，让学生带着问题进行课前预习，探寻答案；课上学生汇报，同学辩论、补充，教师引领、启发、提升，锻炼学生的质疑、思考、释惑、创新能力，提高课程教学的"高阶性、创新性和挑战度"。如讲解"遗传与环境的交互作用"时，教师提前设置问题"智力受遗传因素的影响大约是多少？"以此激发学生阅读相关资料；再如讲解"儿童心理的研究方法"时，提前设置问题"教师课堂上采用什么类型的表扬更有助于提高学生的学业成绩？"引导学生带着问题阅读相关资料，理解自然实验法的内涵。

（二）课堂互动艺术

课堂教学互动是指师生互相交流，共同探讨，互相促进的一种教学组织形式。师生互动的有效性是提高教学效果的关键。线上教学由于教师无法直接观察到学生的学习状态，通过师生互动来检测教学效果就显得尤为必要。"儿童心理学"课程依托翻转课堂教学模式，课上基于教师课前提出的问题进行教学互动。根据人—情境整体交互作用论，儿童心理学问题导向的线上课堂互动方式包括教师发起的问答式、合作探究式互动和学生发起的释疑式、启发式互动。

（1）问答式互动。教师根据课前设置的问题和学生课前预习情况，将学生通过课前自学没有完全掌握的教学内容进一步浓缩成问题，学生在直播群集体回答或者通过提问个别回答，教师根据学生的答题情况做出相应反馈。这种问答式互动，能够使学生进一步系统、全面地掌握教师课前设置的问题，以便达成本次课的教学目标。

（2）合作探究式互动。根据课程教学内容，"儿童心理学"课程团队精选经典性教学案例或热点问题，采用学生分组在线合作探究的方法激发学生利用已知去寻求未知，提升学生对儿童发展问题的敏感度及其应用到教学实践的自主探究能力。如，在讲授第三章儿童发展理论时，采用分组教学，提前派发小组合作学习任务单，小组在线合作探究完成任务——皮亚杰的理论在教育教学中的运用，小组成员代表通过群课堂与大家分享探究成果，教师对分组汇报情况进行点评。为帮助学生提高合作探究的自信心，并引导学生善疑、乐问、想探讨，教师一般以客观但又赏识的话语进行点评。

（3）释疑式互动。教学是一种双向的互动过程，不仅教师会影响学生，学生也会影响教师。"儿童心理学"线上教学为充分发挥学生的主体地位，教师课上一般留出10分钟左右为学生答疑解惑；对于学生尚没有完全掌握的教学内容或教育实践问题，教师通过引领、提升，锻炼学生质疑、思考、释惑、创新的能力，突显"学生中心"理念。

（4）启发式互动。课堂教学启发是指教师通过提问、置疑、暗示、点拨等，使学生得出结论，实现由无知到有知、由知之不多到知之较多的转变的课堂操作过程。课堂启发的艺术指标主要有：提问追问、巧妙导思、学生参与、学生思考等。例如，在讲授第二章第二节"儿童发展的研究设计"时，教师就巧妙地运用启发式互动艺术，从典型案例出发，通过不同案例之间的比较来解释"何为横向研究设计、何为纵向研究设计"。

（三）课堂结课艺术

好文章一般都会有一个好的结尾，课堂教学的结尾也同样重要。鉴于线上教学期间学生缺乏纸质教材和讲义，可能使得学习效果与借助纸质素材的学习效果存在差

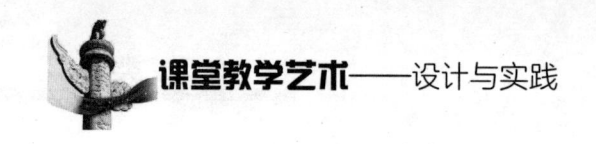

异。为此，课程采用总结性结课艺术，即临近结课时，教师用准确简练的语言、提纲挈领地把整堂课的教学内容加以概括总结，给学生以系统完整的印象，促使学生加深对线上所学知识的理解和记忆，从而有效培养其综合概括能力。

四、"多主体评定、多路径反馈"的教学评价艺术

师范类专业认证理念强调以学生学习效果为导向，并将评价结果用于持续改进当中。在这一背景下，课程评价的重要性就显得更为重要，一方面，课程评价信息是毕业要求达成情况的重要衡量指标；另一方面，课程评价的理念需要明确界定为"产出导向、持续改进"引导下的发展性评价。评价目的是为了改进课程与教学，而不是为了评定等级。在这一理念指引下，课程教学运用了多元化的课程评价方法获取评价结果。

（一）日常课堂反馈

通过QQ、钉钉群和课程中心平台，为学生提供课堂教学反馈平台，让学生在课程进行中随时实名或匿名反馈，教师及时查看并回复相应问题，形成教学过程中的有效交流，以便后续及时进行教学内容、方法、手段的调整；通过PPT渗透练习，QQ、钉钉群布置作业，及时了解学生对课堂教学内容的掌握情况；通过学校课程中心平台实现章节测试题的发布，主要包括客观题和设计题，有些需学生综合所学儿童发展理论并查阅相关资料才能完成，而不仅仅拘泥于应知应会的层面，从而在更大程度上培养了学生的自主探究能力和创新能力（见图2）。

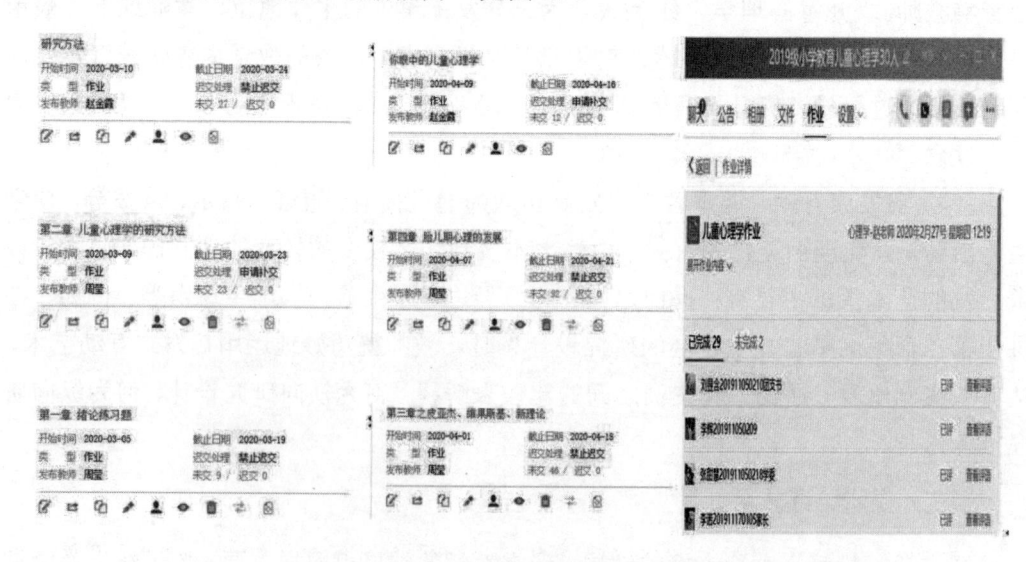

图2 课堂反馈平台

（二）期中和期末考核

遵照课程目标要求，设计考核内容与形式，采用过程性评价和终结性评价相结合的方式考核学生的学习效果，并根据考核结果对教学过程进行反思，形成评价反思报告，作为考核教学的改进依据。鉴于课程的基础性学科性质，以往一般以 4∶6 比例安排过程性与终结性考核占比。本学期教学的主战场迁移到线上，有些客观性题目不方便线上闭卷考核。因此，课程团队研究决定调增过程性/表现性评价的比例至 60%，终结性考核的题目类型以主观题为主，以期全面考核学生的理论水平和理论转化为实践的能力水平。

（三）师生互评与反思

学生根据学习情况、日常作业情况和课程教学目标，把自己的学习效果书面反馈给老师，教师根据日常反馈结果、期中/期末考核结果和学生反馈结果，结合区域基础教育改革发展需求和专业人才培养需求，对课程教学进行深入反思与评价，其内容主要包括：课程目标支撑毕业要求的自查反思、课程目标合理性与评价一致性分析、课程改进反思与实施措施。

五、"以心驭心、情绪管控"的心理辅导艺术

疫情期间，很多学生表现出了一定程度的紧张、焦虑、恐惧、压抑等不良情绪。作为任课教师，结合课程教学内容，渗透情绪管理艺术，让学生管控好自己的不良情绪，学会疏导未来教育对象的不良情绪就显得至关重要。为此，本课程不仅与学生一起探讨疫情防护有关的儿童心理学知识，让学生学会如何对身边的儿童进行心理疏导，而且与学生一起学习情绪管理艺术，缓解自身的不良情绪。

（一）儿童心理疏导艺术

根据所学儿童发展知识，与学生一起探讨儿童心理疏导艺术。如"小学儿童自我控制能力较弱，疫情期间如果总想着外出怎么办？""父母是孩子的第一任老师，如果疫情期间，年幼儿童的父母被隔离或者父母是医护人员奋斗在疫情防护一线，如何缓解儿童的分离焦虑？""对于认知发展水平较低的年幼儿童来说，教师和家长怎么做才可以缓解不确定性事件的消极影响？"

（二）自我情绪管理艺术

为培养学生疫情防控期间的良好学习心态，课程团队教师经常与学生一起探讨新冠肺炎常见的心理应激反应和疫情防控期间常用的自我心理疏导方法，激发学生有效

运用各种积极心理资源，合理面对消极情绪，促使其心态更加平和、乐观（见图3）。如引导学生通过"涂鸦、用笔抒情、哭出来吧"进行情绪宣泄；通过积极的心理暗示，如经常对自己说："我能行，我真棒；我很好、非常好"，使自己保持良好的心情、自信满满；同时，让学生阅读《新冠肺炎心理防疫科普手册》，指导学生理论结合实践，在实际生活中了解并观察广大社区民众尤其是中小学生疫情时期的心理状态，融入社区抗疫活动，用实际行动践行学用结合的宗旨。

图 3 情绪管控艺术

五、结语

综上，尽管"儿童心理学"课程团队在网络教学过程中为提升课堂教学质量有选择地运用了相关教学艺术，但其线上教学模式还处于探索阶段。当然，教学具有无限的可能性，没有固定不变的教学艺术或模式，在线教学更是如此。"教学有法，教无定法"，作为教师，应该不断地进行课堂教学艺术的修炼，努力做到教得巧妙一点、有效一点、独特一点、美一点，引导学生学会学习、乐于学习，培养学生的创新意识和实践能力，促使教学艺术开花结果。

线上线下紧密互动,居家防疫强健身心

——"大学体育Ⅱ"线上课堂教学艺术典型案例

陈亮　体育与健康学院

2019年年末至2020年年初,一场新冠肺炎疫情席卷我国大江南北,突如其来的疫情打破了正常的教学秩序。我校学生来自全国近20个省市,为了配合全国疫情控制,响应国家教育部"停课不停学"的要求,学校决定暂停学生返校学习,采用网上授课的形式予以应对,并对线上教学工作进行了相应的部署。

一、课程介绍

公共体育教学承载着全校4万余名学生身心健康的重任,是体育与健康学院与其他兄弟院系交流的窗口。学校及相关部门极为重视,多次调研指导公共体育教学工作的开展。体育与健康学院根据学校的办学理念、教学指导思想及教学改革发展方向、人才培养方案等,对我校的公共体育教学进行了全方位的部署及实施,制订了严格周密的教学计划。全校大一体育课为普修,教学内容为24式简化太极拳、篮球基本技术、排球基本技术、足球基本技术和各种身体素质,主要目的是夯实体育基础,培养学生体育锻炼的兴趣和终身体育意识,把太极拳作为全校的特色教学项目;大二体育课为必修选项课,项目涵盖篮球、排球、足球、花式篮球、瑜伽、健美操、乒乓球、武术、跆拳道、散打、网球、羽毛球、体育舞蹈、自卫防身术等,满足了学生个性需求,为培养其终身体育意识打下良好的基础。除此之外,还借助学校竞赛与各社团平台,开展多彩的综合性体育文化节和各单项比赛活动(如全校师生健步走、越野赛、篮球赛、排球赛等),通过体育教学与课外体育活动的开展,丰富了校园体育文化,完成了学校体育教学目标。

"大学体育Ⅱ"是根据《全国普通高等学校体育课程教学指导纲要》的精神,依据临沂大学"大学体育"建设方案,为全校2019级学生开设的一门通识必修课程。

二、教学设计

根据学校的指导思想与实施意见,体育与健康学院相关负责人与一线教师通过多次线上会议,研讨如何顺利并保质保量开展好教学工作。首先,对公共体育课程设置

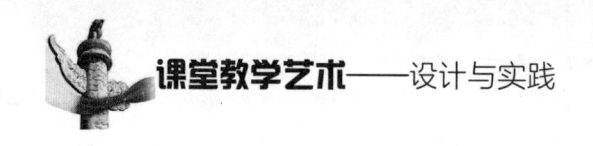

的全部项目在线上开展的可行性进行了分析，考虑场地、器械等问题，以及如何让学生的家人也能加入课堂学习中，决定本学期的教学内容以 24 式简化太极拳为主，并加大适合居家练习的各种身体素质内容（力量、柔韧、灵敏、速度等）。

为了更好地保证网上授课的顺利进行，公共体育教学部负责人董波主任线上召集部分教学骨干教师，就公共体育教学"如何上""上什么""怎么上""如何保障教学质量""通过何种手段进行有效监督"等问题进行了深入的探讨。

二月中旬，公共体育教学部成立了课程组，首先进行了课堂教学设计、商榷教学方法手段、分工进行各部分微视频录制及剪辑等工作，进而通过钉钉群、微信群举行视频会议，对课程教学设计、微视频制作情况等问题进行线上讨论。

（1）主导思想。居家情况下，学生更要注重身体锻炼，一方面可以提升机体机能、提高机体对病毒的抵抗力；另一方面通过丰富的文体活动可以调节人们的心理、稳定情绪，以积极的态度应对疫情。因此，上好公共体育课意义重大。

（2）授课形式及方法手段。结合公共体育教学实际，以班级为单位，以钉钉平台为主，对学生进行线上授课，应用视频（课前调动学生参与度视频、准备活动视频、课堂教学内容视频、放松活动以及课后身体素质练习视频等）播放加讲解、线上课堂教师示范加讲解、学生练习提交作业加点评等多种方法手段，保证课堂质量，提升学生学习的积极性。

（3）组建教学团队。由公共体育教学部宋程华主任牵头，成立蔺跃同、丁宇、杜志娟、朱丽丽、李治坤、陈亮组成的公体网课组，利用团队优势，集体备课，制作优质教学材料，实施教学资源共享。

（4）调整授课内容。授课内容减掉原先篮球、排球、足球等户外运动项目，以适合居家练习的 24 式简化太极拳为主，以各种身体素质练习为补充，充分保证学生居家健身的需求。

（5）线上教学计划及创新。疫情期间，更要加强学生思想政治教育，体育课堂也不例外。公共体育课既要培养学生的体育技能，也要锻炼学生的意志，培养其团结协作、勇于承担责任的优良品质，树立良好的道德意识，从而使学生的人格品质得到有效的塑造。通过在体育课程中融入思政课教学，能够真正地满足素质教育的要求，保障体育教学从"约束"到"教化"的转变。以新冠肺炎疫情这一特殊发展事件为警醒，在线上教学的过程中，在每一次课上都融入思政教学的内容，通过该手段，提升学生的国家使命感和民族气节，激励学生努力学习，加强身体锻炼，为建设祖国做好准备（见表1）。

表 1 线上教学计划

周　　次	太极拳教学内容	思政内容融入（2～5 分钟）
第一周	体能恢复；武术：介绍武术基本功。素质练习 1	临沂大学应对疫情的举措；线上教学的部署
第二周	武术：基本功练习，学习手型、步型。素质练习 2	疫情期间个人防护注意事项；居家锻炼与健眼运动
第三周	武术：学习起式，左右野马分鬃。素质练习 3	居家锻炼的项目简介
第四周	武术：白鹤亮翅，左右搂膝拗步。素质练习 4	第一阶段的武汉保卫战简要
第五周	武术：手挥琵琶，左右倒卷肱。素质练习 5	第二阶段的国内疫情简要
第六周	武术：学习左揽雀尾，右揽雀尾。素质练习 6	最早驰援武汉的医疗队简要
第七周	武术：学习单鞭，云手。素质练习 7	钟南山院士、《柳叶刀》总编等关于疫情的采访
第八周	武术：学习单鞭，高探马。素质练习 8	第三阶段的国际疫情简要
第九周	武术：学习右蹬脚，双峰贯耳。素质练习 9	《新闻联播》——最美的青春在抗疫一线绽放
第十周	武术：学习转身左蹬脚，左下势独立。素质练习 10	李兰娟院士、王辰院士等关于疫情的采访
第十一周	武术：学习右下势独立，左右穿梭。素质练习 11	比尔·盖茨、马云等关于疫情的采访
第十二周	武术：学习海底针，闪通臂。素质练习 12	白岩松：疫情中让专业的人做专业的事采访简要
第十三周	武术：转身搬拦捶，如封似闭。素质练习 13	体育这门美好的教育
第十四周	武术：学习十字手，收式。素质练习 14	国家体育总局：原地训练，备战好东京奥运会
第十五周	复习考试内容。素质练习 15	
第十六周	复习考试内容。素质练习 16	

注：素质练习 1～16 为速度、力量、耐力、柔韧、灵敏等各种素质练习内容的组合。例如身体素质练习 1：单脚支撑+仰卧起坐+摆臂+原地小步跑；身体素质练习 2：跳绳（100 次）+立卧撑+手持小木棍绕环+跳换步。由于篇幅有限，不一一赘述。

三、线上授课准备过程

在线上正式授课前，课程团队组成员进行 3～5 次小范围的样本测试，调试视频播放角度、音量，连麦答疑操作，对学生远程居家课堂练习展示进行视频传送，等等，逐一实践操作。

（1）信息交流。网课组成立后，各成员便进入紧张的工作状态，开展广泛讨论，制订课程实施方案。大家商讨固定教学流程，创新教学方法，每一项工作都有条不紊地开展起来，并及时将信息传达给所有公共体育教学部的全体老师。

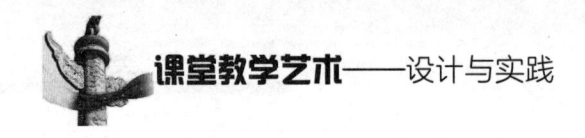

（2）确定学生群。公共体育教学部全体老师联系班级学生、建立钉钉群，核实学生名单，确保每一名学生不掉队。

（3）制作收集课堂素材。按照分工分头准备教学素材的原则，由朱丽丽、杜志娟、丁宇老师负责制作形式多样的准备活动、整理活动徒手操，陈亮老师制作素质练习视频，李治坤老师制作太极拳教学视频，蔺跃同老师负责剪辑工作（见图1）。

图1　教师分工录制视频截图

（4）开展准备会。大家都是第一次使用线上教学平台，还不熟悉操作技巧，准备期间共召开5次会议，针对测试中出现的问题提出最佳方案。

（5）制订应急方案。针对网络授课受网络质量影响的特点，制订教师网络质量不通畅或学生网络不通畅情况的应对措施，制作出适合网络传送的教学短视频，确保每一节课的顺利完成，确保每一个学生都能圆满完成课堂学习任务。

四、教学过程

（一）课前准备

课前提前10分钟进入准备阶段，教师进入课堂后，播放体育与健康学院宣传片、疫情期间重要访谈、主要事件及体育比赛短片等，测试设备是否正常，等待学生进入直播课堂；督促学生签到，邀请学生家人参与太极拳学习。家长参与督促学生学习，既能帮助教师了解学生的学习状态，又能促进全家健康与和谐。

（二）课堂实施

1. 准备部分

（1）通过师生拓展小游戏、眼保健操等互动沟通感情，提高学生学习兴趣和注意力。

（2）准备活动部分。以适合居家练习的关节活动和柔韧的徒手操练习为主，采用教师视频直播，边教边领做，学生跟随练习的方式进行。

2. 基本部分

基本部分采用教师在线直播的形式进行。

（1）通过上节课作业完成情况的总结，指出学生存在问题。

（2）结合提前录好的教学视频进行动作要领讲解，对重难点动作进行剖析，指出易犯错误及改正方法。

（3）组织学生根据背面动作示范视频进行练习。

（4）结合直播视频回放、通过师生互动答疑等形式指导学生自主练习，通过钉钉与学生互动，督促学生练习，及时接收学生的反馈，并进行在线指导。

（5）结合视频，讲解素质练习要领及要求，并组织学生练习。

3. 结束部分

带领学生做放松活动，进行课堂小结，布置课后作业。作业要求学生以视频形式完成，使学生学习情况更为直观，便于督促和掌握学生学习情况。

五、学生线上学习监督

（1）通过学习，使学生掌握 24 式简化太极拳动作要领，熟练完成所学内容。

（2）采用体育锻炼打卡的形式进行，督促学生每天锻炼一小时，保证学生身心健康。

（3）让学生利用钉钉软件上传视频作业。通过批改学生作业，摸清学生掌握情况，及时督促敷衍应付的学生和后进学生的学习，做到区别对待（见图2）。

图 2　学生课后练习视频上传及教师评价

六、教学反思与改进

（一）教学反思

1. 师生互相监督的体系尚未形成

线上授课对于公共体育教学来说是第一次尝试，体育课程相对于其他文化课程来说，具有很强的实践性。以往的教学课堂大部分时间是教师组织教学、学生跟随学习的状况，而线上教学则是"学生看得见老师、老师看不见学生"，这种情况下如何做到对学生学习状态的监控，成为保证教学质量的重中之重，也是线上体育教学组需要着重研究的课题。

2. 线上学生学习效果不够理想

通过教学实践发现，即使教师线上线下准备充分，还是无法对全部学生线上课堂学习和课下居家复习锻炼进行全方位的有效监督。从学生上传练习微视频作业来看，一部分学生掌握情况不理想，线上与线下学习效果存有明显差距，特别是对于自觉性较差的同学，学习效果影响较大。因此，在不能手把手教学的情况下如何提高教学效果，还需要进一步研讨并加以改进，要让学生通过这次疫情意识到体育课的重要性，增强他们参与体育锻炼的行动力，养成自觉锻炼的习惯，树立终身体育的思想，以此促进公共体育教学。

3. 教学会议意见落地不够彻底

公共体育教学部定期针对教学过程中出现的问题召开了教学会议，重点分析了学生的学习心理及存在的实际困难，及时调整了教学方法和内容，并针对部分学生敷衍应付作业现象制订了相应措施，但是仍存在部分老师督导不到位的现象。

（二）教学改进

（1）进一步激发教学团队的潜力。在集体备课中，利用团队的力量，充分发挥每位教师的特长，集思广益，使课程资源更为丰富，教学流程更为合理。

（2）进一步加大课后跟进辅导与督导。每节课课后应布置不同内容的作业，直观并具体地用评语批阅的形式让学生感知老师监督的存在。如，太极拳作业由于学习内容的更新，每节课都应有不同；素质练习作业共四个项目，每周一换，提高学生练习兴趣与新鲜感，且上肢、下肢、腰腹力量均要涉及，有氧和无氧也要兼备，作业应符合学生生理特点，以适合居家锻炼为宜。

（3）拓展钉钉群新的功能。面对全新的线上体育教学，老师之间相互学习、取长补短，积极开展经验交流与成果分享，既能达到提升业务能力的目标，也能起到相互督促的作用；充分利用钉钉软件在线播放和视频存储功能、社交功能、作业打卡等功能进一步拓展教学方法，进一步与学生沟通感情，更利于教师掌握课堂教学情况，随时对学生予以指导。

（4）线上进行竞赛的设想。充分利用网络竞赛的形式组织一些太极拳、健步走等比赛，用来促进教学，增进学生健康。

（5）加强线上督导工作。开展线上教学公开课活动，邀请领导和教学督导进群，广泛听取专家指导意见。

云端的歌声与琴声

——"视唱练耳 2"线上教学实记

王德聪 音乐学院

面对突如其来的新冠肺炎疫情,传统的上课模式已不能满足实际教学需要,线上教学成为不可回避的选择方式。作为音乐学专业基础课,"视唱练耳"课程多以面授、实践的形式进行线下授课。在特殊环境下,课程教学"转战"线上,利用网络平台结合直播、录课,通过对学生随时跟踪了解,掌握其线上学习过程,从而达到"视唱练耳"课程线上教学目标。在传授知识的同时,以专业课为媒介,加强对学生进行爱国主义教育,提升其文化自信,已成为专业思政育人的有效途径。

一、课程简介

"视唱练耳"是音乐学专业必修的学科基础课程。本课程以音高与节奏训练为基础,通过选用大量中外民歌名曲、沂蒙红色主题歌曲、视唱专业曲目,开阔学生的音乐视野,增强学生对音乐的理解与分析能力,帮助学生更好地诠释音乐作品。同时,利用单音、音程、和弦、节奏、旋律等听记与听辨练习,提高对音准、节奏、节拍、调性等的把握性及灵敏性,进而从听、唱、读、写、辩等方面提高学生的综合音乐素质,既为学生的专业学习提供音乐素养的基础性支持,也为后续课程(如和声、曲式、合唱、中国民族音乐等)的学习提供前期实践基础。临沂大学音乐学院开设的"视唱练耳"课程共 4 个学期,128 学时,学生可获得 8 学分。2019~2020 第二学期是这门课程的第二阶段学习,课程名称为"视唱练耳 2",学生即将进入带有一升一降调号的视唱学习,以及变化音和多种节奏型相关内容的听记。

二、教学设计

由于受到疫情影响,本学期的"视唱练耳 2"课程采用线上教学模式,利用钉钉直播、FSCapture 录屏、长江雨课堂、微信群等形式进行课前预习、授课直播、课后作业的上传与批阅,同时结合定期网络交流、平台投票等形式,积极了解学生的学习心理和学习状态。不仅如此,在授课中还增加了沂蒙红色主题歌曲的欣赏、演唱与了解,使学生熟识作品,了解作品背景,进而增强学生的爱国主义情怀,提升文化自信。

三、教学实施过程

（一）课前准备

正式上课之前，在长江雨课堂发布视唱的预习作业，通过长江雨课堂的预习功能设置截止时间，督促学生预习，并在课上对未预习的同学进行提问，达到"学习预警"的目的。通过几周的运用，效果显著。通过这一平台不仅可以了解学生的学习情况，提高对学生学习的监督，更重要的是能够让学生自主学习，并让其明白只有进行充足的课前准备，才能在课上完成相应的任务。

（二）授课环节

课程授课对网络环境、声音效果要求极高，一旦有断网、卡顿等现象，或是直播设备问题无法听到钢琴的声音等情况时，都会对学生的听记学习造成很大影响。经过课前多种形式的尝试，最终采用了"在视唱环节运用钉钉群进行直播，在练耳环节运用FSCapture录屏软件提前录课，课上在钉钉群进行上传播放"的形式进行授课。上课之前首先进行课前签到，完成之后进行"视唱学习"的直播环节，通过学生回复"1"了解学生听到的音响效果情况，之后进入课程学习。

1. 第一环节：视唱授课直播

首先进行"视唱部分"的直播授课。在授课环节，教师将提前录制的本节课学习视唱音频插入软件，在对作品讲解的同时，播放音频，让学生边听音响效果，边学习新的作品知识。每首视唱作品的讲解主要围绕调性、节奏、气息以及演唱风格展开，通过录音播放，让学生感受到具有调性语言的音乐作品特征，让其边听边学、边学边唱、边唱边感受。集中学习之后，进行学生的连麦演唱，根据学生演唱的效果直接指出其不足，提醒学生进行改正。"视唱部分"直播结束之后，钉钉会形成直播观看数据，从数据中能够较为清晰地对学生的学习情况进行过程性监督。

从学生的演唱情况来看，大家普遍能够掌握新的调性语言特征，能够准确地、完整地进行演唱，但对首调与固定调的演唱选择比较模糊，对作品风格的把握也不够准确，这些需要学生在课下认真读谱、努力练习，不断提高演唱能力。此外，在直播专业知识讲授的同时，实时关注学生的学习状态与学习心理变化，随时解答学生提出的相关问题；并在此基础之上，充实专业讲授内容，在传授知识、了解学生心理的基础上，增强沂蒙红色主题歌曲与中国民族民间歌曲的植入与讲解，让学生在"唱"的同

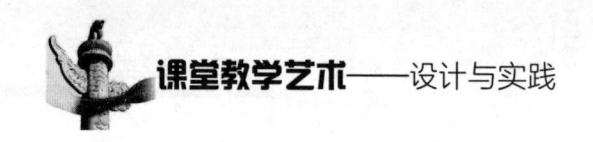

时了解作品创作背景,在"听"的同时辨析民族音乐风格,掌握内涵式表现作品的能力。

2. 第二环节:练耳录播训练

视唱授课结束之后,进入"练耳部分"的训练。由于这部分对声音的清晰度、网络的流畅度要求极高,为了确保学生能顺利听记,这一部分采用"提前录课,课上在钉钉群播放"的形式进行。钉钉群可以显示学生的查收与文件打开情况,对于未及时学习的学生进行钉钉提醒,提高学习效率。本学期的练耳训练主要围绕单音、音程、和弦性质、节奏、单声部旋律展开,从中融入视唱作品中沂蒙红色主题歌曲片段和中国民族民间歌曲片段的听写与节奏辨析,达到"唱"与"听"的结合,巩固调性风格,充实训练内容。每周根据既定训练目标,教师利用 FSCapture 录屏软件提前录课,确保学生能够顺利进行练耳训练。

(三)课后作业

为保证学生课堂练耳训练的听课质量,考查学生的听记效果,在"听记部分"训练结束之后,实时在长江雨课堂发布笔记上传,规定学生在截止时间(30～40分钟)内上传本节课笔记,以考查学生的课上学习过程是否完整、是否认真,并将这部分计入平时成绩之中(见图1);同时在平台中发布课后作业,要求学生上传视唱音频,监督学生课后学习情况,课后进行检查评分(见图2),未提交作业的,视为本周课程无成绩;在视唱作业上传中,要求每位同学能够演唱、讲解、舞台实践至少两部沂蒙红色主题音乐作品片段或者中国民族民间音乐片段,为课堂思政育人在课后的练习与巩固打下坚实的基础。

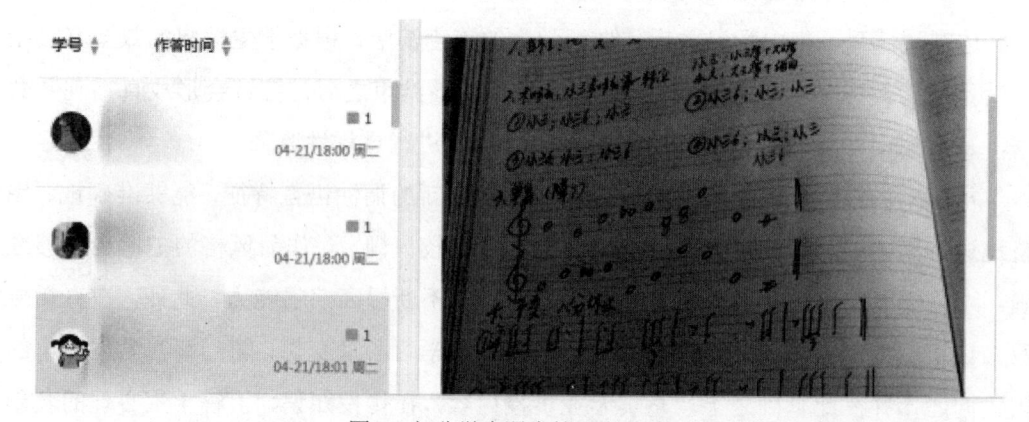

图1 部分学生课堂笔记上传情况

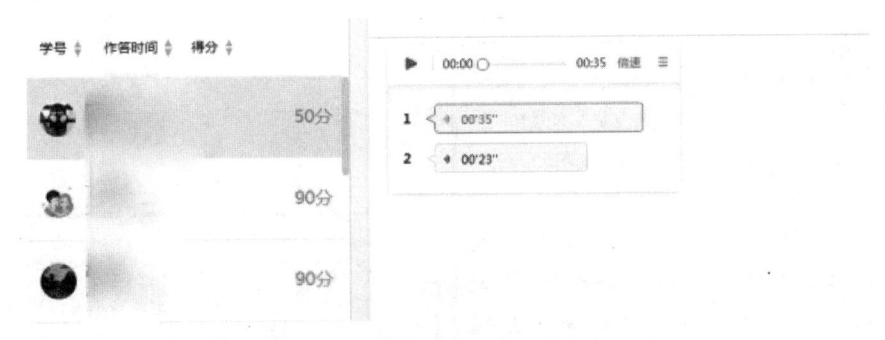

图2 部分学生视唱作业提交情况

四、教学成效与学生反馈

（一）教学成效

通过学期期末考试情况来看，首先，绝大部分同学完成了学习任务，在考勤、作业成绩方面表现不错，在考试中发挥比较稳定；其次，从学生期末考试的状态来看，学生心理状态比较好，对固定音高的演唱比较自如，整体完成情况较好。由此可以看出，本学期的线上教学是卓有成效的。并且课程内容中增加的沂蒙地区红色主题音乐与中国民族民间音乐，学生表示非常感兴趣，其强烈的地域性、作品透露的革命风骨、不同地区地域作品的特色，也使学生接受了"专业+思政"的精神洗礼。

（二）学生反馈学习心得

在与学生的沟通交流中能够明显地感受到，虽然师生因为不能见面，无法参与面授课程有些遗憾，但对当前授课模式还是比较满意，并且能够接受的。很多学生明白了老师的良苦用心，熟悉了网络学习的特征（见图3），掌握了解决网络学习问题的方法，例如，如何自学、如何发现问题、如何阐明自己的观点、如何通过网络解决问题等。这些问题的解决，不仅对学生的专业学习大有帮助，更重要的是让学生尽早地获得了终生学习的能力。

五、教学反思与改进

疫情期间，我们停课不停学。"视唱练耳2"是一行对提高学生音乐素养有着至关重要作用的课程。在这个特殊时期，在现代化信息技术的帮助下，课程团队运用平台直播、FSCapture录屏、长江雨课堂等形式开展线上教学，为今后混合式教学的运用积累了实践经验。当前的线上授课模式与课程内容讲解设定符合课程特征，能够保证学生的学习质量，提升学生的综合音乐素养。不仅如此，课后的监督环节也没有放松对学生的学习管理，这一点在今后的面授课程中能够继续使用，以进一步充实"视唱练耳"课程的教学管理模式。

> 己亥末，庚子初，疫情暴发，教育部发布通知"停课不停学"，我们开始了一种特殊的学习方式——上网课。
>
> 视唱练耳老师会以课件录音和直播等形式向我们授课，同学们可以在群里交流学习问题，在雨课堂提交笔记和作业。每次上课都有条不紊，整节课的框架也明朗清晰，这种教学方式新颖活泼，十分有利于我们接受并消化知识，我们面对老师不敢提问的问题也被解决了。在课下，我们有更多时间通过网络跟同学讨论，向老师询问。通过老师网上批改作业和课上提问连麦，我们可以了解自己的不足，还可以在课下多看课件或直播回放，继续学习。
>
> 我们在这足不出户的日子里勃发着学习兴趣，网课虽好，但仍希望能和老师同学们再聚校园。

> 现阶段的视唱练耳的网课学习，在老师的认真付出下学习效果同学校中学习差异不大，视唱练耳课程的进度也随老师的安排进行，并没因为疫情而耽误。
>
> 这种线上的听音练习也方便了复习，可以回放每一节课所讲的知识，课上的疑问可以课后通过直播回放去解决。独自在屋内学习相对于在学校更为安静，可以静下心来避免浮躁。
>
> 大家的学习自觉性和热情还是很高的，总之还是不错的。

图3 部分同学线上学习心得

但是，由于课程的特殊性所在，对声音质量、授课环境、网络通畅度要求极高，且需要较多的课堂互动，线上课程教学有时会受到一些外界不可避免的因素的影响。而且，在无法面对面的情况之下，学生的课下练习监督过程和力度还有待进一步深入。不仅如此，在课程内容的优化方面，如何进一步加强专业课程思政的融合性，如何更好地将文化自信渗透于课程之中，都是需要教育工作者进一步思考的。

疫情终会过去，我们对"视唱练耳2"课程的创新及线上教学才刚刚开始，在不断的摸索与实践中，"视唱练耳"线上教学将不断发挥优势，其形式与内容也将愈加完善。

课程思政融入高校艺术史类教学工作的实践探索

——以"外国美术史"线上教学工作为例

刘明虎　美术学院

本案例分析是对 2020 年度临沂大学美术学院"外国美术史"线上教学工作的经验总结与反思,其注重围绕课堂实施过程中的教学模式、教学方法、教学手段等方面展开讨论,并相应涉及课程目标、课程考核等内容的思考。本案例的相关研究,将为进一步针对课程思政建设、师范类专业认证建设等工作需要,在 OBE 教学理念指导下进行持续改进打好基础,同时也探索了课程思政融入当下高校艺术史类教学的价值与意义。

一、课程目标的制订与实施教学的背景

(一)课程目标的制订

"外国美术史"是临沂大学美术学院美术学(师范)本科专业的一门学科专业基础课程,按计划于第四学期开课。本期授课的对象为美术学专业 2017 级本科生,共计 76 人,48 课时分为 12 周完成。

课程在 OBE 教学理念的指导下,结合《全国普通高等学校美术学(教师教育)本科专业〈外国美术史〉课程教学指导纲要》等文件要求,以课程大纲的重新整编为载体,从可适应度、达成度等方面认真思考课程目标与人才培养方案之间的对照关系,完善了课程与学生毕业要求之间的关联矩阵。具体而言,就是思考如何使课程目标、人才培养方案中的培养目标与毕业要求有效加强联系。在更加准确定位课程性质、功能与价值的基础上,进一步细化了课程目标。在价值目标方面,强调对学生正确文化价值观的培育;在知识目标方面,要帮助学生熟练掌握课程基础知识和基本理论;在能力目标方面,需要密切对位美术学师范专业毕业要求,培养学生的中小学美术教育能力(见图1)。

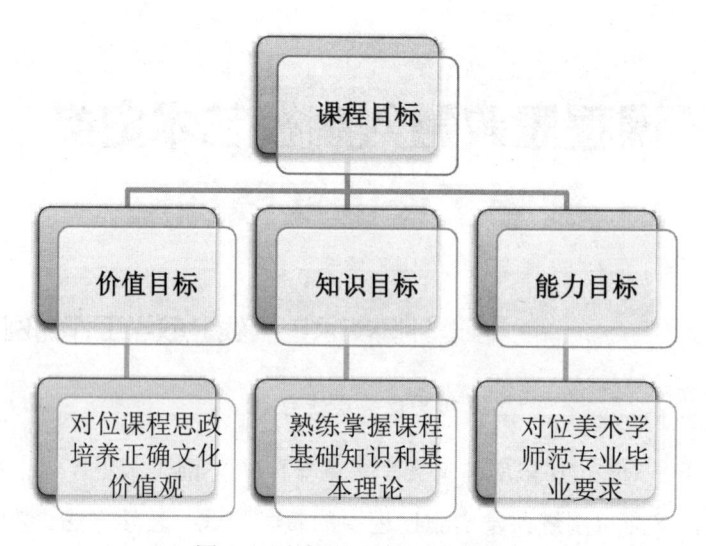

图1 "外国美术史"教学目标

在制订课程目标的过程中,还时刻强调课程思政的重要性,思考如何实现"守好一段渠""同向同行""立德树人"等重大命题,重点落实拓展学生的跨文化视野、构建多元文化价值观等课程目标。具体而言,就是加强中外美术现象的比较分析,努力破除美术史中的欧洲中心主义思想偏见,强调意识形态教育的重要性与复杂性,实现课程专业教育与德教相融合,特别是将课程思政工作贯穿于本课程价值目标得以实现的全过程,用社会主义核心价值观引导学生形成正确的价值立场与文艺视野,提高学生的艺术鉴赏与解读水平。

(二)教学的特殊背景与前期筹备

受新冠肺炎疫情的影响,课堂实施采用了线上教学的方式,以钉钉为载体组织课堂教学。由于学生不能返校导致教材无法及时发放,因此内容更为丰富的新课件开发至关重要。针对具体教学需求,课件改革从两个方面进行(见图2)。

图2 针对线上教学需求重制课件的思路

一方面，将教材中重点内容详细转入 PPT 中，将课件中原有的知识要点进一步扩展为重点知识内容的准确罗列，让学生暂时脱离教材仍能完成知识点的记忆与课后笔记整理；另一方面，根据"外国美术史"课程自身特色，进一步丰富图像资料的应用，用精美的美术作品案例吸引学生参与课堂，丰富课堂内容。最终，新课件的页数达到了旧版 5 倍之多（见图 3），基本上实现了每 2 分钟一页的水平。其中，图像案例占比 85%以上，为学生切实感悟美术作品魅力、体验艺术家多元文化背景提供了条件。

图 3 重制课件后的基本效果

二、课堂实施过程的改进

承前所述，由于课堂实施过程转向了在线授课的形式，除在课件方面做出了相应调整之外，相应的教学模式、教学方法及教学手段也进行了一系列改进。

（一）强调学生自主性的教学模式与教学方法

传统的"外国美术史"教学采用讲授法向学生传授知识，侧重于教师主导，这主要受限于课时、学生数量等客观因素。例如，本次授课对象达 76 人，专业选修模块又涉及油画、国画不同背景，需要在 48 课时内完成从原始美术至 20 世纪美术基本线索的梳理，讲授法是一种现实、有效的方式，但也会降低学生的学习主动性和参与感。

面对这一问题，课程设计时一方面加强了图像案例、影像资料的使用，另一方面

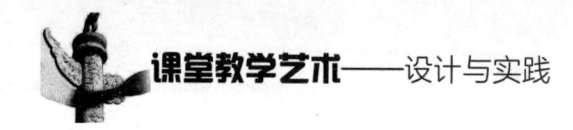

还通过合理设置预习、课外阅读来增强学生的自主学习能力。在开课之前，通过钉钉将教学计划、课件等推送给学生，并指导他们开展预习。在第一教学周详细介绍、解读教材与重要推荐书目（见图4），说明教材为何选用中央美术学院美术史系外国美术史教研室编著的《外国美术简史》，介绍教材的编写历史与编委会成员，并要求学生关注编委会成员的学术成果与动态。在推荐书目的甄选方面，重点推荐了（法）丹纳《艺术哲学》、（英）贡布里希《艺术的故事》以及（美）詹森《詹森美术史》等，要求学生根据自身兴趣合理选择，积极自学。一般而言，简单通读某一门课程所推荐的书目耗时会在 32～72 小时，深入学习、理解则需要更长时间与精力。在此过程中，授课教师通过检查笔记、课上讨论等方式与学生沟通，了解、引导与监督学生的自主学习。

图4　授课教材与部分推荐书目

通过加强对学生课外时间的利用，一定程度上能够实现教师从单一主导者转变为多元引领者，形成较为良好的教学互动局面，改变学生被动接受知识的僵硬模式，锻炼学生自主学习、制定学习策略与调配学习资源的能力，增强其对学科基础知识的掌握水平。

此外，课上还初步尝试开展小组合作学习，在教学方法上增强学生之间的合作互动。具体而言，就是在课程中、后期让学生以 3~5 人为单位组成小组，选定组长 1 名，每小组需在任课教师推荐的 12 个选题中选择 1 个专题，用 2~3 周时间准备一次 15~20 分钟的主题汇报演讲，以此巩固学生的自主学习能力，同时培养其合作学习与解决问题的能力。

（二）多元教学手段保障课程稳定

作为师生线上教学过程中信息沟通的桥梁，形成一套安全、稳定的教学工作机制与软硬件配套平台，是特殊时期应该关注的工作要点之一。本课程重点开展了软硬件平台建设。

在课程的准备阶段，授课选择了安全性与抗压能力较好的钉钉进行授课，并采购网上直播专用耳麦等硬件设备。另外，还指导教学班班长组织了数次针对学生线上学习的设备调研，提前多次进行模拟线上授课实验，确保师生软硬件准备充分、沟通便利。

在完成基础软硬件的配套并熟悉工作后就进入网课直播环节（见图5），根据学生在不同课程阶段的心态、网络整体畅通情况及钉钉软件的功能特点，制定了相应机制保障线上课程有序开展。

图 5　教师在家授课场景

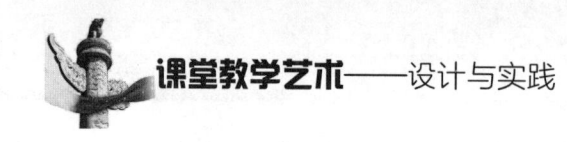

第 1~3 教学周，教学手段侧重于节流降负、简化工作等方面。开课初期，存在着大量新网课集中开设的情况，各类网课平台服务器的抗压水平与网络流畅度表现不一。选择稳定性较高的钉钉作为授课平台，是出于以学生体验为中心，有效降低网络卡顿感而形成的决定。此外，还采用低带宽需求的"屏幕分享"模式进行授课，进一步降低师生流量负担，保障课程的流畅体验。在整个教学过程中，教师端零技术故障，学生端极少上报卡顿。另外，还积极利用钉钉的特色功能，简化考勤的同时更有效确保学生参与教学。教学过程中，不定时要求学生通过留言面板互动信息代替考勤打卡，通过刷"1、2"的方式让学生回答一些选择题，提升了学生的上课积极性（图6）。

图 6　学生在家上课场景

经过 3 个教学周的磨合，教学侧重点开始转向学生的学习兴趣。客观分析授课对象，发现学生中普遍存在历史知识基础较为薄弱的现象，因此，在具体授课工作中亟须补充相关历史背景信息，通过引入超星、B 站等平台的高质量视频资源，结合不同章节授课内容，先后播放《欧洲历史》《再造天国"亚眠大教堂"》《米开朗琪罗·无限》《世界名画：华丽的大师》等纪录片，进一步丰富学生的历史知识，加强学生的学习兴趣。

三、将思政元素积极融入课程教学

将思政元素有机融入"外国美术史"的教学工作，能够保证课程紧密围绕立德树人根本任务，落实新形势下高校思想政治工作"三全育人"总体要求，引导学生树立正确的学科理念与文艺观。

如前所述，"外国美术史"课程思政的建设重点是强调"了解、学习世界不同地域、民族和国家的美术成就，拓展学生的跨文化视野，构建多元文化价值观"，在课程价值目标的实现方面要坚决贯彻社会主义核心价值观的主导性与引领作用,去除美术史中"欧洲中心论"思想的影响。长期以来,以世界美术、外国美术或西方美术等概念开展的美术史写作,最容易遭遇的困难就是"欧洲中心论"思想的影响,由此导致对欧美以外诸多地域、民族和国家的美术成就的忽视,极大影响着学生跨文化视野的拓展与多元文化价值观的建构,从而丧失自身独立的艺术观察视角。

针对以上问题,课程在内容设置方面更加重视非欧美地域、民族和国家的美术案例的占比,并强调不同时期美术成就的准确地理位置与民族属性,要求学生更加客观、细致地解读西方世界的美术史发展进程,并在此基础上,进一步增加了中外案例之间的比较分析,通过相近时期中西美术成就的系统对比,让学生能够更加清晰地认识到中华优秀传统文化的悠久历史与独特魅力,实现对学生正确价值立场的引导。

另外,教学方法上还针对90后、00后学生的特点因材施教,杜绝将思政元素以牵强附会、生搬硬套的形式融入课堂,强调以"润物无声"的形式探索思政与专业教学的融合触点。例如,在讲授"石器时代美术作品"的时候,积极引入同时期中国玉石艺术予以比较讲述,通过中国玉文化的源远流长树立学生的民族自豪感;在讲授"中世纪阿拉伯百年翻译运动对西方文艺发展的影响"时,以中国造纸术的西传为线索,讲述怛罗斯之战中唐军的强大战力,让学生对中国历史产生更多兴趣;在讲授"欧洲文艺复兴时期美术的发展"中,加入了黑死病对欧洲思想发展影响的讨论。学生们不但能够更加清晰地认识到西方中世纪神学统治地位的瓦解以及人文主义思想的萌芽,还纷纷表达了对党和国家有效防控新冠疫情的自豪,等等。

再有,结合学生的绘画技法和学习经历,从中西绘画理念、绘画透视、绘画工具等方面展开比较分析,以此激发学生的同感与兴趣,增强其文化认同。如在讲解"达·芬奇的《最后的晚餐》"时,其中一个教学要点就是对西方绘画中焦点透视技术的讲解。以往大致会通过讲授乔托、布鲁内莱斯基、达·芬奇等人的相关成就,再次勾勒绘画透视技法在西方文艺复兴时期的发展与贡献。经过教学改进,课程加入了宗炳《画山水序》、王维《山水论》中关于大小、远近等内容的分析,向学生介绍中国传统山水画中蕴藏的透视智慧,在此基础上,再加入与北宋张择端《清明上河图》的比较,进一步阐释以不断移动视点形成的散点透视语言的魅力,并上升到中西传统绘画空间意识、空间营造方法等方面的比较,指出中西方对待空间的不同表达方式与各自旨趣,让学生能够读懂西方焦点透视以外的多元艺术语言。

通过类似教学方法,激发了学生的学习兴趣,引导学生客观认识中外文化的多元价值,树立坚定的文化自觉与文化自信,形成了正确的民族认同、国家意识、爱国情怀与社会责任感。

四、基于 OBE 教育理念的课程反思

以上总结了在课程准备与实施期间对课程目标、教学模式、教学方法、教学手段等方面的一系列改革，现基于 OBE 教育理念，对课程实施情况开展进一步反思，围绕着学生的学习成果评价教学工作，为持续完善教学方法提供依据。

受疫情影响，本次授课采用了论文结课的考核方式。在授课教师提供的基本选题范围内，学生自选题目完成 3000 字论文。考核侧重于学生对于某个重要美术流派、主要艺术家及其代表作品的解读和分析，能够有效考查其作品分析和解读能力，并衡量其是否掌握外国美术史的发展脉络、具备多元文化价值观等。课后，学生还在授课教师的指导下组成多个研究团队，成功申报 2020 年度国家级大学生创新创业项目《沂蒙民间美术在中小学教育中的资源应用研究》《沂蒙革命根据地与延安时期美术活动比较研究》等，实践证明小组合作学习模式能够有效提升学生的自主学习能力。但是，基于 OBE 教育理念认真反思，课程模式仍有诸多不足，经总结提出如下初步改进思路。

第一，仍缺乏有效机制跟踪、评价学生学习效果。考核方式仍采用授课教师为单一评价主体的"平时+最终作业"的单一形式，需要在考核评价方法、频次上予以改进。例如，鼓励学生形成自主检查学习效果的能力，在教师评价之外引入学生互评、小组互评等机制；根据教学进度的具体情况，合理安排周、月考，并丰富考试形式。具体实施可考虑采用学习通平台建立常态化平时考试系统。

第二，学生课外自主学习的监督机制极为匮乏。根据以往经验，相关课程中学生投入课外自主学习的时间保持在课时 3 倍左右较为理想。但是，学生在课外时间是否学习、投入多大精力进行学习，尚缺乏有效的机制与方法进行监督，更缺乏科学方法加以评价。学生课外自主学习的监督与考核机制将成为今后课程改革的重点命题。

第三，小组合作学习模式需进一步加强。虽然本次课程后有 10 名左右的学生能够进一步组成研究团队，积极申报大学生创新创业项目，但此类现象尚未转化为一种常态化的发展模式。受同类理论课程往往采用大班制的传统影响，较差的师生比往往导致小组工作缺乏足够指导，不利于其个性化、持续化、深入化发展。是否在相关课程的学生规模控制方面加以改进，采用小班制加强教师的有效指导，是值得思考的问题。

第四，对位美术学（师范）专业定位，教学工作与学生毕业要求仍存在一定差距。受限于课时量、教学资源等因素，课程目标所强调的"掌握中小学美术教学中有关外国美术鉴赏教学的知识，胜任中小学美术鉴赏教学的需要"尚未得到足够重视，学生在此方面的能力如何可达成、可衡量，尚需通过评价方式的改进予以完善。

五、结语

通过 OBE 教学理念的指导进行系统的反思，可以发现"外国美术史"课程在培养目标、教学模式、教学方法、教学手段等方面仍有改进空间。特别是有效利用学生课外时间、小组合作学习方法、加强学生自主学习能力是进一步改进的重点，并需要围绕此点建设更为合理、科学、灵活的评价机制与方法。在课程思政的建设方面，也必须与思政课程保持同向同行，强调意识形态建设重要性的同时，根据自身课程定位、特色，开展"润物无声""潜移默化"的育人工作，不断加强学生的多元文化视角建设，重视对学生的文化自觉与文化自信建设，帮助其形成正确的民族认同、国家意识、爱国情怀与社会责任感。

彰显线上艺术课堂魅力

——"UI 设计"课堂教学纪实

夏梦远　美术学院

席卷全球的新冠肺炎疫情使传统的线下教学模式转变为线上教学模式，对专业教师的授课能力提出了更高的要求。"UI 设计"是 2018 级艺术设计的专业必修课，在经历了专业基础课程，如"设计素描""设计色彩"等基础课程和专业必修课程如"包装设计""VI 设计"中的高年级阶段的主干课程后，大部分同学已经达到了较高的专业水准。对专业教师的要求不仅仅停留在设计的技术层面，如何将品牌系统化的设计理念深入到对学生创新思维方向的能力培养，才是当下要解决的主要问题。

"UI 设计"课程作为一门新兴学科，它的交互性体验会给同学们带来全新的视觉感官刺激，有利于调动同学们的学习兴趣。UI 设计不仅仅停留在视觉设计的层面，还需要考虑到人机交互操作逻辑和界面视觉的整体设计。本课程项目流程主要从背景分析开始，分为产品定位、用户画像、设计风格、色彩规范及整个主题界面 App 的设计。本次的线上教学过程主要分为教学设计、教学实施过程、教学反思、学生反馈、教学改进和创新点等环节。

一、教学设计

在开设本次课程之前，我刚带过这个班的"VI 设计"课程，对这个班级的创意构思能力、草图绘制能力、设计执行能力和软件操作能力以及整个设计流程的把握能力都有着非常清晰的了解。我结合该班级的具体情况，制订了符合班级学情的设计课程实践实训课程计划（见图 1）。

实践实训作业主要分为三个环节：手机界面图标设计、个人主页或者个人作品集 App 设计和关于新冠肺炎疫情的相关课题 App 进行设计。为树立正确的人生观和价值观，作品要弘扬正能量，并将其贯穿于整个设计实践实训环节的始终。

作业实训一为手机界面图标设计。我们每个人拿到手机或买到手机的时候，会发现自己的手机有很多主体的设置。如果为自己的手机设计一款个人专属界面图标，同时图标的设计能够通过网络的发布被更多的人使用,设计师的成就感和自豪感便会油然而生。

作业实训二为设计个人主页或者个人作品集 App,由于大部分同学面临着找工作或者继续深造的问题,作为设计师,到了面试环节的时候,一般要出示自己的个人作品集,来证明自己的专业设计实力,同时也是为了梳理三年以来的专业设计课程,在作品的设计和文案的梳理过程当中,要撰写作品的创意灵感来源、品牌故事等。不仅可使学生在版式的编排、色彩的搭配、字体的层级关系的把握方面会有较大幅度的提升,还可以提高学生的文案创意策划能力,能够真正展示他们的专业实力。

作业实训三穿插了当下大众关注的新冠肺炎疫情的相关课题,通过海报设计,运用动态的视觉效果,将疫情相关内容加入海报的设计当中,产生令人震撼的视觉效果,更容易引起大众的共鸣,在不知不觉中被大众接受,起到科学防疫的作用。

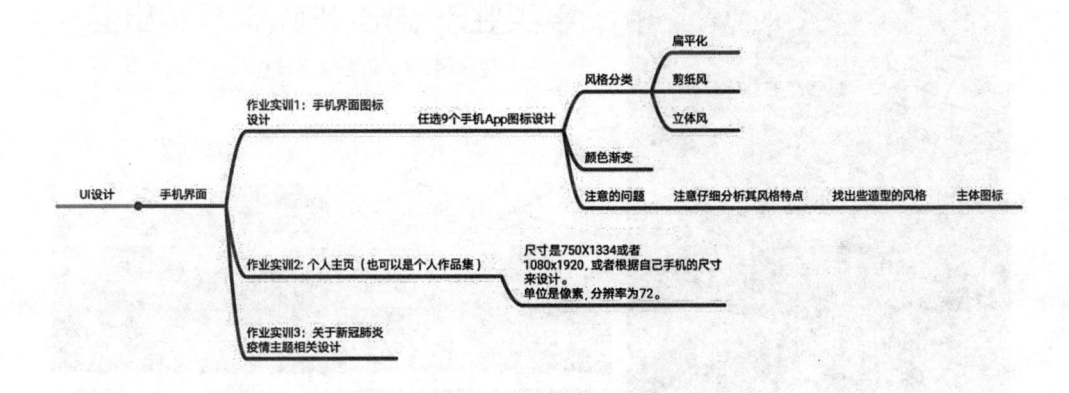

图1 UI 设计实践实训课程整体规划

二、教学实施过程

(一)线上教学方式

本课程主要利用钉钉培训群建立班级直播群,采用钉钉软件屏幕分享模式,进行线上直播教学,在直播的过程中采用直播保存回放以及支持连麦的方式与学生互动,同时结合课程的钉钉和班级微信群进行学生答疑、专业辅导等教学活动。

(二)授课实施环节

本环节主要由 UI 设计专业知识的理论讲授、案例操作和作业点评以及学生反馈等环节构成。

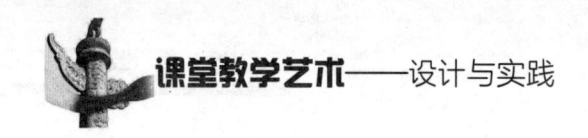

1. UI 设计课程理论讲授前的热身

美术学院的学生大多以视觉设计为主，枯燥的理论不利于专业知识的传授，开始授课的前十几分钟，结合专业领域设计网站，比如站酷、花瓣和古田路 9 号等网站，介绍本领域取得的较高成就、包揽国内国外奖项的专业设计师和设计机构，树立品牌标杆，激发学生兴趣（见图 2），同时讲述最前沿的专业设计知识，打开学生视野，拓展学生的专业思维模式，使学生在专业领域具有更大的创新性，符合本专业对专业人才的培养要求，并穿插与新冠肺炎疫情相关的设计作品，让同学们明白当下面临的挑战，更加珍惜现在的学习机会。

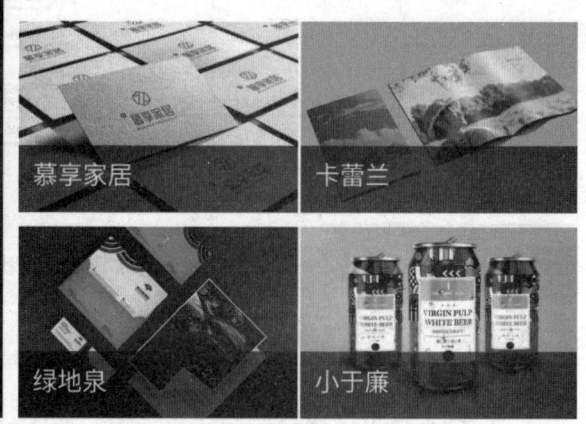

图 2 品牌标杆——知名设计机构费米奥纳

2. 线上直播授课与学生连麦互动

本课程主要采用钉钉在线直播屏幕分享模式进行授课，主要包含 PPT 课件的分享、案例实操部分和作业点评方式，为了活跃课堂气氛，同时也会点缀穿插最前沿的专业设计网站，播放相关课程的视频作为辅助（见图 3、图 4）。教学过程中通过连麦功能进行师生互动，教师通过连麦功能可以随时提问学生，随时了解学生专业知识的课堂掌握情况，学生通过连麦功能对不懂的专业知识点以及专业操作部分掌握得不够清楚的地方随时可以向老师进行咨询。为使教学方式灵活多样，有时也穿插钉钉视频会议的形式辅助进行教学,目的主要是及时解答学生的疑问,辅助学生掌握课堂专业知识。

图3 教师授课课件展示

图4 学生听课中

3. 巩固专业知识

本环节主要通过理论讲授与作业点评的方式穿插进行(见图5)。教师通过学生的作业完成情况能够及时掌握学生在专业知识方面的优点和不足,总结大部分同学存在的问题;通过及时跟进进行作业点评,学生在短期内能够清楚自己在专业知识方面存在的问题并随时改正;同时也会根据学生的作业情况,及时调整线上教学模式和结构,这样不仅能提高教学效率,还有利于实践实训类课程的巩固,为学生成为专业设计师打下坚实的专业基础。

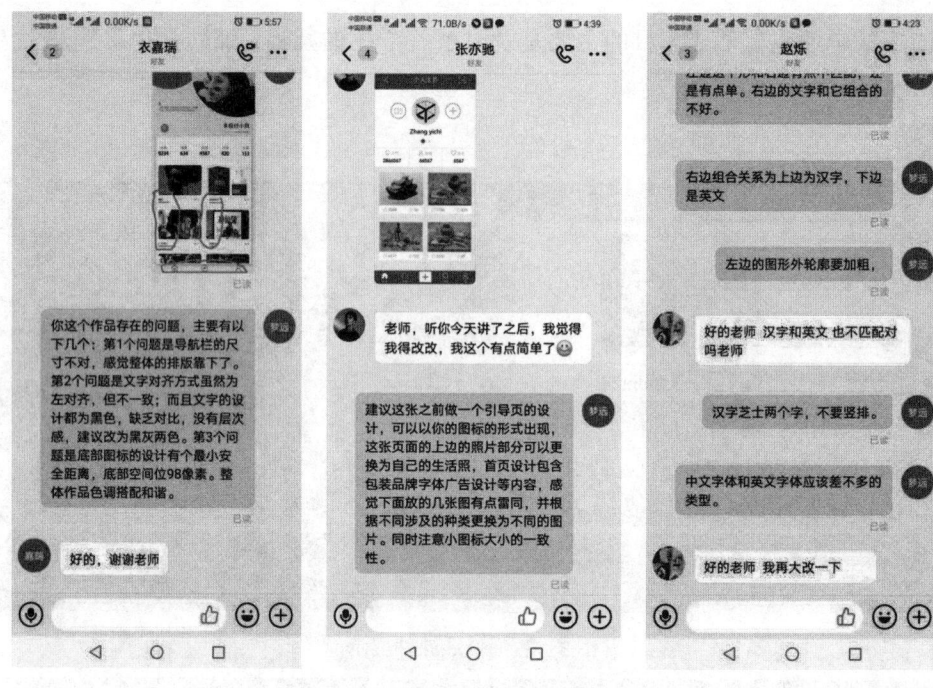

图 5 学生答疑部分截屏

三、教学反思

线上教学有它的优势，也有它的弊端。比如学生听课时，有的使用电脑、有的使用手机、有的使用其他电子设备，由于手机和 PAD 的屏幕较小，听课效果可能大打折扣，特别是教师演示设计的案例部分可能会有些细节看不太清晰；也有个别同学自律性较差，虽然通过直播数据可以看到其听课时间，但不能保证学生时时刻刻都在认真听讲，也有个别同学在网课期间中途离场的现象，这样对听课的效果必然会产生影响。

线上教学不利于头脑风暴式的创意形式发挥应有的作用。在网络课程执行的过程当中，由于网络的卡顿现象，出现了同学们衔接不够流畅的情况，从第一位同学到下一位同学，在头脑风暴的过程当中重要关键词衔接得不够自然，团队在合作的时候不够默契，对后期的设计没有太大的实质性意义。

四、学生反馈和改进环节

（一）学生反馈

"网课的学习使我收获很多，特别是系统化品牌理念的融入，给该门课程注入了新的活力，课时的安排比较合理，网络课程学习使我的生活变得有规律起来，增强了

我的个人自主学习的能力。"（崔立博同学）

"由于老师的讲课视频可以反复听，特别是老师的案例操作部分可以反复观看，极大地提高了我的学习效果。"（张亦驰同学）

"老师的授课方式采用录播与现场直播相结合，并且经常推荐一些有先进理念的视频音频和微信公众号给我们，我们可以接触到国际上非常先进的设计理念，拓宽了我们的视野，切实提高了我们的专业设计能力和水平。"（魏玮同学）

（二）改进环节

在授课的过程当中，尽量加强师生互动，让学生参与到教学的实际过程当中来，采用不定时的提问，提升学生的参与度与专注度。

由于在辅导学生的过程当中，受限于网络，隔着屏幕给学生讲解难点，可能有个别同学理解起来相对吃力，针对这部分学生，通过网络留言的方式来解决专业问题相对来说效率较低，因此采取从网络解答到电话解决的方式。这不仅及时解决了学生提出的问题，还增强了师生感情。

五、创新点

（1）线上教学形式丰富多样，对于设计实践实训类课程提供了更多的可能性。教师在教学模式、方法、形式和内容上进行了优化设计，通过多维度专业知识和深度的探究，大大地提高了学生的积极性和自主学习的能力，有利于其专业技能的提高。

（2）钉钉直播平台的回放功能使得学生可以多次反复倾听专业课程内容，特别是案例实操部分的详细操作步骤，因此受到学生的广泛欢迎，有利于专业知识的巩固，由此大大激发了学生专业学习的兴趣。

（3）丰富的教学方式促进了专业教师的再学习。一个优秀的专业老师除了要具备良好的专业技能和素养之外，还要熟练掌握电脑的相关操作，如在钉钉直播的过程当中，屏幕分享、专业模式、是否露脸等，在操作的过程当中都要熟练掌握。同时，在探索的过程当中，也会发现一些与专业相关的优质教学资源，比如中央美院的一些优质课程，丰富的教学资源对线上教学的开展起到了很大的推动作用。

系统化的品牌设计理念的融入，为本次艺术设计课堂注入了创新思维的强心剂；丰富的在线教学方式，教育方法、形式和内容的优化融合，激发了同学们学习的兴趣，同时也增强了同学们专业学习的自主性；通过钉钉在线教学课堂可以与学生进行实时互动，提升了师生互动体验。总之，通过教学设计、教学环节和模式的创新，提高了同学们的专业技能，有助于其品牌思维理念的培养，这些都为同学们未来进入社会打下了坚实的专业设计基础。

基于 OBE 理念的 MOOC 混合式学习模式探究

——"第二语言习得理论"的课堂教学艺术

马秀兰　文学院

传统课堂受时空局限，其内隐的困境在新冠肺炎疫情期间显现。MOOC 作为一种线上教学的典型代表模式，不仅可以解决时空受限问题，而且在受众人数上呈现出覆盖面广、专业跨度大，在学习内容上呈现出信息量大、学科交叉，在学习环境上呈现出自主性高、评价全面，在教学效果上呈现出科学性高、针对性强等特点。"第二语言习得理论"课程以临沂大学在线开放课程教改立项为基石，上线山东省高校联盟，并被山东省教育厅认定为省一流课程。其最突出的特点是遵循 OBE 理念，采用线上线下混合式教学模式，以学生为中心，重构教学大纲和内容，突破时间、地域等限制，实现了教学效果的最大化呈现。

一、从受众角度看，呈现出覆盖面广、专业跨度大的特点

课程的教学模式与传统课堂教学不同，其借助"智慧树"在线开放课程平台，在学习的人数上没有限制。"第二语言习得理论"原是汉语国际教育开设的专业必修课程，单数学期 40 人上课。如图 1 所示，2020 年春季学期在线课程启动后，全校另有 244 名学生选修，涉及专业有十几个，其他高校共有 69 名同学选修，较之前在学校、人数、专业等各个方面都得到了拓宽。

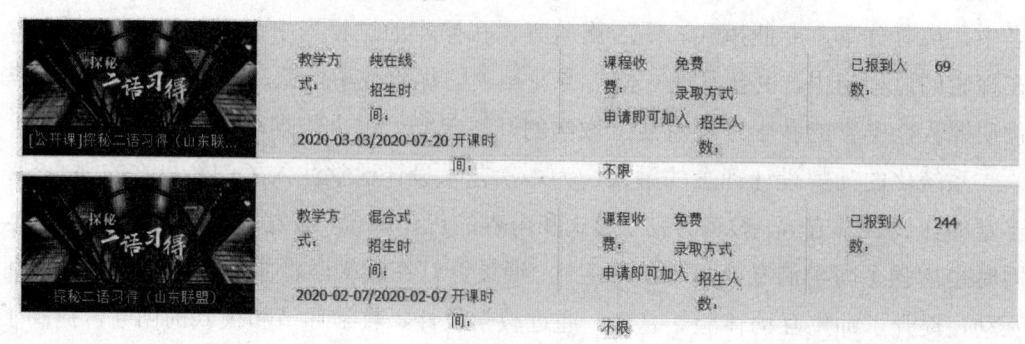

图 1　2020 年春季学期招生情况

课程并不局限于专业课，它的知识广度和深度适用于高等教育的多个专业。不管是普通学生，还是教师、家长、准教师、准家长，都会与外语、汉语有一定的关联，都会遇到语言习得问题。如果知道一门外语并不只是一门外语，而是和大脑、认知、心理、教育、记忆、思维等密切相关的体系，那么对于习得语言会有事半功倍的效果。

这是一个拥有学习者和教育者双重身份的旅程，具体包括自学第二语言、引导孩子说、教育孩子学习第二语言、教授学生第二语言、指导别人学习第二语言等。所以，它应该是一门通识课，能够让更多人找到助益第二语言习得的钥匙，而这是传统课堂教学所无法实现的。

从这个角度讲，MOOC 最大限度地拓宽了高等教育的覆盖面，让更多的人在知识的海洋里寻找自己的七彩宝石，人人有所获，课课有所得，这是学习者通过线上资源实现优质教育资源均等化的有效途径。

二、从学习内容上看，呈现出信息量大、学科交叉的特点

（一）课程目标

基于传统课堂语言习得机制难理解、理论与实践脱节，以及学生沉默、师生互动频率低、学生独立思考能力差，发现、分析和解决问题能力匮乏等问题，制订课程教学目标。

（1）知识目标。了解第二语言习得的性质、规律及学科前沿成果，熟悉母语习得、第二语言习得的全过程，掌握语言习得过程中的生理、心理、习惯、大脑认知等机制。

（2）能力目标。掌握第二语言习得相关理论和规律，养成问题意识、学术意识和探究意识，形成思辨思维和创新思维；具备团队协作和终身自主学习的能力，能够把理论应用到作为第二语言的汉语、英语习得和教学实践中去。

（3）情感目标。对中国语言文字产生热爱之情和自豪之感，自觉承担起传播中华文化的历史使命，为树立和维护中国形象贡献力量。

（二）课程设计

（1）知识体系更为符合新时代需求。满足学校、家庭、个人对二语习得的需求，契合新文科背景下教学与行业发展新业态紧密结合的趋势，即增加学生外语习得体验和家庭语言习得教育等内容，吸收语言与脑神经科学前沿学术成果，融合各学科思维，将语言习得与人工智能、教育改革、科技发展、生命进化等学科知识融合在一起，认识和解决学科本身、人和社会中的复杂问题。

（2）设计思路更加以学生为中心。强化"课前增负、课堂主动、课后反思"的学习逻辑，即课前发布学习任务，学生小组分工进行讨论；课堂教师精讲、答疑解惑，学生分组回答提前设定的问题；课后反思并吸收、消化理论知识，并用以指导实践。

（3）教学方法更加适应学生需求。借助智慧树在线平台，以自主学习、合作学习取代传统课程的面授方式；根据课程内容，灵活采用任务教学法、问题式教学法、学生课堂汇报、发言讨论等教学方法，激发了学生内在学习动力，学习效果显著提高，使学生不再依赖面授方式，养成了自主学习的良好习惯。

（4）教学质量更有保障。精心设计的教学内容、丰富的教学资源、现代化的教学手段、科学的过程管理与考评机制，保证了教学质量。每月一份月报，每学期一份期末报告，为教师提供了便捷的数据、科学的分析和规范的汇总，努力实现与线下质量实质等效。

（三）课程内容

本课程基于 OBE 理念，对照课程目标，重塑了教学内容和大纲，包括理论教学和实践教学两部分。理论教学内容分为语言能力、语言习得与大脑认知、关键期与年龄效应、母语习得特征、双语习得特征、输入与输出、对比分析假说七大模块，有机融入语言与脑神经科学前沿研究成果；实践教学内容包括英语习得特征、汉语作为第二语言习得与教学等四大主题，并有机融入教学观、教育观等课程思政元素。

教学团队在学校课程中心建设了语言习得精品课程资源，包括课程学习任务、视频、课件、教案、自测题等，供学生自主学习使用。依托"智慧树"在线教育平台建设了山东省在线开放课程，包括课程学习任务、视频、课件、教案、弹题、章测试和期末试题等，供学生使用。

MOOC 精讲最大的特点是知识点梳理更为清晰，逻辑性更强。以"语义习得特征"一节为例，不到 40 分钟的一节课包含着"意图解读能力""理性模仿""语义发展""语义发展不足""功能词习得"等 5~6 个知识点，这在教材课本中是找不到的。这样梳理的好处是，以点连线，连线成面，不仅能让学生清楚知道每个知识点的内涵和作用，还能串联起来了解它们之间的内在联系。如图 2 所示，"第二语言习得理论"MOOC 视频（620 分钟）一共有 11 章 32 节，囊括知识点 100 多个，学生在观看视频的同时，可以通过结构框图、表格、树状图、思维导图等将这些知识点融会贯通、加深理解、形成系统、综合运用。

三、从学习环境上看，呈现出自主性高、评价全面的特点

（一）课程准备

（1）"工欲善其事，必先利其器。"提前检查电脑、手机、录音笔、打印机等设

备，建立 QQ 课程群，进入群课堂直播间试播，和学生一起摸索相关功能，熟悉每个环节，做到有备无患。

图 2 课程主讲人及部分章节安排

（2）备课备人，教人教心。备课是常态，准备好教学资源和材料，同时也要摸底了解学生真实情况。借着试播，教师和学生轻松地聊家常，从"假期变胖了""不洗头不开摄像头"到"说说你对直播课堂的看法"，了解学生在家的状态、身体是否不适、网络是否通畅、使用流量的同学负担情况、家庭其他困难等，疏导学生心理，确保每个学生都能如期开学。

（3）未雨绸缪，避免临渴掘井。提前一周在 QQ 课程群里发布公告，公告中除了讲清楚授课时间、方式之外，还提醒学生提前准备笔记，重点强调线上纪律。

（4）课程确认。督促学生提前到"知到"App 检查自己是否在系统内，并确认课程。

（5）布置任务。教师在"智慧树—我的学堂"布置第一周学习任务单。比如第一周学习任务单为第一章"绪论"内容，学生须重点掌握获得语言的两种方式，了解课堂语言教学的意义，等等。

（二）课程实施

师生进入"智慧树"在线课堂。比如第一周的教学任务为第一章"绪论"，共包括 3 节、12 个视频、12 道弹题、1 个章测试。教师在"课程问答"中发布话题，督促学生思考并解答。学生边观看视频边完成知识点弹题。弹题库包括单选题、多选题、判断题等题型，覆盖每一个知识点。

为了督促学生边学边思考，教师充分利用"课程问答"模块进行师生互动。看完视频后或者观看同时，都可以在"课程问答"论坛里进行发问、答疑和讨论，学生在提出自己的问题的同时也会解答别的学生的问题，讨论气氛比较热烈，学生参与度 100%。比如第一章教师发布的话题是"根据自己的成长经历，说说自己的外语学习或者习得过程"。学生发布的话题有"学习与习得的关系是完全割裂的吗""第一语言一定是母语吗""如何区别第一语言和母语"等。每个话题都有学生围观、回答和讨论。一个学期共提出问题 622 个，回答问题 1163 个。

教师一边答疑解惑一边监测学生学习进度，对于进度慢的学生，老师会了解原因，督促学习；对于进度快的学生，老师鼓励的同时也会检查其测试情况，确保学生学习的质量。学生在学堂在线遇到的任何问题，教师均会在 QQ 群给予同步解答。督促学生完成章测试，及格率 100%。

四、从教学效果上看，课程呈现出满意度高、互动性强的特点

2020 年春季学期，本课程修读总人数 336 名。课程结束后，平台从课程目标、课程内容、教学设计等方面做出全方位调研，得出如下数据。

从课堂教学互动情况看，98.1%的学生认为在线论坛、问答交流对课程学习有很大帮助，在线答疑及时有效。数据显示，一个学期教师发帖数为 80 个，学生发帖总数为 1796 个。这表明教师对在线教学互动环节投入了极大的精力，学生也比较喜欢互动交流的方式，而且课下互动很热烈，有效地延长了学习的时间和空间（见图3）。

图 3　课程问答板块

从学生的在线学习收获看，97.6%的学生认为课程学习比较有收获。这表明课程的通识性和启发性基本能够满足学生学习需求，教师在"教学设计合理性、授课内容饱和度、教学进度及节奏"等方面赢得了学生们的认可，但仍需加强线上教学模式研讨，促进学生对知识的理解与吸收。并且，线上教学需要学生有更强的自主学习能力，此方面仍有较大的提升空间。

从学生在线学习满意度看，97.2%的学生对整体教学效果满意。这表明大部分学

生学习状态较为积极，认为老师精神状态饱满、用功和用心程度高，对教师教学比较满意，愿意向他人推荐课程。

五、结语

MOOC 教学模式可以实现技术操作、课程讲解、解惑答疑无缝链接，让学生的问题及时得到解决。平台系统能够自动批改作业和测试，节约了时间、精力成本。同时根据"智慧树"学堂在线后台数据，能够实时掌握学生的学习动态、进度、测试等所有的状态，从而能有效地监测、督促和助力学生学习。

在线模式对教学质量提出了更高的要求，因为学生对教学质量的好坏有了更为直观的反馈，如此，往往能收到比传统面授时更好的教学效果。我们一直讲"因材施教，因人而异"，但是课堂时间有限，很难把差异教学做得面面俱到。线上教学虽不能近距离面对面，但能把每个学生的特点、水平通过数据呈现出来。进度有快慢、时数有长短、做题有对错、成绩有高低，每个学生都是一个独立的个体，教师比较容易分层引导，从而做到"深其深，浅其浅，益其益，尊其尊"。

鉴于 MOOC 教学模式无法解决师生面对面问题，该课程下一步会增加线下见面课次数，并更为加强互动，实现线上与线下质量实质等效。比如实时更新或增补热点话题、案例、图片等辅助资料，为课堂注入新活力；加强课程问答板块活跃度，积极关注学生发帖并建立奖惩制度；改进方法，促使教学习惯向另一个常态平稳有序过渡，积极转变教学理念，改进教学设计，配合线下翻转课堂、项目实践等多种方式，建立"以学生自主学习为中心"的教学生态，从而成功实现教学的 O2O 闭环。

基于翻转课堂理念的线上教学实践探索

——"古代文学"线上课堂教学实践探究

李同恩　文学院

临沂大学文学院积极响应教育部"停课不停教,停课不停学"的号召,扎实推进多种形式的在线教学的实施。面对新冠肺炎疫情带来的教学新需求,"古代文学"课程教学团队基于翻转课堂理念,对线上教学进行有针对性的设计,适度增加了课前指导和学生自主探究学习的内容,强化课堂同步互动、讨论和课外线上答疑的环节,实现了翻转式教学。以教学大纲和教学课件为主线,精选中国大学 MOOC 精品课程作为学习资源,引导学生充分利用各类资料自主学习,并利用 QQ 群或钉钉群等平台进行在线讨论,做好辅导、答疑工作,旨在加强指导和反馈力度。

教学实施的各个阶段(课前、课中、课后),师生双方通过线上方式进行交流和互动,打破了传统的课堂授课与学习模式的固定性和限定性。翻转课堂的实践让学生真正掌握了学习的主动权,教师的角色则从课程的讲授者转变为学生学习的引导者和指导者,而学生个人见解的充分表达,则使得思维角度与答案趋于多元化。

一、线上教学方式

本课程主要采用"MOOC 课程视频+线上直播+翻转课堂"的教学方式:选用"爱课程"平台上的精品线上课程作为 MOOC 资源;利用腾讯会议软件进行线上课程直播,对课程内容进行重组;以 QQ 群与腾讯视频会议为依托,开展线上讨论与答疑,实现课堂教学的翻转。

二、教学实施过程

课程教研团队严格按照教学进度计划,结合线上教学特点,重组教学内容。本次课的教学实施过程具体包括以下几个环节。

(一)开课前准备

线上课程选用爱课程平台精品课程——陕西师范大学张新科等主讲的"中国古代文学"课程(如图 1 所示),学生可结合该视频进行课前自主学习。同时,教师做好充分的课程准备,利用腾讯视频会议进行课程直播(见图 2)。为了便于和学生沟通讨论,开展翻转课堂,教师还建立了班级 QQ 群和钉钉群。

图1 线上共享课程"中国古代文学"(陕西师范大学)

图2 腾讯会议线上直播课程

(二)课前设计

根据本学期教学方案和教学计划,结合课程的教学内容,针对不同教学单元的特点,与学生进行充分的沟通,准确把握学情,在课前制订合理有效的教学设计方案,包括教学内容的重组、教学方法的调整等。教师根据课程内容和学生自主预习提出的问题,总结出有探究价值的问题,旨在锻炼学生独立探索、协作学习等能力。每次课前 20 分钟,预先进行教学工具(硬件、软件)的调试,以确保教学过程的流畅性,并提前在 QQ 群中上传教学资料,给学生发布学习任务和导学问题。

(三)课堂设计

采用课堂直播与线上自学相结合的方式。对于基础性的知识点,采用学生线上自主学习的方式,如文学史的常识部分,组织学生通过观看慕课视频等形式,进行线上自主学习，调动学生的积极性，要求其查阅相关文献，完成相应任务；对于较为宏观的文学现象、理论性较强的文学理论及具体的文学作品的分析等总结性的部分，则采用课堂直播的方式，由师生共同完成学习任务；同时，上课期间充分利用现代化的信息工具，采用签到、讨论、课堂连麦、线上答疑、点评等方法实现课堂互动；学生结合探究题目，在课堂上进行学习成果交流，包括汇报、交流学习体验等，老师和同学可就此进行讨论和评价（这一教学环节也可在课后延展），从而达到对当前所学知识内化的最大化。

（四）课后反馈与评价

针对有疑问的知识点或个人对文学现象的独到的见解和认识，学生在班级 QQ 群里、钉钉群里发问，老师和学生都可以进行答疑，也可进行广泛的讨论，这是课堂讨论与交流的延续，也是翻转课堂的重要组成部分，课程的全方位互动得以实现。很多同学基于慕课精品视频与课堂讲授内容，进一步拓展了知识面，从古代文学史延展到哲学、历史学、美学、文化学等领域，从而有了一个综合的能力提升。此外，课后要及时考核，以检验学习效果。

线上教学的评价机制与翻转课堂一致，既注重对学习结果的评价，也注重对学习过程的评价，定量评价与定性评价有机结合。评价的内容涉及问题的选择、独立学习过程中的表现、小组学习中的表现、学习计划安排、结果表达和成果展示等方面。

三、教学效果

从前两次线上教学的实施情况来看，上课过程中虽然出现过网络偶有卡顿、软件操作不够熟练等问题，但经过调试基本已解决，后续的教学过程较为顺畅，教学计划的实施也较为顺利。教学过程中，学生都很配合，反馈问题及时，在线回答问题、课堂讨论都较为积极，总体上教学效果达到了预期。本学期"中国古代文学1"学习效果间接评价调查表（见图3）的统计情况，也直观地印证了这一点。

《中国古代文学1》学习效果间接评价调查表（学生用表）

填表说明：请结合自己的学习体会，在每一栏勾选 √（每一横栏只能勾选一个）。

通过本课程学习，我	数据统计				
	完全同意	同意	基本同意	不同意	完全不同意
1	深入了解悠久灿烂的中国古代文化	38	2			
2	系统地了解中国古代文学发展的基本轮廓和基本规律	39	1			
3	增强民族自信心和自豪感，受到爱国主义的熏陶，提高人生理想和道德修养水平	32	8			

图3　学习效果间接评价统计表

四、线上教学反思

（一）根据学科特点选择教学平台并熟悉操作

硬件设施是翻转课堂开展的基础和依托，软件支持环境是网络教学平台的建设前提，可为学生提供网络在线学习的资源。师生双方都应该为线上教学有序、高效的实施做好必要的软硬件准备。线上教学平台和软件工具需要师生提前熟悉并熟练操作，以妥善处理线上教学过程中遇到的各类突发状况，保证上课过程的流畅性及师生互动的高效性。

（二）线上教学并非线下教学的线上呈现

线上教学不是简单地把线下课程搬到线上，不是单纯录播课程视频或照本宣科，而是需要进行教学重组，从课堂组织形式到教学方法都须做出调整，并且要有相应的预案来解决突发状况。在这个过程中，教师需要付出更多的努力才能达到较好的教学效果。线上教学不同于传统课堂教学，在多数情况下教师和学生都是面对着屏幕来实现课程对接和互动交流的。因此，如何充分调动学生的学习积极性，是首先要解决的问题。这无疑对教师提出了更高的要求，不仅要把内容讲得充实，更要讲得活泼、生动，且具备一定的技巧。

（三）保持沟通很重要

教师要与学生积极沟通，认真听取学生的建议和意见，沟通须贯穿于整个教学环节，并非仅限于课堂；教师之间也要加强沟通和交流，汲取成功的教学经验，进行有效的教学反思，针对课程性质和特点，及时调整教学方法和课堂组织形式。

（四）利用网络优势，整合课程资源

网络学习平台为我们提供了教学要求、课程讲解、课程资料、课程作业、课外拓展与学业检测等资源类型，这为线上教学提供了极大的便利。教师可以借助网络优势深化课程理解，整合课程资源，提升教学技能，而以网络资源为依托，深化课程改革，也是线上教学实践的题中之意。

（五）应正视线上教学的弊端

当然，线上教学也存在一些弊端：一是监管弱化，教师缺乏对学生的有效管控，容易出现学生不认真听讲、中途离开课堂等现象；二是线上教学课堂学习氛围弱化，小组讨论展开相对困难。因此，教师须正视线上教学的学生参与度问题，授课过程中注重加强师生互动，通过课堂连麦、线上答疑、评论作答等形式，提升学生的参与度

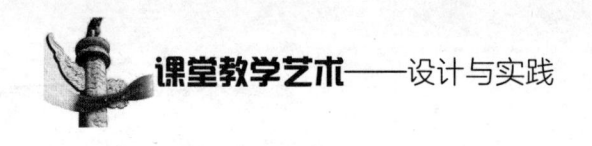

与专注力,并引导学生自主完成学习任务。

五、结语

  总之,线上教学对于师生来讲都是新事物,既是新挑战,又是新契机。师生都可以借此机会重新定位双方在教授与学习中的角色,这有助于打破传统的课堂授课和学习模式,让学生真正掌握学习的主动权,老师则要做好引导者和指导者的工作。基于翻转课堂理念的线上教学法,具有线上学生自学、教师在线辅导、课上教学互动、教学资源丰富、碎片化时间充分利用、教学方法多样、学习效率高等优点,这种教学方法的有效实施对于线上教学实践具有重要意义。然而线上互动教学的成功并不是有了线上教学系统就可以自然成功的,教师一定要明确自己的角色与职责,擅长用线上教学工作的技巧,才能发挥网络教学这种教学模式的专长,进而有效实现教学的目标。

  线上教学模式的开展和顺利实施,需要师生双方共同努力,相互配合。各类线上直播软件、在线教学平台及教育教学资源为线上教学的顺利开展提供了极大的便利,但这些毕竟只是达成教学目标的工具和资源,而切实可行、科学完善的线上教学模式的构建,教育信息化水平的提高,则需要广大教育工作者群策群力。唯有立足当下,放眼未来,开展更具智慧、更有温度、更加科学的线上教学,才是我们极力追求的线上教育目标。

疫情期间线上教学实践与思考

——"英语阅读4"线上课堂教学艺术典型案例

陈晓宁　外国语学院

一、课程概述

"英语阅读4"是为英语（师范）专业学生开设的专业核心课程，旨在通过阅读训练帮助学生培养英语阅读技巧、扩大词汇量、培养阅读兴趣、增强英语语感，不断积累各种语言知识，加深文化积淀，提高英语阅读能力。学生通过"英语阅读4"的学习，阅读技能、阅读速度、观察语言的能力以及逻辑思维能力都可得到有效提高，为具备英语（师范）专业学生创新创业能力奠定坚实的语言基础。本课程开设于第二学年下学期，每周2学时，共32学时，应到课152人，实到课152人。自开展在线教学以来，本课程学生到课率、预习任务完成率和课程作业完成率均为100%。

新冠肺炎疫情期间，课程立足学生学情和学生需求，采用钉钉直播、视频会议、微信群等平台进行课程授课，使用蓝墨云班课、批改网等平台完成测试、作业等课程任务，建立基于平板、手机、电脑的混合式教学模式，增添教学活力，促进生成课堂有效教学，达到了课程标准要求的教学效果。

二、在线教学设计

（一）教学设计原则

首先，疫情期间的在线教学，本着"根据教学目标确定学习任务和学习进程"的原则设计教学过程，其在线教学是一种新的教学模式。本课程在明确教学目标的前提下，根据学习进程，让学生明确自学目标、直播目标和实践目标，并将目标细分为课前、课中和课后三个阶段，便于学生了解在线学习各环节应达成的学习目标，做到有的放矢地学习。

其次，任课教师根据蓝墨云班课平台测验结果确定教学难点。针对学生在线学习效果难验收的特点，结合教学内容重点，设计课前预习测验，通过学生访问次数、学习时长、测验分数、测验正确率等数据分析学生自学效果，从而确定直播教学的难点。

再次，教师根据在线教学内容确定教学方法。在线教学的另一大困难是教学过程中师生互动受到较大限制，为消除直播教学中的距离感，选用讲练结合、问题引导、小组讨论等互动式教学方法，增强学生的参与性和临场感，营造良好的在线学习氛围。

最后，教师根据认知规律确定教学步骤与时间。为提高学生在线学习的效率，根据注意力曲线合理分配学习时长，采用"线下预习自学—平台自测—直播教学—线下拓展自学"的进阶式在线教学形式。经过教学实践，认为应以"预习自学时间 30 分钟+直播教学 90 分钟+课后拓展自学 180 分钟"为宜。

（二）线上+线下"进阶式"教学总体设计

课程教学将线下的教学内容及教学过程数字化，以钉钉直播系统和腾讯会议直播系统为主要教学平台，依据学生认知规律设计学习顺序，完成"进阶式"线上+线下教与学过程。以"英语阅读 4"第 1 单元为例，具体教学实施过程如下。

1. 课前线下预习自学

第一单元学习的课文是选自《自然》杂志（2012 年总第 488 期）的"Science in the Sahara: Man of the Desert"，作者是 Quirin Schiermeier。文章介绍了科学家 Stefan Kröpelin 几十年如一日，坚持在撒哈拉沙漠地区进行科学考察工作，对撒哈拉地区的气候成因、历史文化遗产保护做出了巨大贡献。为保证学生知晓教师的教学过程，课前任课教师向学生发布教学设计进程表。学生课前登录蓝墨云班课，获取教师提供的"任务活页"（见图 1）和在线学习材料，在明确多维学习目标的基础上，通过观看视频和课件，填写任务活页并参与在线讨论，完成预习自学任务，初步掌握完成新课学习所需的词、知识，形成对阅读材料和阅读任务的初步认识。教师通过学习通提供的学生访问次数、学习时长、任务点完成率等数据掌握学生预习自学情况，对未及时完成任务点的学生进行提醒，对学习有困难的学生进行指导。

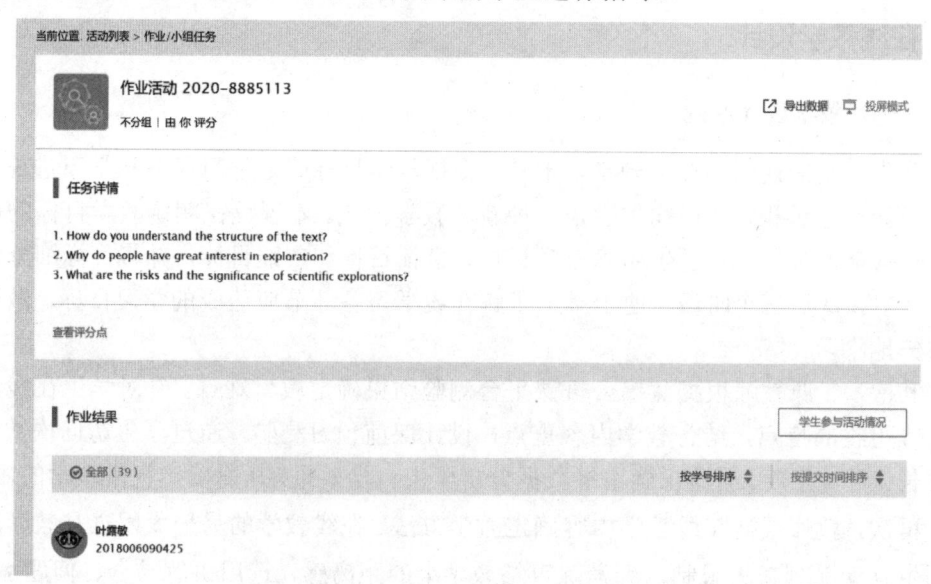

图 1　蓝墨云班课第一单元任务活页

2. 课前平台自测

预习自学结束后，学生参与课前测验，检验预习效果（见图2）。通过答题正确率明确学习难点，做到带着疑问进课堂。教师通过学习通平台提供的学生测验正确率，分析学生学习过程中的难点，以确定直播答疑过程中的重点（见图3、图4）。

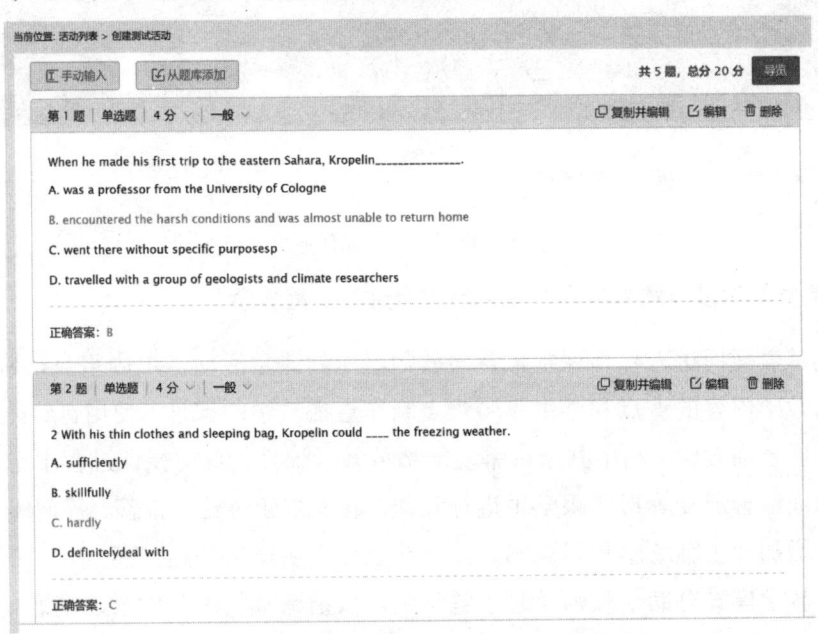

图2 蓝墨云班课第一单元阅读检测题

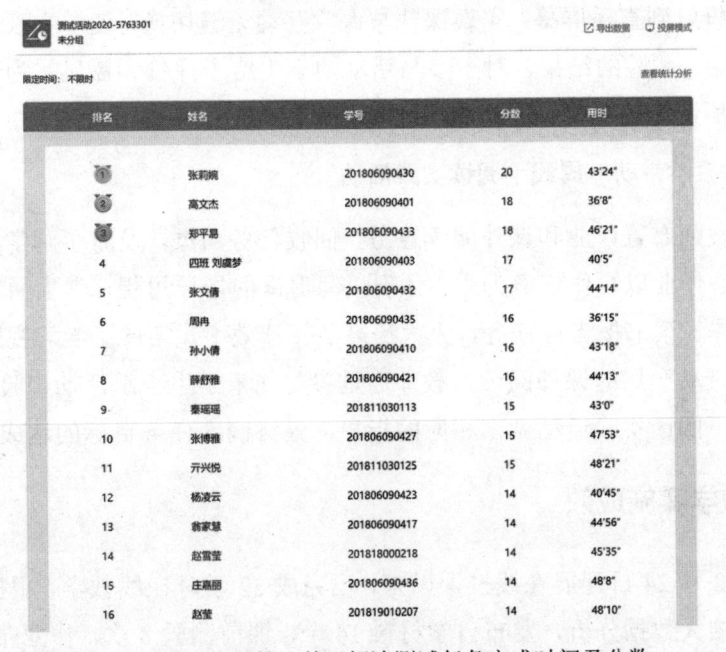

图3 蓝墨云班课第一单元阅读测试任务完成时间及分数

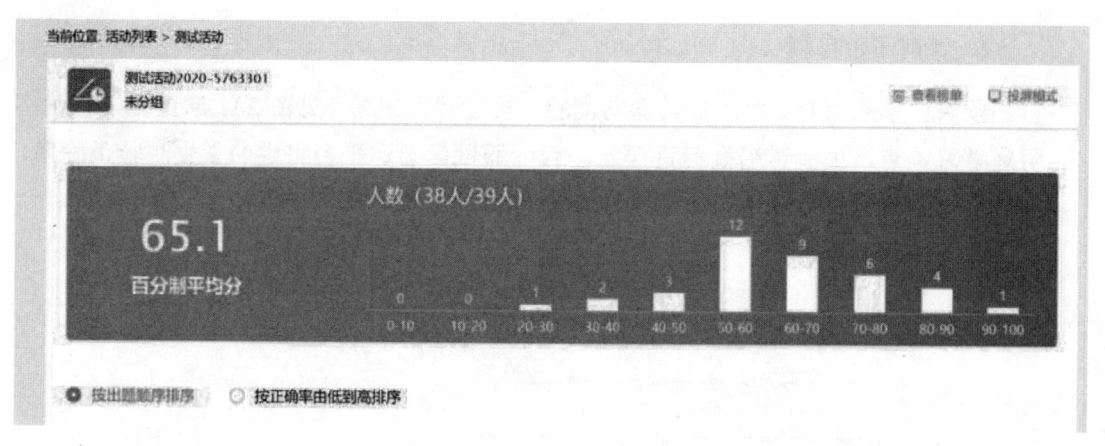

图 4　蓝墨云班课第一单元任务统计分析

3. 课堂教学以问题为导向，在钉钉平台进行直播教学

学生带着疑问进入直播课堂，参与教师组织的课堂活动，巩固重点，解决难点。教师根据教学内容的重点和学生测验难点制作直播教学的课件，使用钉钉、腾讯会议等平台开展直播教学，利用共享屏幕功能播放教学课件。直播授课过程中选择与学生视频互动或语音连麦等形式跟学生进行互动，开展主题讨论、抢答、提问等形式的课堂活动，增加师生临场感和真实感，减少线上教学所产生的距离感。

这种教学模式有助于教师及时了解学生在直播课堂状态下的学习动态，以便据此合理做出教学反馈和调整。为了让学生实时掌握学习进程，利用钉钉的通投屏功能，将互动结果投射到直播屏幕，实现课件与课堂互动无缝切换，使学生直观地看到屏幕上答题、讨论、测验的结果，对于参与活动的学生给予评价和激励。为防止直播过程中网络卡顿所造成的影响，直播教学全程录屏，以便学生课后复习。

4. 课堂教学带动一周线下阅读实践活动

课后，教师布置作业和课外阅读任务，回收任务活页，及时了解学生重点、难点的掌握情况。作业以写作任务为主，体现以写促读的指导思想，学生通过完成概要写作、对比写作、读书报告等任务，大大提高了阅读效率，拓展了学习视野，让每一节阅读课都能带动一周的课外阅读。教师通过参与线下学生小组活动，验收学习效果，并对学生线下阅读实践活动做出相应的指导，最终确定任务目标的达成度。

三、在线教学实施成效

本课程 2 月 24 日开展在线授课以来，已完成 32 学时在线教学，根据钉钉和蓝墨云班课提供的大数据分析，发布自学材料 14 个，课前测验 8 次，作业布置 12 次，课堂互动 234 次，讨论 30 余次。通过在线教学环节的设计、教学方法的合理运用、课堂活动的有效开展，学生在线学习积极性高、主动性强，课后考试正确率显著提高，教学效果较好。与传统课堂教学比较，教师更加关注学生的课堂反馈，课堂教学互动手段也更加多样。

四、在线教学反思

本课程为英语专业低年级语言基础课程，教学方案原为线下课程。本课程的线上教学注重阅读技巧训练，培养了学生阅读技能，通过大量不同题材文章的阅读，帮助学生扩大了词汇量、积累了语言和文化背景知识；培养了学生细致观察语言的能力以及假设判断、分析归纳、推理检验等逻辑思维能力。受线下学情所限，学生用于阅读技巧训练的时间不一，因此，对阅读技巧掌握程度不一，这对阅读速度和理解准确率的提高均有一定影响。故本课程在2018级英语专业本科学生中虽能够按原计划完成教学任务，但期末测试数据表明，学生阅读理解的错误率偏高。

教学方式要适应学情的转变不断总结经验，树立以学生为中心的教学理念，根据课程性质和学生特点，探索多种实践形式的在线教学方式方法，加强课程学习引导，完善学生学习过程考核，充分调动学生学习的积极性和主动性，培养学生自主学习的能力，同时要运用信息化技术及手段进行授课，确保教学质量不降低，达到"停课不停教，停课不停学"的预期效果。

五、结论

2019—2020学年第二学期，"英语阅读4"认真贯彻执行教育部关于疫情期间"停课不停教，停课不停学"的要求，采用钉钉直播、视频会议、微信群等平台进行课程授课，使用蓝墨云班课、批改网等平台完成测试、作业等课程任务，建立了基于平板、手机、电脑的混合式教学模式，覆盖2018级英语专业本科1、2、3、4班，2018级辅修英语专业本科1班以及2018级英语教育专业专科等252名学生，进行了32学时在线教学，圆满完成了教学计划。教学环节的科学设计、教学方法的合理运用、课堂活动的有效开展，使得学生在线学习的积极性大为提升，学习主动性明显增强，课后考试正确率显著提高，取得了良好的教学效果。

"一主两线三融合"线上线下混合式教学模式研究与改革

——以"CIS 策划与设计"课程为例

王越　传媒学院

"CIS 策划与设计"课程依托自建线上课程"企业形象 CIS 策划与设计",在新冠肺炎疫情期间开展线上线下混合式教学模式改革,将"一主两线三融合"的教学模式贯穿于教学的全过程,体现"引导"的教学艺术。以培养学生的综合设计能力、提高学生对企业形象分析、策划、设计的水平为教学目标,在教学过程中通过世界知名企业案例鉴赏,培养学生国际视野、树立世界眼光、陶冶艺术情操,通过分析、比较、鉴别中外企业形象文化,融入课程思政元素,坚定学生文化自信。

一、教学设计

(一)"一主两线三融合"的内涵

"一主"是以学生自主学习为主,以问题解决为本位,以学生的实践学习为中心,采用"教师引导,学生探究"的教学方式,体现"引导"的教学艺术。教师是教学的组织者,通过情境创设,模拟设计公司的运作模式,培养学生的创新意识,将理论知识点转化成实践能力。"两线"是指学生的线上学习和线下学习,线上与线下课堂都需要发挥学生自主学习的能力。在线上,学生需要提前预习,通过观看视频掌握基础理论知识要点,完成线上章节测试与作业,带着问题来线下课堂上课,形成讨论与实训,更好地掌握学生在线下的学习度与接受度。"三融合"是指课程教学组织采用"线上和线下融合""理论教学与实践教学融合""课堂和企业融合"的形式,体现"企业评学业"的教学艺术,做到线上有资源、线下有活动、过程有评估,集合网络资源等多种形式的教学资源,将评价方式多样化。

(二)"一主两线三融合"的互动性表现方式

"一主两线三融合"的线上线下混合式教学模式以增加课堂互动性为主要原则,其互动性表现为以下三种方式:第一种是学生与课程内容的互动,比如学生可以自主选择学习方式;第二种是教师与学生个体的互动,比如教师给学生反馈、在线回答问题的频率、促进学生学习、调整教学策略等；第三种是学生之间的互动，涉及课堂教学的互动，比如可以通过以小组学习或两个人的合作学习进行，也可以通过线上线下的小组讨论进行。

本课程建有高质量线上学习资源，课程团队重塑课程教学内容并进行碎片化整理，建有理论讲授、案例鉴赏、设计实操等5大篇章，共计67个学习单元（见图1）。

图1 自建线上网络课程

线上教学视频通过经典案例剖析知识点，让学生在实操中加深对知识点的理解，线下教学部分融入项目化的案例，促使学生在项目实操中对知识点达到融会贯通。运用讲授法及互动法，对学生线上学习存在的问题进行答疑。并对课程中的重点、难点问题进行补充教学，帮助学生巩固、转化线上知识。

课程教学内容分为理论知识学习和线下实践两部分，课程共计48学时，包括32个理论学时和16个实践学时。其中理论学时分为16个线上学时和16个线下学时。同时建有线上动态习题库，保证学业挑战度，在教学过程中采用"知到""钉钉"等数字化教学平台进行签到、作业提交、互动问答等，并建有项目化教学库，以出口为导向，学生可根据企业实际需要设计项目作品。此外，设计实训室、设计工作室、VR实验室等硬件资源，为本校项目化教学提供了实训保障。

二、教学过程

将"扫一扫""讲一讲""抢一抢""练一练""想一想"五个环节贯穿于教学的整个过程，目的在于调动学生们的学习积极性，体现"互动"式教学艺术（见图2）。

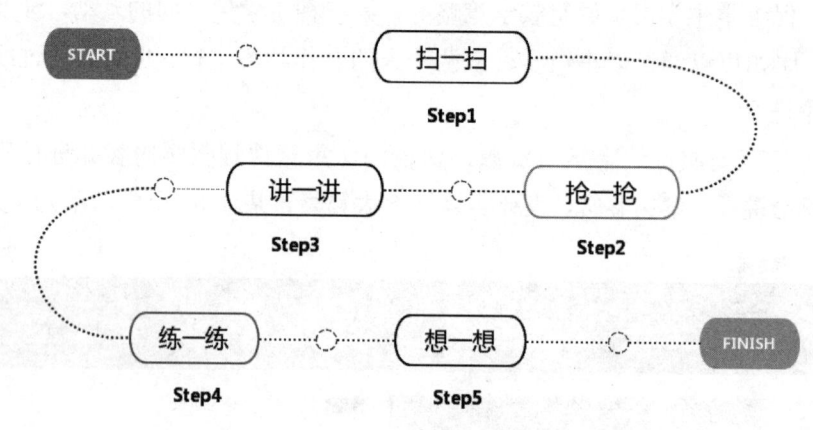

图 2　教学设计流程

第三章"设计篇—标志设计"的教学过程如表 1 所示。

表 1　第三章"设计篇—标志设计"教学过程

扫一扫	一、组织教学：（10 分钟） 在"钉钉群"上传课件及学习资料，让学生扫一扫加入课程群，开启直播，测试网络和声音效果，组织学生签到、点名，并回顾上节课知识，之后开展线上学习，最后进行疑问解答
抢一抢	二、课程引入：提问环节（抢答的形式）（10 分钟） 抛出问题：假设独身一人来到陌生的城市或者国家，如何寻找购物、吃饭、住宿的场所？通过"举手""连麦""点名""文字回复"的形式进行 同学们各抒己见之后由教师进行总结：通过观察道路上的路牌指引方向、通过视觉化的符号、通过观看具象或有象征意义的图形等方式进行位置的判断……这些所有可视化的图标、图形和符号我们统称为"标志"，进而引出本节课的主题
讲一讲	三、讲授新课：（20 分钟） 1. 标志释义 人类运用图形符号来传达信息，比运用文字还要早。随着人类社会的发展，人们开始运用视觉图形作为个人或群体的识别要素，如：代表个人的私章、代表家族的家纹、代表国家的国徽。进入信息化社会后，通过产业化进程和国际化影响，标志已被注入了企业理念和企业形象等视觉表现的内容，从国家到政府部门，从企业到个人，从商务活动到公益活动，标志到处可见，已成为人们生活中不可缺少的一部分。标志的设计及应用也越来越受到社会各界的广泛关注 广义：标志是表明事物特征的记号。它以单纯、显著、易识别的物象、图形或文字符号为直观视觉语言，表达一定的意义和情感。它形成于人们共有的意识之下，例如当人们看到上升的烟，自然会想到下面有火。在通信不发达的年代，人们把烟作为传递与火的意义有关联的消息，如战火、报警、求救等的特殊手段 狭义：以象征性的图形符号，精练的视觉图形语言表达一定的含义，并广泛运用于机构团体、公共信息和商品品牌的图像识别当中。例如，国徽、国旗是国家的标志，它们具有语言和文字难以确切表达的特殊意义。公共场所标志、交通标志、安全标志等对于指导人们有序进行活动、确保生命财产安全，具有直观、快捷的功效

讲一讲	2．历史溯源 标志起源于部落或个人信仰的象征符号，是人们进行交流和沟通、表达某种愿望的图符。圆的符号是最古老的表意符号之一，也可以说是最古老的标志形式。在东方，上古时代，每个氏族和部落都选用一种认为与自己有神秘关系的动物或自然物像作为本氏族或部落的特殊符号，就是图腾。如女娲氏族以蛇为图腾；夏禹的祖先以黄熊为图腾，还有以太阳、月亮、乌鸦为图腾的。最初人们将图腾刻在居住的洞穴和劳动工具上，后来就作为战争和祭祀的标志，成为族旗、族徽。国家产生以后，又演变成国旗、国徽。 3．风格演变（重点） 通过分析"百事可乐"标志和"微软公司"标志的演变过程，总结概括标志设计的发展趋势是由复杂的具象图形向简洁的抽象图形转化，整体呈现出简约性和多元化的特征。标志确定后，并不是一成不变的。随着时代变迁、历史潮流的演变，以及社会背景的变化，早先的标志可能已不适合现在的环境。如"微软公司""百事可乐"标志的演变都是生动的例子。标志总是适合企业的，并紧密结合企业经营活动的重要元素。抽象的几何图形是标志最为主要的表现形式，以抽象的图形语言表达出具象的含义，大多对几何图形进行合理化的处理，达到强烈的视觉效果，并符合标志所要表达的内容。标志设计必须符合设计形式美的法则，充分展现其艺术性特征，满足广大标志受众的审美心理 案例分析：百事可乐、微软公司 4．标志设计 4.1 三要素：图形、文字、色彩 案例分析：临沂市首届"517 艺术节" 4.2 不同的表现形式：中国传统文化的元素在标志设计中的应用 案例分析：中国银行、杭州城市形象、中国联通、北京 2008 年奥运会的标志 4.3 主要原则：简、准、奇、美 ① 简：简明易认，一目了然 ② 准：内容准确，形象直观 ③ 奇：独树一帜，不能雷同 ④ 美：符合规律，大众情感 案例分析：中国移动、苹果集团 4.4 构成方式：并置、重叠、透叠、异影等 常见的并置方式： ①两个视觉符号的位置关系的并置，上下、左右、前后等 ②群组的并置，要表达一个"集体"含有什么，表达共同体等概念时，多采用群组并置手法 案例分析：巴尔的摩城市标志、2020 东京奥运会标志 四、课堂小结 标志的概念，标志的历史溯源及风格演变，标志设计的三大构成要素、不同表现形式、主要原则和构成方式

续表

练一练	五、头脑风暴（40分钟） 以小组的形式模拟设计工作室，四人为一组设计工作室logo草图方案一个或多个，拍照并上传至"知到"客户端，通过互评的方式进行投票排名，每组选派一名代表按照成绩排名顺序讲解创意与方案
想一想	六、布置作业（5分钟） 主题："中国符号" 将你喜欢的某类中国符号（如京剧脸谱、中国瓷器、非物质文化遗产等）找出来，采用群组并置的方式，设计一个或者多个logo，下周提交方案 七、预习任务 3.4.1 中国联通标志（标准化制图方法） 3.4.2 AI实训3（联通标志绘制方法） 3.4.3 万科集团又换logo了（企业标准字的概念）

（一）线上教学

线上教学采用"钉钉""知到"等数字化教学工具，提前发布线上学习任务清单及知识点，通过钉钉群直播，运用讲授法及互动法，对课程中的重点、难点问题进行补充教学，帮助学生巩固、转化线上知识（见图3、图4）。通过在线答疑与测评，对学生线上学习存在的问题进行答疑。学生完成小作业若干，并提交至班级群，教师利用线上小测试或后台数据评估其学习效果。

图3 学生自主学习

（二）线下教学

线下实践教学采用项目化分组式教学，利用学生串演、生讲生评等翻转课堂式课堂教学新形式。教师发布一些贴近现实生活的项目专题，让学生分组模拟真实的设计工作室，共同展开讨论并合作探究设计作品，以小组进行作品展示并生生互评，增强学生的实践能力，培养创新和团队协作意识。

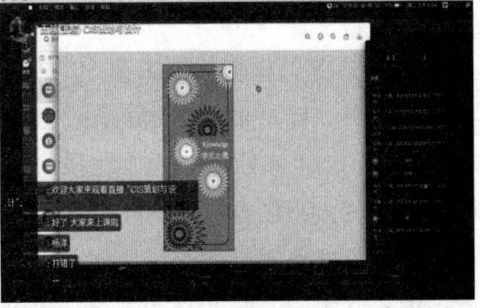

图4 钉钉群直播

（三）课程考核

课程考核分为三部分，包括线上学习考核（40%）+过程性考核（10%）+线下技能考核（50%）。其中线上学习成绩40分，由线上视频学习、章节测试、见面课和线上期末考试组成，组成的总成绩乘以折合系数0.4；平时成绩占10分，由课堂签到、课堂笔记、课堂小组讨论等组成；线下期末考核成绩占50分，为半开放式设计作品考核，学生应用理论知识，采用案例收集、案例归类、比较分析、市场调查等方式对实际企业形象进行策划设计和分析，根据校企合作企业发布的项目内容自行设计并提交作品，教师及企业方根据其作品综合水平划出成绩。由于疫情的特殊性，本学期线下技能考核从"全国大学生平面广告设计大赛"的命题中选出，主题为"义乌"城市形象设计（见图5）。

图5 部分学生期末作品

三、教学成效

本课程已在校内视觉传达设计、广告学专业等专业探索四轮线上线下混合式教学模式改革。疫情期间的线上线下混合式教学在2017级广告学专业中进行开展，传媒学院2017级广告学专业本科01班共有学生48人，应参加考试的人数为48人，实际参加考试的人数为 48 人。从成绩分布情况来看，最高分 95 分，最低分 65 分，平均分 84.3 分，学生成绩都集中在 80～90 分这一分数段内。本套期末作品试题从大广赛命题中选出，与专业、课程联系密切，同学们在解读过程中搜集整理了与选题有关的丰富资料，加上布置早、开放性强，因而都能根据自己的具体关注点，在借鉴消化的基础上进行大胆创意，构图较合理，诉求较集中，具有一定的原创性、针对性，不过在表现力方面还需要进一步加强。从总体上来看，本次期末考试能够反映出学生平时学习的实际水平。与 2016 级广告学专业本科 01 班期末成绩相比，其整体平均分提高了 2.6 分（见图 6）。线上线下混合式教学模式适应了新冠肺炎疫情下大学生学习的需求，实现了"停课不停教，停课不停学"，保障了正常的教学进度。

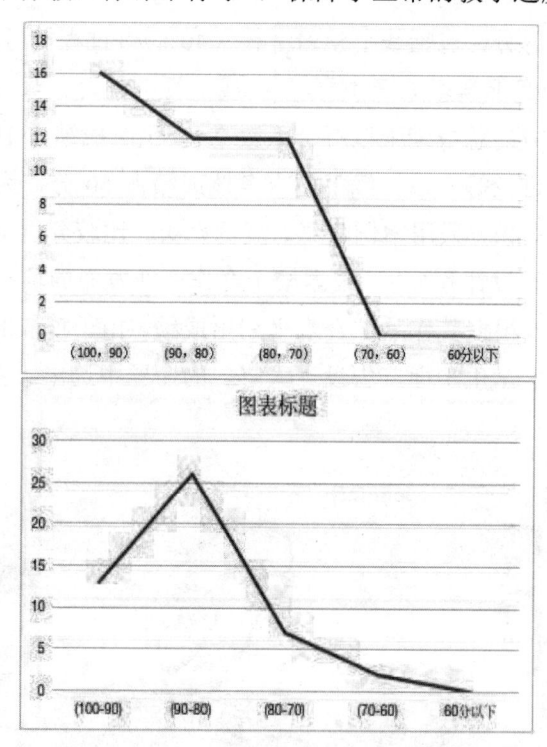

图 6　2016 级、2017 级广告学本科 01 班成绩分布图

另外，2020 春季学期，共有鲁东大学、山东财经大学、青岛科技大学、山东工商学院、山东第一医科大学、临沂职业学院、济南大学泉城学院等省内高校，以及重庆大学、山西农业大学、广西师范大学、华东理工大学、新疆大学、武汉科技大学、贵州师范学院、西安高新科技职业学院等省外 81 所高校共计 7775 名学生、1392 名社会学习者修读了该门课程，参与考核人数 6699 人，学生满意度为 97.4%。本学期教学互动达 5.31 万人次，累计互动达 9.32 万人次。

四、教学反思

本课程的课程改革主要有两个方面。

一是教学模式创新，采用"在线课程+云班课+项目实践"混合式教学模式。通过线上自主学习、线下师生答疑互动、项目化小组式实践教学、过程性考核等方式，实现了将传统的以"教师讲授为主"的模式向以"学生自主学习为主"的模式转变，提高了学生自主学习的能力和兴趣，锻炼了学生独立思考的能力。

二是评价方式创新，让企业评学业。学生分组模拟真实的设计工作室，根据校企合作企业发布的项目内容自行设计并提交结业作品，企业方及教师根据学生作品综合水平划出成绩。该模式不仅使企业获得了一批供选择的设计作品，还锻炼了学生的实践能力，被企业选中作品的学生还可获得企业奖励。该创新教学方式得到了企业及学生的一致好评，教学效果良好，受到了《大众网》的宣传报道。从课程混合式教学模式的教学效果来看，通过见面课的师生互动，同学们的学习积极性、参与问题讨论的主动性都得到了明显的改善。学生的在线讨论、课堂讨论、学生之间互动的积极性都有了很大提高。师生之间的交流也变得更加通畅，学生在线学习中所遇到的普遍问题得到有效解决，缓解了普通教学中由于选课学生多，教师的工作量太大的矛盾，并且改变了学生的学习习惯，如今，学生都把在线学习当成了一种更好的学习方式。

五、持续建设计划

（一）线上资源建设

一是融合VR技术与无人机，创建全景课堂模式，更加真实地呈现教学场景，扩充线上视频资源；二是选用共享课模式，继续在山东省高等学校在线开放课程平台运行，服务校内外课程教学。

（二）线下资源建设

一是增加校企合作项目，扩充项目教学库，让更多的企业项目进入课堂；二是动态调整试题库的难易程度，增加学习挑战度。

（三）师资建设

强化课程组信息化教学能力，继续探索线上线下混合式教学改革，进一步解决学生在线学习存在刷课、学习主动性有待加强和课堂教学与在线教学还缺乏有机结合、难以满足学生个体化差异需求等问题。今后的教学改革方向方面会融合本课程线上教学和传统教学的优势，整合丰富的线上线下学习资源，改变单一使用线上教学或传统教学的弊端，激发学生主动学习的兴趣，实现师生的互动教学，提升教学效果。其具体措施有：根据学生反馈或利用问卷调查方式，动态调整线上资源内容和线下课程设计，增加学生感兴趣的、具有前沿性的教学内容和线下教学活动，做到让课程出彩；同时，加强师生互动，通过线上论坛及线下见面课及时了解每位学生的学习情况，对学生普遍关注的问题进行详细、耐心的解答，提高学生发现问题及解决问题的能力，注重培养每一位学生的信息素养和创新能力，继续开展"引导"式教学活动。

基于课程思政理念的线上线下混合式教学艺术探究

——以"媒介道德与法规"为例

王淑芹　传媒学院

高校思想政治工作关系高校培养什么样的人、如何培养人以及为谁培养人这个根本问题。课程思政是以构建全员、全程、全课程育人格局的形式，将各类课程与思想政治理论课同向同行，形成协同效应，把"立德树人"作为教育的根本任务的一种综合教育理念。如何提升课程思政教学效果，成为教学实践活动的主要目标之一。课程思政目前虽然取得了一定成果，但不可否认的是在实际教学活动中仍存在以下问题：首先是课程思政目标不够明确，个别课程思政建设形同虚设；其次，教学手段不合理，传统填鸭式的以讲解为主的教学方法不能适应课程思政"润物细无声"的需求；最后，因为参与度和代入感不足，课程思政教学效果不明显，甚至导致学生出现抵触情绪。

针对这一点，"媒介道德与法规"课程重新明确课程思政目标，优化融入思政元素的教学内容，分解教学任务，科学进行线上线下混合式教学设计，激发学生学习兴趣，成功使课堂变学堂，取得了良好的教学效果。

一、明确课程思政教育目标，优化融入思政元素

课程思政的主要形式是将思想政治教育元素，包括思想政治教育的理论知识、价值理念以及精神追求等融入各门课程中去，潜移默化地对学生的思想意识、行为举止产生影响。为实现"立德树人、强化以能力为先"的人才培养理念，实施 OBE 教育模式，课程深入挖掘"媒介道德与法规"的思政元素，以社会主义核心价值观、红色基因和沂蒙精神为主导，以立德树人为指引，设置"知识、能力、素质"三个维度的目标：知识目标要求学生掌握与新闻工作相关的基本新闻道德和新闻法规知识；能力目标要求学生明确新闻活动的行为规范，在以后的工作中恪守新闻职业道德，树立新闻法制意识；素质目标要求学生形成新闻工作者基本的道德素养和大众传播活动的法律素养，成长为党和人民放心的新闻舆论工作者。三个目标最终落实到人才培养这一核心使命，为党育人，为国育才。

课程团队在课程思政示范课程建设过程中，在原有课程教学大纲中，通过构建思

政案例及思政要点关联矩阵，建立案例和思政内容之间的映射关系，科学合理地制订和明确"育人目标（思政目标）"。课程以社会主义价值观为核心、以社会责任为指引、以职业素养培养为课程思政教育目标，进一步强化学生在新闻传播活动中树立职业道德和法律意识。下面以"新闻传播与国家安全"为示例，基于本章的教学目的、要求，重点分析新闻自由与国家安全的相关知识。学生要了解和掌握新闻报道与国家安全，以便在媒介传播活动中遵循相关法律法规。明确课程重点、难点后，确定了教学目标，如表1所示。

表1 教学目标

	知识目标	能力目标	思政目标
教学目标	1. 新闻报道与国家安全概述 2. 与国家安全相关的法律规则 3. 与国家安全相关的案例及分析	1. 了解新闻报道与国家安全的相关知识 2. 掌握与国家安全相关的法律法规	1. 提升传媒人才的国家安全意识 2. 坚定传媒人才的政治立场

课程思政在本质上还是一种教育，是为了实现立德树人。"育人"先"育德"，要注重传道授业解惑、育人育才的有机统一。它始终坚持以德立身、以德立学、以德施教，注重加强对学生的世界观、人生观和价值观的教育，继承和创新中华优秀传统文化，积极引导当代学生树立正确的国家观、民族观、历史观、文化观，从而为社会培养更多德智体美劳全面发展的人才。因此"媒介道德与法规"在教学过程中，结合课程思政目标来合理调整教学大纲和教学内容，适时将思政素材和实例引入课堂教学。融入思政元素的"媒介道德与法规"课程教学内容优化示例片段如表2所示。

表2 教学内容优化示例

教学内容	思政元素	思政素材	思政要点
问题导入	如何评价张云雷事件	视频（张云雷相声视频）	• 尊重传统文化 • 爱国主义教育
问题定义	文艺批评的界限	图片（微博网友评论）	• 尊重他人人格 • 法律意识培养
问题设计	用立场说话 公正评论	视频（智慧树或App在线课程）	• 质疑精神 • 人文素养 • 爱国主义教育

二、线上线下混合教学，课堂变学堂

线上线下混合式教学利用信息技术，依托网络平台，将课堂延伸到网络虚拟空间中，即在传统课堂教学的基础上，同时结合网上教学平台的教学资源并利用先进的教学工具进行网上教学。这种线上线下的混合式教学，能够让学生在参加面对面课堂学习的同时，还可以利用线上丰富的教学资源进行网上自主学习，实现个性化的学习目标。这种教学模式能将线上线下的学习优势结合起来。线上教学能够充分利用网络教学资源，进行在线讨论、互动答疑、效果测试、考核评价等，实现学习过程的泛在性、主动性和互动性，满足学生学习的个性化需求，提高其学习兴趣，提升其学习效果。线下学习的主要特点是在线上学习的基础上，通过教师的面授、答疑、研讨等一系列活动进行深层次的进阶学习。

"媒介道德与法规"于2018年获批临沂大学精品在线课程，2020年8月在山东省高校在线开放课程平台上线，线上线下混合式教学有自建课程优势。本课程教学设计框架如图1所示。

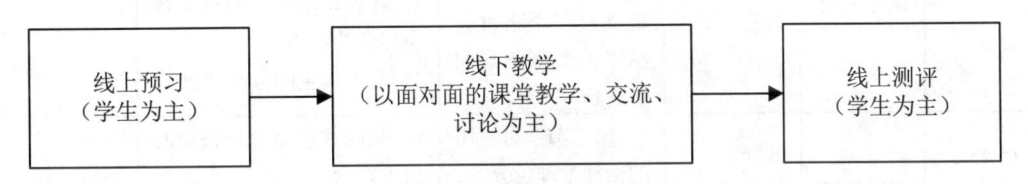

线上预习（学生为主）→ 线下教学（以面对面的课堂教学、交流、讨论为主）→ 线上测评（学生为主）

图1 课程教学设计框架

每个教学单元以任务单的形式激发学生学习的主动性和参与性，提升课堂内师生活动的互动性，使学生在达成学习目标的过程中，提高学习兴趣，掌握学习方法，养成学习习惯，增强学习能力，实现课堂变学堂，成功翻转课堂（见表3）。

表3 教学设计示例

教学方式
钉钉：学习任务下达+在线讨论+作业提交批阅
智慧树网（"知到"App）：自建课程在线学习+弹题+章节测试
实体教室：课堂教学

教学实施过程

时间	任务	支持平台	具体内容
课前	下达任务 资料上传	钉钉 课程群	1. 下达本周学习任务单，明确学习内容、重点、难点、教学目标、教学手段和教学过程，明确作业和要求 2. 上传课程教案、PPT和教学视频
13:50	签到	钉钉	在线签到

时间	任务	支持平台	教学内容	教学目的	教学方法
14:00 | 14:40	在线学习	知到 智慧树 钉钉文件	第一章 第一节 道德概述	1. 明确伦理与道德概念异同及伦理困境 2. 明确概念和知识背景	在线学习

续表

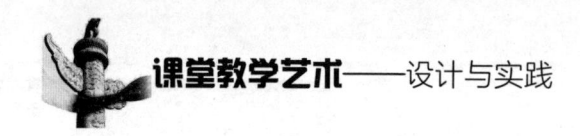

时间	环节	地点	内容	目的	方式
14:40 | 14:45	现场反馈	教室	1．智慧树后台数据，反馈学习情况 2．分析视频中弹题回答情况 3．随机抽查3名学生笔记	1．及时了解学习中出现的问题 2．了解学习效果	课堂讲授
14:50 | 15:00	在线学习	知到 智慧树 钉钉文件	第二节：新闻伦理困境产生的原因及其表现	理解新闻伦理产生的原因，并熟知新闻伦理困境的表现	网络在线课程学习
15:00 | 15:35	课堂讨论	教室	分组讨论： 小组讨论，组长负责组织和汇总，随机抽取三个组讨论结果，教师主导同学评价	1．加强对知识点的理解与记忆 2．挖掘学生善于发现并解决问题的能力 3．培养学生的合作意识	分组讨论
15:45 | 16:10	在线学习	知到 智慧树 钉钉文件	1．第三节：可应用的伦理学理论分析 2．第四节：新闻伦理困境抉择模式	1．知晓并掌握伦理抉择的相关理论 2．了解困境抉择的模式，并能够进行新闻案例评析	网络在线课程学习
16:10 | 16:15	在线测试	知到 智慧树	章测试	检测学习效果	在线测试
16:15 | 16:30	反馈总结布置任务	教室	1．总结教学内容 2．反馈智慧树学习和测试数据 3．讨论学习过程中遇到的问题及解决办法 4．布置阅读和预习任务	1．梳理课堂思路，加深理解 2．反馈学习数据，了解学习进度 3．提升教学效果	课堂讲授
课后	作业提交 章节测试	钉钉 智慧树	1．作业提交 2．章节测试	1．督促学习 2．掌握听课情况，强化听课效果	在线作业测试

三、总结课程特色，不断提升教学艺术

"媒介道德与法规"课程设计突出学生能力培养，融合思政建设，重视内容设计的创新性、高阶性，重难点结合，拓宽教学内容的广度与深度。在具体实施过程中，遵循师生双主体的教育理念，合理使用情境教学、讨论辩论式教学等教学方法，熟练

使用雨课堂小程序和智慧树 App 等工具进行课堂考勤、讨论、投票等活动，打破了学生听课的沉默状态，学生积极参与讨论、辩论，课程逐渐形成了以下教学特色。

（1）利用我校红色育人资源，强化课程思政，深入挖掘"媒介道德与法规"的德育内涵和德育要素。利用临沂大学红色馆资源，把红色基因和沂蒙精神的时代内涵渗入课堂，加深学生对新闻报道党性原则和人民性原则的认识，提升新闻报道的社会主义核心价值观引导。

（2）创新教学方法，推动"课堂革命"，打破课堂沉默状态。利用情境教学、模块教学等教学方法，使用雨课堂小程序、智慧树 App 等教学手段，使讨论、辩论成为课堂的常态，提高学生参与课堂的积极性，培养同学们的新闻敏感性和思辨性。

（3）注重学生自主学习体系建设，构建兼容课堂内外的开放大课堂。利用微信、雨课堂小程序、智慧树和学堂在线网络平台，使同学们的学习从课堂延伸到课下，线下线上兼备，随时随地进行学习。

（4）创新实践教学模式，提升学生综合能力。以大学生创新创业项目为依托，强化实践教学。近几年教学取得了以下代表性成果：指导国家级大学生创新创业项目2项，获"创新创业优秀指导教师"荣誉称号1次；指导学生公开发表省级期刊4篇；指导学生主持完成山东省青少年教育科学规划课题大学生学术课题1项；指导3名学生承担并完成山东省青少年教育科学规划课题1项；指导3名学生获得山东省教育科学研究优秀成果奖二等奖。

四、教学反思

本门课程取得了不错的教学效果。反思教学活动，我们应在专业课建设中无缝衔接思政内容，科学地将德育工作落到实处。不论是课程思政目标的设置、思政元素的挖掘，还是教学环节和教学过程的设计，都要继续精细化、优化，此外还要合理使用先进的网络教学平台和网络设备，更好地为专业课建设，特别是传媒类课程思政建设提供指导和服务。

着力打造实践情景，应对后疫情影视工业导向

——"电视摄像与编辑"的线上教学艺术

姚玉杰　传媒学院

一、课程简介

"电视摄像与编辑"是广播电视编导专业的专业核心课，也是该专业的技能基础课。该课程一方面培养学生的摄像技能和剪辑意识，另一方面也培养学生专业素养，包括影视画面审美、影视艺术构成要素、影视职业道德与规范等。

该课程面向广播电视编导专业本科一年级学生开设，讲练结合，以实践为主。理论讲授 16 学时，实践训练 32 学时，课下自主训练不少于 32 学时。通过学习，学生应该掌握专业摄像机的主要性能参数，主要功能按钮、旋钮的调节及其影视学意义；应该掌握影视构图基本知识，知道影视画面应该通过什么来表意，不同的拍摄表达什么不同的意义，同时学会通过特定表意手段完成特定意义；应该掌握影视段落拍摄的艺术要求，并萌发基本的剪辑意识。这些意识和技能训练，为学生日后从事广播电视艺术相关的工作或在广播电视艺术学领域及相关戏剧与影视学其他领域的深造，打下坚实的基础。

二、教学目标

课程教授电视画面语言的特点、电视摄像的基本方式、专业电视摄像机的基本操作方法、电视画面造型基础、成组拍摄基础、电视编辑基础等，全面系统地讲解了基于数字技术的摄录像基本方法，并兼顾桌面多媒体影音制作系统的基本编辑方法，旨在培养广播电视编导专业学生的摄像意识及摄像和编辑基础技能，为本专业其他课程的学习及将来的工作打下基础。

三、教学设计

（一）学情分析

课程面向广播电视编导专业大学一年级学生开设。这部分同学已经学习了"基础

摄影""视听语言",对光学镜头、摄影构图、用光基本知识已经有了一定的认识,同时对视听语言包括镜头、景别、蒙太奇等有了一个较为系统的认识。从学科基础看,学生已经拥有了学习"电视摄像与编辑"课程的前置知识,同时作为大一学生,也拥有较为强烈的学习欲望。需要注意该部分同学并不是都对专业有浓厚兴趣,因此在教学过程中需要注意引导。

(二)教材设计

该课程使用任金州编著的《电视摄像(第三版)》作为教材。该教材由中国传媒大学出版社出版,是21世纪广播电视专业实用教材、广播电视专业十二五规划教材。该教材以电视节目创作中画面拍摄和摄像取材为切入点,全面讲解电视画面的基本特点和传播语态,分析静态画面和动态画面的造型特点和拍摄规律,介绍各类光学镜头的造型优势和运用技巧,及各种光线条件下电视摄像造型表现的动态特点和布光过程。本教材既重视理论,也重视实践,是一本适用性较强的教材。

(三)教学条件

新冠肺炎疫情特殊时期,教师需要准备能上网的带摄像头的多媒体电脑一台,网速不低于4M,网络稳定;学生需要准备能上网的任意终端,如智能手机、电脑、平板电脑等。这些软硬件设备用于理论课授课。除此之外,教师还需准备一台专业摄像机作为教具;学生视家庭条件,准备专业摄像机或DV或具有视频拍摄功能的手机。

(四)教学方法

理论部分主要采用多媒体授课,采用讲授法、案例法、引导法等教学方法。实践部分主要采用案例法、情境法、引导法等教学方法。具体是教师提出拍摄任务或拍摄目标,提出一定的技术指标要求、艺术性要求,学生自主练习。学生将练习的作业上传网络,教师针对作业进行点评,以期学生在以后的拍摄创作过程中纠正错误,提高表现力。图1为情景式教学现场,学生们正在以小组为单位模拟实际剧组进行拍摄训练。

图1 情景式教学

（五）教学反馈

主要通过网络互动实施教学反馈，互动渠道包括钉钉、微信、邮箱等。按照作业周期，定期指导，定期反馈（见图2）；同时，学生在创作过程中碰到任何问题均可以连线教师，获得在线帮助。

图 2 学生平时作业

（六）教学评价

本课程考试命题形式为自行命题，采用 N+1+1 的过程性考核形式。主卷为开放性测试，学生以小组为单位完成对作品的前期拍摄与后期编辑制作，疫情特殊时期也接收个人作品。对拍摄作品的内容不做具体限定，但要求有主题，对拍摄和编辑提出基本性的要求但不做具体限定，以利于学生发挥；期末考核主要考查学生的创新能力、摄像与编辑技术综合运用能力和艺术设计能力；特色考试为以学生个人为单位的创作剖析，要求学生结合所学专业知识，对期末作品从摄像与编辑的角度进行深入剖析。

四、教学成效

本课程学生作业及期末作品具体情况如下。

1. 固定画面与运动镜头拍摄

这两项训练是最基础的训练，在这一训练过程中，学生首先需要熟练掌握专业摄像机的全部功能按钮的功能和操作要领，并熟练运用专业摄像机拍摄出符合叙事要求的不同景别的影视画面。因为疫情特殊时期的关系，学生并没有专业设备，首先导致的一个结果就是对专业摄像机的操作掌握不足，特别是用手机拍摄的同学，几乎完全没有进行专业摄像机的操作训练。从拍摄技能上看，突出表现为画面稳定性不足，如

图 3 所示。认真比较左右两幅画面，可以明显看出，首先，左上边缘处的两片叶子进入画面的大小不同，表现在观众眼中就是无意义的晃动，除了使得观众头晕眼花之外没有任何作用；其次就是因为手机的自动对焦功能，导致焦点不可控，该清晰的不清晰，不该清晰的却处在焦段范围内。如图 4 所示。认真观察图 4，会发现本该让观众产生深刻印象的演员面部一片模糊，特别是眼睛更是如此；而耳部本来不需要清晰，在这个画面中又清晰到喧宾夺主的程度。从艺术表现力来看，突出表现为主题不明确、构图不合理，如图 5 所示。图 5 非常明显的问题就是人物缩在画面右侧，整条河流无意义地分割画面，人物对应侧缺少表意主体，且河流无明确表意作用。

图 3 固定画面不稳定现象

图 4 自动对焦导致的主体模糊现象图　　图 5 构图不合理

总之这次作业从整体上看达到了训练目的，但达到专业训练目的的学生比例不够理想。教师在学生训练过程中的指导，与学生的主动性和悟性关系很大，如图 6 所示。

图 6 对运动镜头拍摄的在线指导

2. 成组镜头拍摄

成组镜头拍摄一方面是训练镜头思维和蒙太奇思维，另一方面是训练剪辑意识。影视画面的表意，从根本上说是需要用多个镜头按照一定规范进行组合来完成的，因此成组画面的拍摄非常重要。为了完成成组拍摄，学生至少需要对不同景别的作用做到耳熟能详、熟极而流，同时也需要对不同镜头如何能够做到顺滑连接，表现观众的心理反应有一定的认识。经过教学，多数学生在这一方面做得较好，但也有部分同学因为以前的不专业的拍摄训练带有一些坏毛病。图7是对个别同学不良拍摄习惯的纠正。该生习惯割裂性思考问题，追求每一个画面的美观而忽略了镜头的组合，这显然不能满足影视拍摄的任务要求。

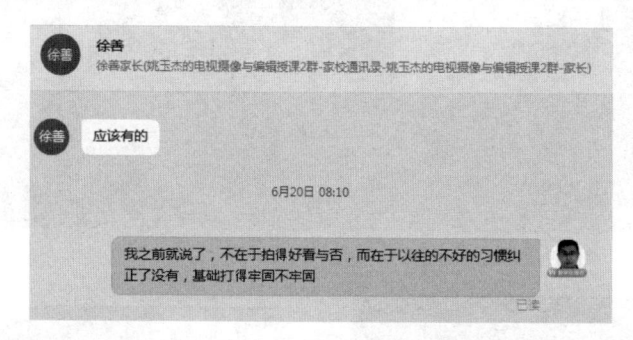

图7 指出成组拍摄的不良习惯

3. 期末作品拍摄

作为一门技能基础课，必须选择合适的能够体现学生技能进步情况的考核方式。因此"电视摄像与编辑"课程选择技能考试，要求学生以小组为单位提供一份不少于8分钟的微电影。疫情特殊时期，由于学生居住较为分散，允许学生以个人为单位进行创作，作品时长要求可降低为不少于3分钟。从整体情况看，首先是作品数量大幅攀升，以往通常是每班8部作品，这次是每班约35部作品。从质量上看，内容方面，大多数同学都能做到内容突出，积极向上，反映社会美好的一面；拍摄方面，大多数同学都能做到运用合理景别，根据内容选择固定画面或运动镜头，曝光准确、对焦清晰；剪辑方面，学生基本都能做到作品成型。

五、教学反思与改进

本次因为疫情原因采用网络授课，整体教学效果良好，基本达到了教学目的。讲授法、情境法、项目法、引导法等教学方法，在网络授课情景下仍然是必要的且有效的。学生经过学习，在镜头运用意识、构图意识、用光意识、蒙太奇意识、剪辑意识等方面，均有了较为明显的提高。但也在一些方面表现出了不足，最突出的不足在于：

首先，虽然培养了拍摄技能，但没有培养出专业拍摄技能，能够适应一般性视频拍摄操作，但不能适应影视专业工作；其次，专业素养没有得到充分训练。其中，镜头审美意识得到了一定训练但完全达到训练目的的人数较少。此外，如守时意识、团队意识、精益求精的专业精神等方面，则训练不足。可以说，学生们得到了普及性训练，但在专业性训练方面还不足，在以后的实践型技能型课程学习中应得到补救和提高，从而避免对以后的创新型学习造成不良影响。

  总体上说，戏剧与影视学相关专业，特别是广播电视编导专业的技能课程，在某些条件被满足的前提下，采用网课形式也未尝不可。比如学生家境较好，能够基本满足人手一台专业摄像机或电影机；同时学生素质较高，能够在老师不能手把手引导的情况下积极训练，同时积极与教师互动；学生家境较好且具有一定的领导能力和人际交往能力，在没有小组成员进行配合的情况下，也能够邀请到或聘请到必要的助手和演员等。在以后的学习中如果迫于无奈还需要采取网课形式，笔者个人建议，从教师的角度可以大幅度扩充学生拍摄视频的视频库，通过对视频库视频的讲解，能够部分提高学生的审美能力和鉴定能力，保证学生对自己平时训练的不足之处有一个整体性的把握，从而激发学生自主训练的动力。

以技授艺　技艺交融

——"数字调色技术"线上直播课程教学艺术

张雨露　传媒学院

与多数传统专业不同,年轻的数字媒体艺术专业以艺术理论、计算机科学和网络技术为基础,整合了文、艺、理、工多学科的相关理论与实践技能,旨在培养学生熟练掌握图形图像处理、数字媒体制作、网络与新媒体设计等方面的知识和技能,使学生具备利用数字媒体设计工具来完成数字影视创作、网络媒体制作、数字游戏开发的核心专业能力。

结合专业要求,"数字调色技术"即一门用艺术指导技术、用技术实现艺术,以技授艺、技艺交融的专业选修课。在新冠肺炎疫情防控期间的线上教学中,教师打破常规教学模式,以 OBE 教学理念为指导,重视学生的主体性和创造性,精心设计教学实施过程,以项目和任务驱动、以作品和案例调动、以创意和创作能动、以分工和合作联动,整合利用丰富的网络教学资源,由教、学、做、创四个环节来组织线上课堂,具有互动多元化、流程系统化的特点(见图1)。

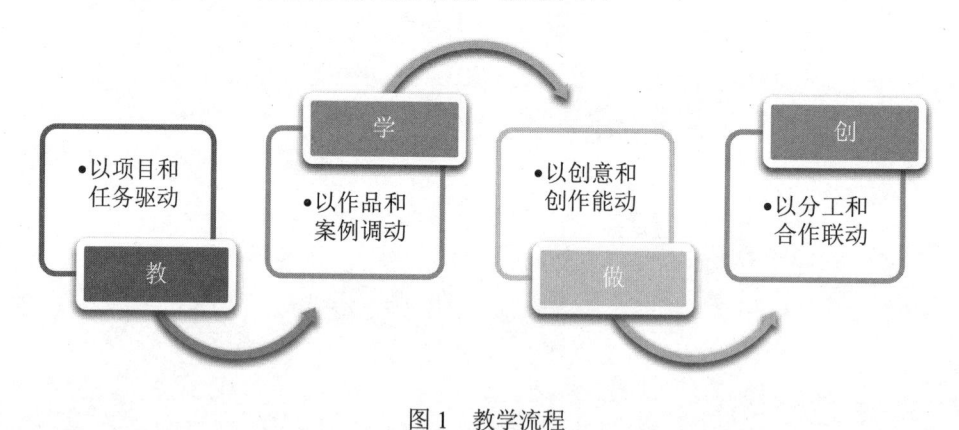

图1　教学流程

一、以技授艺

(一) 课前准备与情景引入

课程教学团队根据疫情防控期间的教学实际,通过集体备课共同商讨调整了教学大纲和教学方案,并对线上直播教学进行了针对性的调整和设计,明确了"技术只是手段、艺术才是目的"的课程理念。在先修课程"影视视听语言""数字图像设计""数字媒体编辑"的基础上，本课程采用专业调色软件 DaVinci Resolve 16（达·芬奇16）进行教学，旨在进一步深化学生们对影视创作中光线和色彩的理解和应用，从调色原理和软件操作两个角度，结合部分影片素材实例，完整地实现调色工作流程。

教师根据专业需要和课程情况，整合主讲教材、参考教材和网络资源，将调色技术的理论内容写入 PPT 课件，并把实践环节中软件操作的关键步骤和参数调整预先进行截图和标注并插入课件，以图文并茂的方式为学生提供参考说明。

授课教师已经预先通过锐思云平台与学生取得联系，建立班级微信群，进行学情调研，发布学习资料，并通过视频演示、文字说明、截图标注等方式及时帮助学生在个人电脑上完成软件安装和预设（见图2）。

图 2　课程微信群和钉钉群以及课程资料

（二）线上教学的互动设计

根据线上教学方式灵活、资源共享、交互多元的特点，教师在教学过程中精心设计了互动环节的安排：在连续直播过程中，鼓励学生及时通过文字消息和截屏反馈听课质量，如重点是否掌握、难点能否理解、网络是否流畅、语音是否清晰、软件是否卡顿等；及时了解学生的知识掌握程度，以调整教学进度，对复杂步骤进行分解，放慢授课速度；鼓励学生分享屏幕演示操作，组织其他同学进行点评和交流，在虚拟环境下更轻松、更热烈地实现人际互动。

教师还根据实际情况灵活地调整授课内容和课时分配,将同步式与异步式教学模式相结合,即在网络延迟卡顿严重时,先通过语音直播进行理论串讲,并把课件内容、软件截图随授课进度发送至班级群公屏,方便少数无法观看直播同时操作软件的同学回翻查看;在网络通信状况良好时,通过视频直播演示软件进行操作。

(三)教学反馈与考核评价

教师不定期抽查,要求学生将课堂笔记拍照和软件操作情况截图上传钉钉,并将其与每日课前签到情况共同构成平时成绩(见图 3)。教师还将优秀作业分享到班级群,起到榜样和鼓励的作用,提高学生学习和创作的积极性。

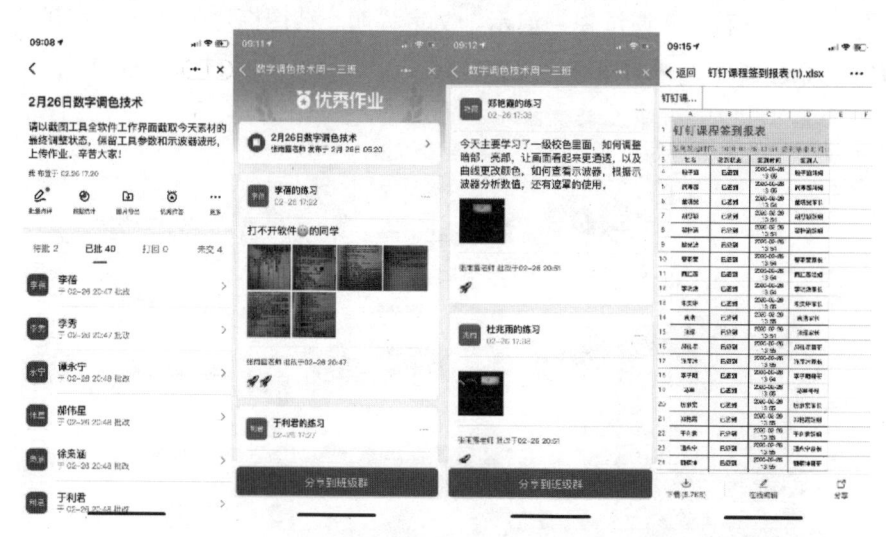

图 3　钉钉班级群的在线作业和签到功能

考虑学生需要时间来消化知识和熟悉操作,因此适当延后期中作品和期末作品的上交时间,以减轻学习压力、保证创作质量。课程结课但不结束创作,更不终结师生的沟通和交流,借由线上教学的优势,教师会长期为学生提供"售后服务。"

二、技艺交融

与其他类型课程不同,专业选修课需满足学生在不同发展方向下的需求和个性化发展。所以"数字调色技术"作为数字媒体艺术专业的一门"技艺交融"的课程,不仅要求学生掌握软件操作、技术应用的能力,更强调培养学生在艺术素养、理论积淀的基础上,用先进数字技术来进行创作的能力。因此,贯穿整个教学过程,教师需把技术学习与艺术创作联系起来,实现技术为艺术服务的目标(见图 4)。

图4 教学艺术流程

反映到具体的课堂教学设计中,在影视艺术知识和调色基本原理的理论授课环节中,选编部分经典案例,通过开放式设问引导学生分析和探讨,激励学生在借鉴经典的基础上尝试创新。以视觉风格鲜明的国内外优秀影片《花样年华》《春光乍泄》《小丑》等为例,通过开放式设问,引导同学们从色相、明暗、冷暖、饱和度、对比度等多个方面分析案例影片的色彩风格和技术参数,并以自己拍摄、剪辑的视频为素材,尝试匹配或模仿式地进行电影风格调色练习(见图5)。

图5 学生以电影《花样年华》为例模拟风格调色的作品

对接当下商业作品中对视频画面内元素的美化和包装要求,教师在一级校色(对比度/色彩调整)的基础上,进一步教授学生二级校色的优化和提升的方法。重点讲解了选色、遮罩、渐变、关键帧、跟踪等工具,就色彩记忆原理把肤色、天空和植物的色彩调整设计成项目式教学。以人物美化项目为例,需学生针对素材情况进行分析评估,重点针对面部肤色调整和细节修饰,组合使用HSL选色、自定义遮罩、跟踪、色

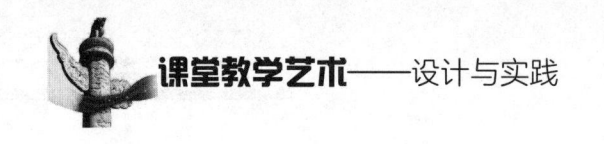

相曲线工具，实现提亮肤色、消除痘印、淡化黑眼圈、调整唇色妆容的效果。

三、教学创新与改进

（一）教学创新

1. 基于项目式教学的灵活目标设置

根据项目式教学，教师结合课程进度布置目标练习，让学生利用课堂素材或自选素材进行软件操作。教师根据随机抽查或学生自主反馈，再针对性地提出关键问题和改进意见，将大型、复杂的项目任务分解成工作量更小、步骤更明确的课程模块，结合学生掌握情况和疲劳程度灵活分配课时。

2. 有效缓解大型软件操作与直播教学网络卡顿的解决方案

结合网络和电脑软硬件情况进行错峰教学，综合利用钉钉平台电脑版的屏幕共享功能（操作演示）和手机版的语音/视频直播功能（理论串讲），适当采用文字消息和截图标注进行补充，学生也可通过直播回放、聊天记录自主复习。

（二）教学改进

不同于师生共处多媒体实验室机房的传统教学方式，软件操作类课程线上授课时，教师应设计更多样化、更有趣味性的互动方式，及时了解学生具体的学习和操作情况，鼓励学生利用多种线上方式提问和交流。教师灵活组合多种教学方法，在软件操作教学中重过程、轻结果，由线上教学的"独白"直播转变为互动协作式的教学模式。

教师利用丰富的网络资源，在电影、电视剧、广告宣传片等类型中，挑选案例制造议题并设置任务，引导学生主动讨论分析，将案例中或经典或新颖的艺术风格保留借鉴，采用有效的技术手段，创新性地完成富有艺术质感或满足商业需求的作品。

四、思政引领与升华

习近平总书记在 2016 年党的新闻舆论工作座谈会上发表讲话："讲故事，是国际传播的最佳方式。要讲好中国特色社会主义的故事，讲好中国梦的故事，讲好中国人的故事，讲好中华优秀文化的故事，讲好中国和平发展的故事。"接下来，习近平总书记又在 2018 年全国宣传思想会议上强调：做好新形势下宣传思想工作，必须自觉承担起举旗帜、聚民心、育新人、兴文化、展形象的使命任务……展形象，就是要推荐国际传播能力建设，讲好中国故事、传播好中国声音，向世界展现真实、立体、全面的中国，提高国家文化软实力和中华文化影响力。

因此，在"数字调色技术"这门课程的教学设计环节中，教师有意识地选择了大量优秀的国产电影、电视剧、动画、纪录片作品作为教学案例（如李言的《〈哪吒之魔童降世〉调色分享》），对比教材中以美国好莱坞电影为主流的调色示范，鼓励学生探寻具有中国特色的美学风格和创作方式，将家国情怀、民族特色、传统艺术、文化自信渗透到教学环节和创作过程中，同时深刻认识到"中国故事"的价值和"讲好中国故事"的重要性，并积极能动地用思政内核引领专业学习、升华艺术创作，最终导向宣传和传媒领域的就业和创业。

彰显人文情怀 激发情感共鸣

——"旅游电子商务"翻转课堂教学模式设计

陈磊 历史文化学院

一、引言

"翻转课堂"是一种建立在现代网络技术基础上的、以学生自主构建知识体系为主要特征的、通过师生互动开展深度学习的教学模式。在翻转课堂中，新知识的学习以教师提供的教学视频或其他媒介形式由学生在课前自由时间完成，传统的课堂讲解时间由测验、实验、练习或课内讨论等活动代替。美国高校的实践经验显示高等工程类教育适合实施翻转课堂教学模式。

"旅游电子商务"课程是随着信息技术在旅游业中的深入应用所形成的一门典型的实用型课程，是高校旅游管理专业主干课程，旨在帮助学生掌握现代旅游电子商务与旅游信息管理的基本原理、基本组成、旅游业应用等知识与技能，树立科学的管理理念，具备开发旅游信息管理系统或子系统的初步基础，了解学术前沿动态，培养学术兴趣，提高专业素养，为日后从事旅游管理工作奠定坚实的理论与实践基础。

该课程适合应用翻转课堂教学模式。一方面，由于信息技术发展变化较快，新旧知识更新迅速，因此培养学生的知识迁移能力，传递科学的思想、方法和态度，形成创新性思维必然成为"旅游电子商务"课程的教学目标之一，而传统的"教师讲学生听"的课堂教学模式，难以帮助学生达成该教学目标，因此课程亟须进行教学模式与方法的改革；另一方面，课程教学内容是从实际的应用需求和商业问题的分析角度出发，强调技术的实用性，带有较强的工科属性，因此适合采用翻转课堂教学模式。

二、翻转课堂教学模式在教学中的实施

翻转课堂需要教师在课前把结合知识点讲解和 PPT 演示的视频上传到学校课程中心平台或学习通 App，让学生提前观看教师上传的教学视频，课堂上师生或生生间就课前学生自学的知识进行面对面的讨论、练习或测验，强化学生对知识的迁移与应用，课后学生进行拓展性训练与反思，具体流程如图 1 所示。

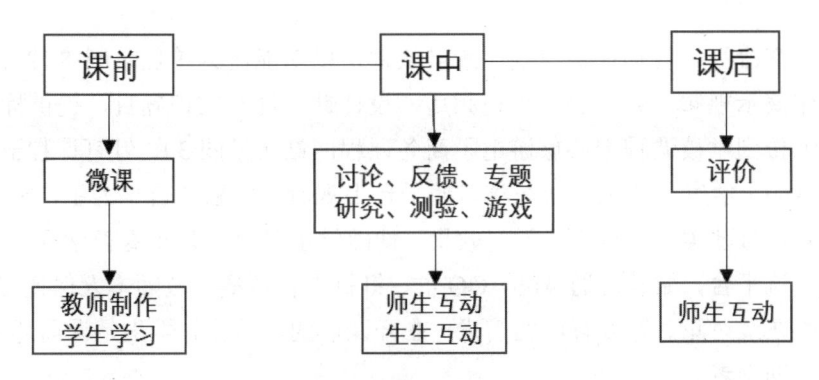

图 1 翻转课堂教学模式实施流程

（一）开课前准备

2020年上学期课程开课前，教师通过临沂大学"锐思云"微信小程序发布建群通知，仅2小时120名学生全部加入课程QQ群。教师在群内发布本课程翻转课堂教学研究成果，题目为"基于翻转课堂模式的旅游电子商务课程教学改革"的论文（发表在《天津电大学报》），使学生充分了解新冠肺炎疫情当下翻转课堂教学模式在本课程中的应用实施方法，同时将本课程电子教材发布到QQ群，方便学生学习（见图2）。

图 2 电子教材与教学模式改革方案QQ群发布

学期中每节课前，教师需要做的工作有录制教学微课视频、发布预习练习题目、与学生课前交流等。教师在课前利用录屏软件，以功能区为单位录制 8 个不超过 10 分钟的操作演示视频，并在每一个视频后，设计针对性的实训题目，提供标准答案，将微视频上传到学校课程中心旅游电子商务课程网站（见图 3）、钉钉课程群、QQ 群和学习通 App。学生下载视频或在学习通平台上观看，以独立自学为主，掌握视频中的学习内容，通过实训题目检验学习效果，期间学生可以反复观看教学视频。教师建立固定的交流平台，如学习通 App、QQ 群、钉钉课程群等，教师本人保持在线状态，以满足学生在线讨论、答疑解惑的需求。在开课前的环节中，学生是课前环节的主导者，教师是助学者。

图 3　自建课程网站中的微视频下载网页

（二）线上课堂教学过程

课中是翻转课堂教学模式的发展阶段，具体包括确定问题、创设环境、独立探索、协作学习、成果交流和反馈评价六个环节。课上首先对学生进行预备知识的评测和反馈，强调操作知识的应用。2020 年上学期受新冠肺炎疫情影响，开展了线上课堂授课模式。线上课堂教学采用文字或语音互动、视频直播、慕课播放等相结合的形式进行课堂教学。课堂教学采用钉钉群视频直播，教师精讲内容通过屏幕分享方式，结合 PPT 课件进行视频直播，教学慕课视频内容通过专业分享模式进行直播，师生通过钉钉直播中的连麦功能或消息面板进行实时互动（见图 4、图 5）。最后教师对学生普遍出错的知识要点进行集中讲解，解决难点、指明重点，帮助学生在课中完成知识与能力的内化。教师在与学生讨论、评价过程中，结合课程内容中的思政映射与融入点，适时向学生传递社会主义核心价值观与职业道德观，以培养具备"经世济民、诚信服务、爱岗敬业、德法兼修"职业素养的高规格专业人才。教师在课中环节的角色由传统的讲解者、主导者，转变为引导者和合作者。

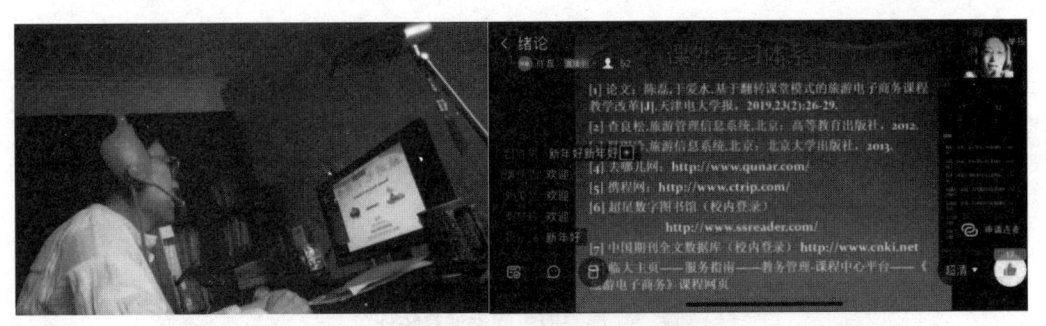

图4 新冠肺炎疫情下教师在线教学直播

图5 新冠肺炎疫情下学生在线听课

（三）课后及课外学习与互动方式

课后是翻转课堂教学模式的收尾阶段，具体包括总结、实战与反思环节。教师将学生的优秀成果上传到师生交流平台进行评点，并将该成果作为学生平时成绩的构成部分。课堂外学生的学习途径主要有以下三种：第一，学生通过钉钉群收看教学直播回放；第二，学生通过课程网站下载课程学习资料与教学视频，完成作业与测试；第三，通过QQ群开展课程讨论，或者教师通过QQ群进行学情调研（见图6）。教师在课后环节的角色主要为评学者。

图6 教师通过QQ群开展学情调研

三、教学效果的调查与分析

翻转课堂教学模式的教学效果,可以通过期末或平时测验成绩与对学生开展问卷调查两种方式进行检验。2020年上学期期末发放无记名调查问卷共120份,全部回收,问卷有效率100%。调查统计结果如表1所示。

表1 课程期末问卷调查统计

序号	调查内容	优秀	良好	一般	差
1	你对本门课程的总体评价是?	98%	2%	0	0
2	你对本门课程教学方式的评价是?	92%	5%	2%	0
3	本课程对你学习兴趣的影响程度是?	90%	7%	2%	0
4	本课程对你价值观与职业道德观的影响程度?	99%	1%	0	0
5	你对本课程学习内容的掌握程度评价是?	98%	2%	0	0
6	本课程对你能力提高的帮助程度是?	51%	34%	15%	0
7	课前微课后,你对所学知识的掌握程度是?	2%	16%	82%	0
8	课堂后,你对所学知识的掌握程度是?	39%	59%	2%	0
9	你预测自己本课程期末成绩相比其他课程是什么层次?	81%	16%	3%	0
10	你对翻转课堂教学模式应用到其他专业课的意愿是?	88%	6%	6%	0

(一)教师对学生人生态度与职业道德的影响力增强

参与调查的99%的学生认为,课程对自己的职业情感与价值观有显著影响。传统教学模式中,教师采取"满堂灌"的方式在课堂上以讲授知识点为主,由于学生需要记忆、理解大量知识点有关于情感与价值观的渗透,不容易引起学生的重视;在翻转课堂中,教师有更多与学生互动的时间,并且在课堂中会进行大量情景模拟实训练习,使得教师在帮助学生解决虚拟工作问题时,能够结合具体场景适时地把社会主义职业道德与规范传递给学生,更易激发学生的情感共鸣。

(二)课堂教学容量与教学深度加大

传统教学模式的优点之一是教学容量大,教师能够充分利用课堂时间,完成大量知识的讲授,将巩固与练习留在课下进行,导致学生在课后通过复习或练习进行知识内化的过程中,便缺少了教师的参与指导。翻转课堂则是把知识的学习放在课前,以微视频的方式自主学习,学生带着问题或困惑进入课堂,课上重点解决难点与困惑点,将练习提前到课堂上,在课堂上完成知识的内化,学生在克服难点或重点的过程中,教师在现场全程参与指导。99%的学生认为翻转课堂教学内容丰富,所学知识有用,100%的学生表示喜欢这种课堂教学模式。

（三）延长学生有效操作时间

传统教学模式下，课上学生训练或练习时间短，学生难以达到技能熟练，而通常动手操作能力与训练时长成正相关关系。翻转课堂上能保证教师指导下的有效训练时间，98%的学生认为自己对所学操作技能理解透彻，能达到熟练的程度。翻转课堂强调课前的自主学习、课上的练习与师生互动，知识内化过程符合建构主义教学原理，在教师指导下的练习对学生的帮助远大于课下自主训练。

（四）学生综合能力大大提升

传统教学模式重在教师讲、学生听，难以培养学生的多方面能力。翻转课堂通过课前自主学习提高学生的理解能力、自我约束能力；课上练习提高了学生的知识迁移能力与应用能力；大量的师生互动与生生互动提高了学生的沟通能力与自信心；课后的拓展扩大了学生的知识视野，提高了学生的评价与自我反思能力。85%的学生认为自己的综合能力在翻转课堂上提高很快。

四、反思与建议

翻转课堂教学模式利用现代信息技术手段，帮助学生养成良好的学习习惯，提高了学生的自学能力，使课堂教学的针对性、有效性得到了增强。在教学改革实施中，还应注意以下三个方面的问题。

（一）重视课堂教学方案的设计

翻转课堂教学模式并不是简单地将教师课堂讲授内容提到课前，而应是对讲授知识做一个科学的全新的设计：首先，将教学内容根据难易程度划分为课外学习、适当讲解与重点关注三个等级，如课外学习等级内容相对容易，可以完全由学生课前自学，要求教师对学情有充分了解；其次，在教学方法上，要求在课堂上使用项目式、讨论式、研究式等教学方法，把学生分成若干个学习小组，以项目为引导，培养学生的实践能力和团队协作能力；再次，在课堂环节的设计中，将练习、测验、实验、师生及生生讨论等各环节与学习内容相结合，做到灵活处理；最后，训练题目的设计也要划分层次，如划分为要点巩固、项目应用、场景模拟测试等几种类型，根据教学进度采用相应训练类型。

（二）重视微课视频的制作

翻转课堂中需要学生在课前通过教师提供的微课视频学习新知识，占用的是学生的自由时间，因此，视频的设计应能吸引学生的关注、激发学生的兴趣、方便学生的观看，同时还要建立师生在线沟通平台，如利用 QQ 群、微信群、蓝墨云班课或学习通 App 等，以便学生在观看微视频时可以跟教师实时互动。微课视频以知识点为单位设计，构成独立知识单元，教学目标要明确，每个视频长度应小于 10 分钟，微课视频一般包括导入、讲授、总结与训练四个环节，训练题目要提供正确答案，供学生完成自我检验。

（三）重视对学生的人文关怀

学习是一种社会性的高级脑力劳动，其间需要心无旁骛的智力参与，也离不开情感的一路相随，因为教育的本质是一个灵魂召唤另一个灵魂。社会性是人的基本属性，青年大学生在学习过程中，需要教师的鼓励、期许与爱的渗透，而建立在现代网络技术上的翻转课堂，学生课前独立完成新知识的学习环节往往缺少教师的互动，这就需要教师的实时在线介入，为学生提供个性化的因人而异的指导，体现教师的人文关怀价值。

抱朴守正，笃学敏行

——"中国古代史 2"线上教学纪实

左桂秋　历史文化学院

"中国古代史 2"课程通过线上全新的教学模式，积极改进教学内容与教学方式，探索"笃学敏行"的教学实践。本课程以"学"为核心，努力扩大教学资源，最大限度地实现知识传授的权威性与全面性；将"行"落到实处，紧抓教学过程，优化教学设计，提高学生的主动学习和自主研究能力。真实性是历史研究与历史教学的基础，本文所称的"朴"即指客观历史史实；爱国主义情怀与家国观念始终闪耀于中国古代历史发展进程之中，是贯穿于"中国古代史"课程中价值塑造的"正"之本源。"抱朴守正"为本课程价值观塑造之原则，在鉴往知来中切实提高学生的民族自信与文化自信。

一、课程简介

"中国古代史 2"课程是历史学专业的专业核心课程，共 64 课时，3.5 学分，教学时长为 16 周，于大一第二学期开设。本课程具有内容丰富、时间跨度长等特点。本课程主要讲解隋唐五代至清前期政治、经济、思想文化、科学技术、民族关系、中外关系和社会生活等方面的基本史实。通过本课程的学习，学生能够掌握这一时段的历史发展脉络和相关的重要理论；能够客观评价各个历史时期的重要历史事件、重要历史人物和重要制度；能够运用这一时期的基本史料分析、判断历史问题，初步掌握历史研究的基本方法，为进一步学习中国史其他相关课程奠定基础。

二、教学过程

2019—2020 年第二学期，"中国古代史 2"面向 2019 级历史学本科专业学生开设。面对新冠肺炎疫情以来的全新教学任务，"中国古代史 2"改变传统的线下讲授模式，积极改进教学内容与教学方式，从知识传授、能力培养及价值塑造三方面进行了相关的教学设计，开展了师生双方"笃于学"及"敏于行"的互动教学实践。

课程以"学"为核心，努力扩大教学资源，采用了权威教材、植入优质慕课等电子资源及引入全新全面参考书目等方式来优化教学资源配置。本课程采用"十一五"

国家级规划教材——北京师范大学晁福林、宁欣主编的《中国古代史》教材,并辅之以朱绍侯版本的教材作为补充,将两套权威教材配合使用。课程植入了国内优质的课程相关慕课等电子资源,如,新浪公开课中北京大学邓小南教授与张帆教授开设的《中国古代史下》、"中国大学 MOOC" 中北京师范大学宁欣教授开设的 "隋唐五代史" 及央视《中国通史》纪录片等优质电子资源。同时,根据学生学习实际,将北京大学、复旦大学等名校的最新参考书目有选择地随堂推介给学生。通过这些优质教学资源的配置,本课程最大限度地利用了线上线下资源来实现知识传授的权威性与全面性。

  在教学过程中,强调 "学" 以致用,将 "行" 落到实处,致力于提高教学效果。因疫情原因,本课程采用 "钉钉在线直播形式+精品线上课程相结合" 的教学方式,以钉钉在线直播为主,通过屏幕分享模式结合 PPT 课件进行授课,并利用线上精品课程对本课程的重点内容加以强调,课后则通过课外阅读、课堂笔记检查及线上辅导答疑等形式对学生学习情况进行追踪。具体教学过程如下。

(一)课前准备

  (1)开学前准备。建立 QQ 群及钉钉群,将课程相关参考资料及线上精品课程等优质线上资源提前发送给学生(见图 1)。

图 1   班级 QQ 交流群及钉钉群

  (2)课前准备。第一,预先发布讲课进度,督促学生有效预习;同时,为应对疫情造成的学生没有教材的实际困难,提前将教材重点内容放入课件中,学生通过预习,能够对教学重点有所了解，并在课堂学习中加深理解。第二，规划教学设计，将课程的每讲配套资料于课前提前上传至班级课程群，方便学生的预习与复习；关注学生的史料阅读理解能力，将重点史料提前上传至教学群，并在文中将重点内容圈出，便于学生预习，引导学生通过史料树立正确的价值观。第三，针对学生对线上教学的反馈，提前调试在线教学设备；课前五分钟利用QQ群进行打卡签到，以及时掌握学生的在线情况。

（二）课堂教学

历史学科具有课程思政的独特学科优势。中国古代历史中蕴含着丰富的课程思政资源，爱国主义情怀与家国观念是贯穿于课程中价值塑造的"正"之本源。同时，由于历史学科的自身特点，学生要将历史知识转化为创新能力，需要有一定的专业积累及有效引导。因此，对于大一下学期开设的"中国古代史2"课程来说，课堂教学需要解决"教什么"和"怎么教"的问题，通过"教什么"来增强学生的爱国主义情怀，坚守价值观塑造的"正"之本源；通过"怎么教"来促使学生将基础知识与创新思维有效结合，实现"学"与"行"的真正融合。

第一，基于大一学生的认知水平，"中国古代史2"有效解决了"教什么"的问题。本课程在课堂教学内容的设计上注重知识的基础性及广博性，权威教材、慕课及配套参考书目的运用，使学生能够较为全面地了解中国古代社会的发展概貌。同时，本课程通过有针对性的问题设计及启发引导，使学生切实有效地提高了资料搜集能力、史料解读等能力，并初步探索了历史发展的基本线索和基本规律。此外，教师在引导学生基础知识掌握与能力提升的过程中，还将价值观的正确塑造有效地融入历史事件和历史人物的正确评价之中。例如，通过"各个朝代民族关系的历史"的讲述，使学生深刻理解了中国多民族国家的统一过程；通过各朝代寓同于异的文化特色，让学生认识到了中华优秀文化的博大精深；通过历史人物及历史史实，让学生深刻认知中国传统的爱国主义情怀与家国观念，真正增强了学生的民族自信与文化自信。

第二，通过解决"怎么教"，使学生将基础知识与创新思维进行有机结合。本课程运用了多种教学方法与手段，使"学"与"行"进行了有效的融合，并实现了教师主导性与学生主体性的统一。这主要包括：

其一，利用钉钉在线直播授课，选用屏幕分享模式播放授课课件进行语音授课。授课过程中，通过随时提问的方式来掌握学生的知识掌握情况及听课效率。课堂提问内容的设计力图形式多样，既有课堂基础内容的随时提问，也有贯通朝代间的历史脉络分析。在课堂提问中，鼓励学生敢于质疑陈说，并有根据地提出新见。

其二，灵活利用"中国大学MOOC"等优质权威电子课程资源。通过与课程内容相配套的权威电子资源的在线学习，学生加深了对相关重点知识的掌握，优质电子教学资源的加入，不仅改变了以"对照教材讲解"为主的传统教学模式，还让学生能够站在更高的平台上学习历史，而纪录片的融入则在某种程度上实现了"历史场景的再现"，使学生更加深刻地理解了历史。

其三，设计课上小测验，检查学生的当堂学习效果。通过当堂测试，教师可以随时掌握学生的学习状态及学习程度。这种实时互动的教学可以让教学难点的解决更具时效性与针对性，同时也能加强学生对教学重点的理解，由此实现教与学的有效互动。

（三）课后追踪与反馈

为巩固学习效果，本课程通过课外阅读、课堂笔记检查及线上辅导答疑等形式对学生学习情况进行追踪。教师通过布置课外阅读、思考题等形式，让学生对课堂内容进行加固学习与理解；布置学生于每次课后及时上传课堂笔记；同时，日常课堂教学中随时反馈学生课堂笔记记录的检查情况，通过对课堂笔记的监督，来督促学生及时跟进学习；与此同时，课程还充分发挥线上灵活教学的优势，对学生进行线上辅导答疑，使学生能够更深入地掌握所学知识。

通过课前准备、课堂教学及课后反馈与改进等环环相扣的环节，教学过程在保证学生主体地位的基础上，实现了"学"与"行"的真正融合。课程在夯实学生专业基础知识的同时，拓宽了学生的学术视野，也加深了学生对"正"之本源——爱国主义与家国情怀的理解。

三、教学成效

本课程经过一个学期的线上教学，从学生学习能力及教师教学能力双方的反馈来看，师生双方在"学"与"行"方面都取得了明显的成效，对价值观"正"之本源的理解也更加深刻。

（一）学生学习反馈

学生在基础知识掌握及史料解读、课外阅读等方面都取得了明显的成效。通过教师优质课外参考书目的推荐，学生自主选择阅读书目，并配之以课外写作的训练，由此学生将名著阅读、专业写作与价值观锤炼进行了有机的融合。从总体来看，通过这一学期的古代史学习，学生对这一时段的相关历史发展脉络的理解比较到位，初步掌握了历史研究的基本方法，这种学习成效在其平时及期末考核中都有直观体现。

（1）平时考核反馈。测试由单选题及多选题构成，内容为当堂讲授重点内容。通过测试成绩来看，学生对基础知识掌握较牢固。在教学过程中，根据学生答题情况，随时对重点知识及错题进行复习回顾。

（2）期末考核反馈。从学生期末考核成绩来看，成绩最高分91分，最低分61分，平均分76.88分。在试题难度大致相当的前提下，本级同学与前几级同学的期末成绩相比，平均分提高了六七分。此次期末考核从总体来看，大部分同学对中国隋朝至清朝前期的基础知识掌握较为牢固，对相关重要历史事件、重要历史人物和重要制度能够进行客观评价；同时，学生在史料分析题上得分较高，体现出了史料解读训练的有效性。

（二）教师教学反馈

在学生评教系统中，"中国古代史2"在"教学内容有用、先进，能反映本学科最新研究成果，信息量大""根据课程内容特点采用适宜的教学方法，教学方法灵活多样""注重学生的思维训练和能力培养"及"根据课程特点，科学合理地结合运用各种教学手段，课堂效率高"这几项评分中，均得到了9.98分（10分制）。这种得分反映出了学生对教师本门课程教学工作的认可。

（1）"学"与"行"的融合起到明显成效。丰富的线上线下资源整合而形成的"中国古代史2"线上课程，切实提高了学生的学习效果。学生通过线上学习，容易对课程知识形成较直观的感性认识，增加了其知识掌握的牢固性。本课程在线上教学过程中，通过大量权威史料的加入与运用，在开阔学生学术视野的同时，还提升了学生的史料解读能力。与此同时，将古代史教育的"正"之本源——爱国主义与家国情怀穿插于课程教学过程之中。课程中对中国古代政治、经济制度等优秀文化的分析，使学生加深了对中华传统文化传承与创新的理解及对多民族国家统一的理解，对民族自信的认知也更加深刻。

（2）教师爱国情怀与教学技能在教与学中得到切实提升。疫情期间，当今中国国家实力、凝聚力的现实展示与中华传统历史文化的碰撞，使教师进一步加深了对民族文化传统、民族自信与文化自信的理解，对价值观"正"之本源的爱国主义与家国情怀的认知也有了更深一层的感悟。从教学来看，疫情对于教师技能来说是一种挑战，也是迫使自己适应时代需求的机遇。随着线上教学手段的不断娴熟，教师的线上教学技能也在不断提高，由最开始的单一语音直播，到后来教学手段的日益多样化，线上教学开拓了教师无限的教学空间，有效提升了教师的教学技能。

四、教学反思

2019—2020年第二学期"中国古代史2"的线上教学，通过课前预习指导、课堂知识构建与师生互动，以及课后教学效果追踪等方式，得以顺利完成，实现了"学"

与"行"的良性互动,提升了师生对价值观塑造"正"之本源的认知。

(一)线上课堂教学,使学生更便捷地获得相关课程资源。

国内名师相关课程节选的引入,开拓了学生的视野;大量相关优秀网络课程资源的引入,使"学"的优质资源得到了无限扩展,提高了学生的学习兴趣。

(二)原始权威史料在线上课程的有效利用非常关键

对于历史学而言,史料解读与分析是专业能力最基础的训练之一。有效史料的选择,是体现课堂教学过程中教师主导及学生主体作用的重要环节之一。通过基础的史料分析,学生能够从纷繁的历史万象中自主发现问题、研究问题和解决问题,这是探索培养历史学高素质、高能力创新型人才的有效教学模式,也是线上教学"行"之有效的关键点之一。

(三)课程思政在线上教学模式中有更灵活的渗透方式

课程思政关键在于教师的引导,其蕴含于"中国古代史2"课程的每一章节内容之中,既要灵活利用各种线上优质课程资源,又要将其与课程内容进行灵活的有机融合。通过历代王朝兴衰史的学习与融合,使学生在了解中国历史发展脉络的同时,能够更加深刻地理解中国选择当前道路的历史必然性;通过对历史人物、历史事件等内容的学习,使学生在了解中华传统优秀文化具有继承性、创新性的同时,对爱国主义及家国情怀为核心的"正"之本源也会有更深刻的认知,这可以增加学生对中华文化的自豪感,增强民族自信、文化自信等。教师要在价值观"正"之本源的渗透上继续钻研课程思政的渗透方式,在提升自我思政水平基础上更加有效地引导学生。

五、结束语

受自身水平的限制,本学期的线上教学实践还存在着一些不足:教师线上教学技术手段还需要进一步提高;如何在海量的网络信息资源中筛选更贴近学生学习实际的教学资源仍需进一步探索;线上课堂如何关注到每一位学生,实现对学情的精确把握也需要进一步尝试。在今后的教学工作中,本课程还将继续探索"学"与"行"的紧密结合,提高教学技能,避免网络知识的碎片化,有效整合网络资源以服务教学。同时,本课程还将继续坚持"抱朴守正"的价值观塑造之原则,努力实现课程思政与"中国古代史2"这门课程的真正有机融合,在"敏学笃行"中,将爱国主义、家国情怀等思政元素更紧密地融入课程之中。

多重质疑与即时互动

——"文化产业政策与法规"课程线上教学模式探索

白春霞　历史文化学院

在防控新冠肺炎疫情期间，教育部要求全国各类学校2020年春季学期延期开学，倡导"停课不停学"，建议利用现代信息技术和数字化学习资源，采用各种线上教学方式，保证学生居家学习的效果。线上教学要克服师生物理距离隔绝的弊端，需充分发挥现代信息技术带来的交流互动便捷和数字化学习资源丰富的优势。"文化产业政策与法规"课程在进行线上教学探索过程中，教师不断加强在线教育理论学习和实践，在教学设计和教学过程等方面做出调整更新，主要采用多重质疑的问题式教学法以保证学生在线学习时持续的注意力集中，利用线上教学师生即时互动便捷的优势引导学生深入参与课堂教学。在师生的共同努力下，课程取得了良好的教学效果。

一、教学设计

"文化产业政策与法规"课程是面向文化产业管理专业学生开设的专业核心课，课程目标是使学生系统掌握我国现行的文化政策与文化产业政策，明确文化产业政策与文化产业繁荣发展的相互关系，为学生今后从事文化产业相关工作奠定坚实的法律法规知识基础。

课程主要分为三个知识模块：一是文化政策与文化产业政策的相关理论知识，二是西方国家文化政策与文化产业政策，三是我国文化政策与文化产业政策。

在知识传授与能力培养的同时，借助课程的特点，对学生进行宪法法制教育，教育学生牢固树立法治观念，坚定走中国特色社会主义法治道路的理想和信念，深化对法治理念、法治原则、重要法律概念的认知，提高运用法治思维和法治方式维护自身权利、参与社会公共事务、化解矛盾纠纷的意识和能力。针对课程教学内容理论性强的特点，采用多重质疑的问题式、讨论式、辩论式等教学方法，充分发挥现代信息技术带来的互动便捷和数字化学习资源丰富的优势，设计符合学生实际的预习方式、教学组织模式和教学评价手段。

课程采用QQ群屏幕分享的教学方式，以QQ群在线直播为主，通过屏幕分享模式结合PPT课件进行语音授课。课前，在群里发布授课计划、预习内容；授课过程中，通过多重质疑的问题式教学法、随机点名提问和学习群内问题讨论、辩论等方式与学生互动交流；课后通过思考题解答、课堂笔记检查及线上答疑等形式，对学生课堂学习效果进行追踪了解和及时答疑辅导。

（一）课前准备——有备无患，精心设计

欲获得高效的线上教学效果、完成教学任务和实现教学目标，师生需进行充分的课前准备。

1．开学前准备

建立教学班级授课 QQ 群，提前将教学日历、教学大纲和课程相关学习参考资料等资源发送给学生（见图1），使学生对本学期的学习内容和教学进度心中有数，便于学生整体把握课程体系。

图 1 授课班级 QQ 交流群及学习资料

2．每周课前准备

第一，为保证良好的教学效果，教师提前调试在线教学设备；要求学生提前 5 分钟利用 QQ 群投票功能签到，教师及时掌握学生的出勤打卡情况，并督促学生做好上课准备；第二，重视学生的课前预习，提前在班级课程群上传与本讲相关的预习资料和思考题，鼓励学生带着问题有目的地预习；第三，强化教师备课环节，做好教学过程设计，针对课程相对抽象、理论化的基础知识和基本原理，设计恰当的案例和问题，并针对线上教学的特点，设计适当的师生互动方式。

（二）问题式教学法为主的课堂教学——多重质疑、师生互动

课堂教学是传统教学过程的关键环节，需要师生共同配合得以实现。线上教学虽

然缺少面对面的师生交流,但合理的教学方法的使用和便捷即时的信息互动,可给以一定程度的弥补。课程从以下几个方面做出了尝试。

1. 利用屏幕分享功能播放课件授课

利用 QQ 群分享屏幕即"PPT+语音"的方式直播授课。这种方式能够实现全屏显示课件和实时语音传递,还能实时清晰直观地反映学生在线听课情况。此外,授课过程中的随机提问,在保证教学过程中有效的师生互动的同时,还可以了解学生是否注意力集中、是否跟进教师的授课进程,能够有效地监控学生的学习状态。

2. 采用多重质疑的问题式教学法为主的课堂教学

线上教学的空间阻隔,不可避免地会导致学生上课时注意力分散、懈怠等问题。为了保证教学效果,教师在课前精心设计与教学内容相关的问题,安排了在课程导入、课中和课程结束之时,具有逻辑关系的多重问题,使课程变得生动而有吸引力,从而激发起了学生思考探索的热情。如在讲授课程"导论"部分时,为了使学生更好地理解文化产品国际贸易的特殊性问题,教师设计了"芯片和薯片都适用自由贸易原则吗""电视剧和电视机的进出口贸易有差别吗""文化产品应该适用什么样的国际贸易原则"和"文化例外的文化产品贸易原则在国际社会产生哪些影响"等问题。多重质疑的问题式教学法可以大大增强课堂的吸引力,保证学生始终集中注意力跟进教学进度,从而获得最佳的线上教学效果。

3. 利用 QQ 群聊天功能展开课堂讨论

线上直播的最大优势之一就是能够实现较短时间内大量信息的交流,这就为师生的实时互动、保证所有同学都有发言机会创造了条件。每次上课之前,教师都会给学生布置相应的思考题,要求学生查阅资料并予以作答,课堂教学时教师要求所有学生在 QQ 群聊天栏发表自己的答案,课堂上的互动也要求同学全部发言。这样的参与方式,能够调动所有学生的学习积极性和课堂参与的主动性,确保课堂讨论的深度和广度,有利于学生对教学内容的深入理解,从而保证良好的教学效果。

(三)课后总结——及时检测,查漏补缺

及时的课后总结和反馈是有效实现教学目标的重要过程。课程针对线上教学和课程特点,设计了每周课后的学生反馈环节,以实现查漏补缺的目的。

1. 检查学生课堂学习效果

根据教学内容,设计能够加深学生对课堂知识理解、拓展学生思维、增加教学信息量的思考题,要求学生按时上传作业,教师及时批改并反馈。

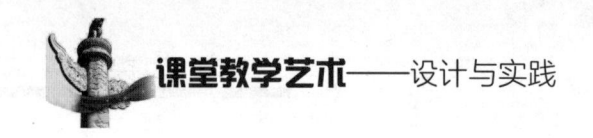

2. 检测学生听课情况

本次课程结束即要求学生上传课堂笔记检测学生听课情况,以此监督和督促学生及时跟进课程教学进度。(见图2)

杨延燕同学	杨延燕同学1	于安琪同学
于安琪同学1	张鸣育同学	张鸣育同学1

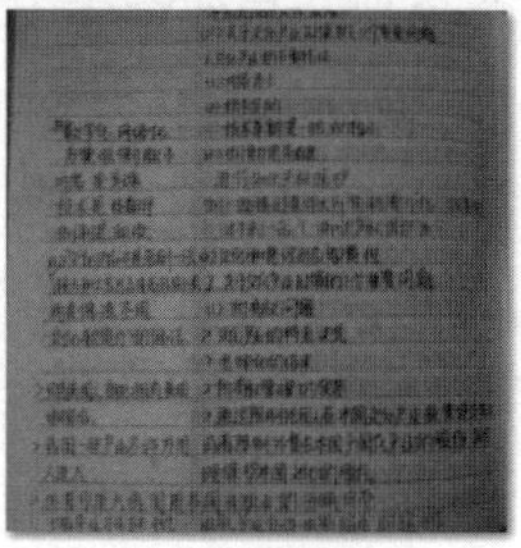

图2 课堂笔记

3. 拓展学生的课外阅读量

考虑到课程理论性强、学生手头资料不足等问题,教师为扩展学生的课外阅读内容,保证学生充分的阅读量,每次课程结束时都会向学生推荐拓展阅读材料,并要求学生写读后感。

二、教学成效

线上教学给教师拓展教学空间、创新教学方法和调整教学内容带来了机遇,这种教学模式可以较好地将传统教学的课前、课中、课后三个环节有机衔接起来。实时互动功能在问题讨论和辅导答疑环节的优势极为突出;QQ群的聊天功能可以保证每位同学都有发言表达自己见解的机会,这有利于调动学生参与课堂的积极性,也便于教师全面了解把握学生的学习状态;多重质疑的问题式教学法激发了学生的学习兴趣,保证学生注意力集中地完成整堂课的教学任务。

"文化产业政策与法规"课程的线上教学取得了良好的教学效果。该课程的学业成绩采用 N+1+1 的构成模式,由课堂笔记、读书笔记、平时作业和期末考试等几部分构成,主要考查学生过程性学习的知识目标、能力目标和价值塑造目标。从学生上交的课堂笔记、读书笔记、平时作业和期末考试试卷来看，线上教学较好地实现了知识传授、能力培养和价值塑造等教学目标。学生期末试卷成绩分析的结果是：应考76人，实考76人，其中，100～90分（包括90分）4人，90～80分（包括80分）35人，80～70分（包括70分）26人，70～60分（包括60分）11人，无60分以下的同学，平均分79分，高于同专业上一级两个班级的平均分（76分和73.5分）。

在新冠肺炎疫情防控期间，课程除了完成线上教学任务，还利用多种方式对学生进行了疫情防控知识的宣传，并对学生进行了心理健康教育和爱国主义教育等，使学生能够保持积极乐观的健康心态，亦较好地实现了特殊时期的第二教育目标。

三、教学反思与改进

虽然现代信息技术为教学带来了便捷的交流互动和丰富的学习资源，但线上教学也容易使学生产生惰于思考、注意力易分散等问题。对于教师安排的课前预习题、课堂讨论题和课后思考题等，有的学生疏于个人思考，依赖网上搜索的信息。对此，除了及时引导学生改变学习态度加强自律外，还需探索多样化的学业成绩评价指标和有效的监督手段。

疫情期间的线上教学并非是特殊时期的权宜之计，而是现代信息技术与现代教育结合的产物，对高校、教师和学生都提出了诸多挑战，需要三方共同配合才能实现最佳的教学效果。高校需要做好顶层设计、对教师进行在线教学规范的培训和指导、做好网络保证等线上教学硬件的配置；教师须改变传统教学理念、采用现代教学方式和手段、加强在线教育理论学习、充分利用互联网带来的信息丰富和交流便利的优势优化教学内容并创新课程设计和教学模式；对于学生的要求主要是要端正学习态度、转变学习方式、正确利用现代信息技术手段、变被动学习为主动学习。

理 工 类

不负光阴不负卿

——疫情背景下"环境化学"线上教学实践

密丛丛　化学化工学院

根据"停课不停学、教学不延期"的精神，新冠肺炎疫情期间"环境化学"课程以钉钉、雨课堂和微信为主要平台，采取线上直播、线上收发作业、云端考试的教学模式开展了教学工作。将现实生活中的环境问题、科学研究的前沿成果和国家环境质量标准等纳入教学内容，利用信息化技术实现了课前、课中、课后的无缝融合，提高了学生课堂参与度，培养了学生创新思维能力，增强了学生的家国意识、环保意识和社会责任感，使学生把环境保护作为自己的使命。

一、"案例+前沿+国标"三位一体的教学设计

随着社会的飞速发展，日益严重的环境问题已成为人们关注的焦点。如何有效改善环境质量，创造良好的生态环境，促进人与自然的和谐发展，成为人类所追求的目标。在环境污染物中，化学物质占80%～90%，因此化学相关专业人才培养必须给予"环境化学"课程高度重视。通过学习这门课程，可使学生了解环境问题的成因及防治措施，加深其对环境问题现状的认识，增强其环境保护意识。为了达到预期教学目标，学习过程中需要提供充分的教学资源。在开课之前，根据课程目标确定了教学内容，主要包括大气环境化学、水环境化学、土壤环境化学等，选择了由戴树桂先生主编的《环境化学》作为教材，并将智慧树平台上由南开大学孙红文教授等创建的"环境化学"网络课程作为辅助教学资源。同时，指导学生利用中国知网查阅文献，将科研成果作为拓展学习资源（见图1）。

图1　课程教学安排及主要教学资源

"环境化学"旨在培养学生能够应用所学专业基础知识解决系统性强、综合性强的环境问题,而这不仅要求学生能够掌握环境化学相关的基本概念和基础理论,同时还要具备将基础理论知识与环境问题相结合的创新思维方式,以及具备分析、处理实际问题的能力,因此,在"环境化学"教学中将"案例+前沿+国标"相融合,形成了三位一体的教学设计(见图2)。

图 2　课程三位一体的教学内容设计

1. 典型案例促教学

这门课程与实际生活联系密切,有着很强的综合性、应用性和专业性,在教学过程中不能单纯地进行理论教学,而是应该将实际环境问题作为案例,结合案例进行分析、交流、讨论、总结,将理论知识融合到实际案例中,才能融会贯通,取得良好的教学效果。例如,在讲解"酸雨"这一知识时,将"酸雨之都"广西柳州的绿色蜕变作为典型案例。20 世纪八九十年代的柳州"出门有工厂,抬头见烟囱",空气中二氧化硫的浓度严重超标,年酸雨率更是高达 98.5%。为了摘掉污染的"黑帽子",工业柳州打响了一场轰轰烈烈的"环境保卫战",通过建设工业废水集中处理、烧结球团烟气全脱硫、钢渣热焖等多个环保项目,最终成功甩掉了"酸雨之都"的帽子。而且,柳州还大量栽种洋紫荆，成了一座"花园城市"。

在第四章"土壤环境化学"部分，以"中毒的村子"湖南石门为例。这里曾经建有"亚洲最大雄黄矿"，该地区繁华热闹，因此被当地人称为"小香港"。然而，由于当时人们环保意识的薄弱，雄黄矿在带来丰厚经济效益的同时，却也埋下了"砷中毒"的种子，在过去的40余年里，雄黄矿砷中毒的职工中约有三分之二死于癌症。为了治疗这"生病"的土地，专家采用了蜈蚣草修复技术，成功地将土壤中砷含量降低23.4%，矿区的水质也得到了明显改善。

通过分析柳州和石门等地区环境质量转变的"前世今生"，可以使学生认识到生态环境与我们的健康息息相关，明确富强文明不能以牺牲环境为代价，要尊重自然、利用自然、保护自然，增强保护环境的责任意识，牢固树立"绿水青山就是金山银山"的理念。

2. 学科前沿助教学

学科的发展日新月异，作为教师在认真传授学生基础知识之余，还应该紧密跟踪学科前沿，将最新的研究成果作为课堂教学的"源头活水"，用于培养学生的创新思维与知识应用能力。例如，在讲授第二章"大气环境化学中温室效应"部分内容时，除了引导启发学生思考减少二氧化碳排放的措施之外，也可以补充将二氧化碳变"废"为宝研究成果的相关知识。例如，中国科学技术大学曾杰教授研究团队与中科院上海同步辐射光源研究员司锐合作，研发出一种负载在金属有机框架上的铂单原子催化剂，利用该催化剂可以催化二氧化碳制备甲醇，其纯度高达90.3%。中科院大连化物所李灿院士、李泽龙博士等报道利用ZnZrO固溶体氧化物与SAPO催化剂串联实现了二氧化碳直接加氢制备低碳烯烃，既实现了碳资源的有效利用，又可以起到减排二氧化碳的作用。

再比如，在第三章"水环境化学"中，引入了武汉大学袁荃团队和加利福尼亚大学段镶锋团队合作发表在《科学》杂志上的纳米孔过滤薄膜领域的研究成果。该研究报道利用石墨烯纳米筛/碳纳米管复合薄膜材料，实现了水分子与盐离子和有机污染物的高效分离。

3. 国家标准的强化教学

为了加深学生对我国环保法律法规的了解，增强学生的环保意识，在教学过程中也增加了相关内容的学习。例如，在第二章中向学生解读了《环境空气质量标准》（GB 3095—2012）的发展、修订、污染物项目及浓度限值、监测方法等，明确了标准修订与环境空气污染特征之间的相关性，补充了污染物的分析方法，使学生更清晰地认识到化学与环境问题之间的联系。再如，第三章"水环境化学"部分，讲解了《生活饮用水卫生标准》（GB 5749—2006）和《生活饮用水标准检验方法总则》（GB/T 5750.1—2006）等内容，使学生了解到具体的水质监测项目及规定限值。

二、信息技术与教学过程的无缝融合

信息化是社会发展的大趋势，在钉钉、雨课堂、微信等网络平台的支持下，"环境化学"的教学过程实现了课前、课中、课后的无缝融合（见图3）。

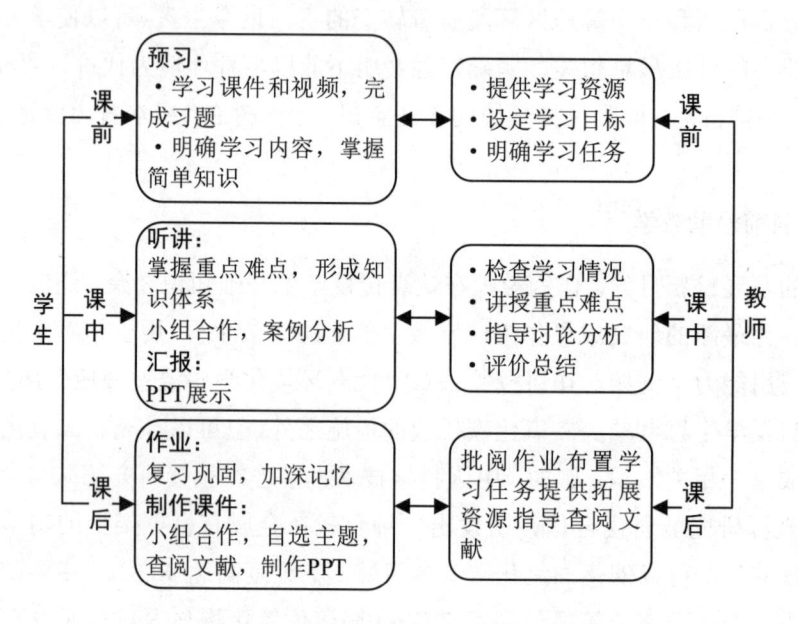

图3 信息技术下"课前+课中+课后"教学过程

1. 课前预习

在每次上课之前，通过雨课堂发布预习课件、视频等学习资料，并要求学生在规定时间内完成。在预习课件中，每个知识点之后穿插相应的练习题，一方面对学生的自主学习起到监督和督促的效果，另一方面也可以检查学生对知识点的理解和掌握情况。

2. 课上直播

课程采取钉钉直播授课的方式，在授课前发布课程签到提醒学生进入课堂，一方面可以避免由于网络拥堵而导致学生不能及时收看的问题，另一方面也便于及时了解学生的课堂出勤情况。线上教学打破了时空的界限，但在看不到学生的情况下，怎么知道学生学没学、怎么确定学生懂没懂呢？这就需要增加师生之间的互动，提高学生的课堂参与度。在知识点讲授中，通过设置问题情境，引发学生思考，让学生主动去探索，寻找答案；也可以推送相关的练习题，随时检查学生的学习情况，督促学生认真听课。钉钉平台提供了较好的线上互动功能，学生可以在留言板发表自己的观点或提出问题，也可以通过连麦直接与教师进行语音交流讨论。

另外，为了提高学生的注意力，应使学生成为课堂的主角。采取分组合作的方式，提前将全班学生分成若干小组，由学生根据课程内容选择感兴趣的主题，利用一周的时间查阅文献资料，制作成PPT课件，并推举一名代表在课上向老师和同学展示。展示后，同学先进行点评、提问，最后老师总结。这种学生讲、老师听的方式，使学生学习的主动性提高了，同时也培养了学生的团队合作精神和语言表达等综合能力（见图4）。

图4 钉钉直播互动与学生课堂展示

3. 课后督促

为了检查和保证学生的线上学习效果，课后需要布置适当的学习任务。在每次授课之后，利用钉钉家校本进行作业的收发。通过布置相应的练习题，使学生对重要的知识点有一个加深和巩固的过程，另外学生也可以根据作业批改和反馈情况进行查漏补缺（见图5）。

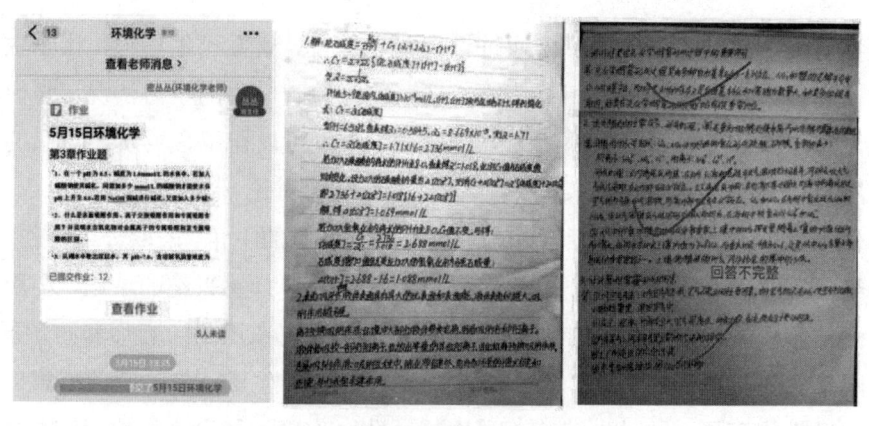

图 5 线上作业提交和批阅

三、"云课堂"助力线上教学成效检测

线上教学除了要完成知识的传授外，还要引导学生树立自学的理念，促进学生自主学习能力的培养。为此就需要改变一考定终身的传统观念，加大对学生平时学习情况的考核力度，使考核成为教学的一部分，并贯穿于整个教学过程中。在课程考核方案中，除了期末的课程论文外，还将学生参与课堂的表现、课堂汇报的情况等都作为成绩的一部分。同时，为了能够及时了解学生对所学知识的理解与掌握情况，在课程学习过程中，还通过云课堂对学生进行线上测试。根据学生平时学习情况以及测试统计结果可以看出，学生的学习积极性较高，能主动参与课堂互动，对所学知识的掌握情况较好（见图6）。

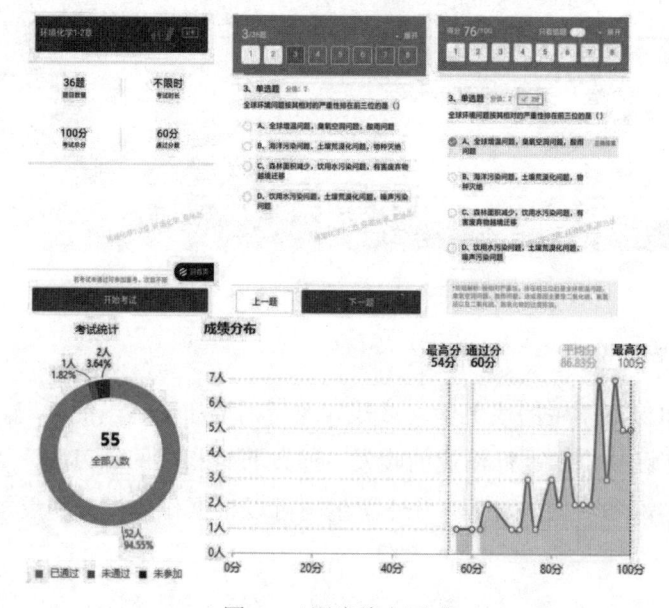

图 6 云课堂线上测试

四、教学反思与改进

在《环境化学》线上教学过程中，以学生的学习成果为导向，构建了"案例+前沿+国标"三位一体的教学内容体系，通过对实际问题的探究，充分培养了学生的创新思维与解决问题的能力。同时，结合新冠肺炎疫情背景，利用钉钉、雨课堂、微信等网络平台，通过案例探究、问题导向、任务驱动等不同的教学方法，以学生为中心，合理设计教学环节，创建了"云教学+云辅导+云考试"的线上教学模式，打破了传统教学活动的时空限制，保证了学生的线上学习效果。在后续教学中，需要不断反思，引入先进教学理念，并继续紧跟学科前沿，及时补充最新的研究成果。

一个媒介、两个课堂，搭建师生交流的新桥梁

——青教"物理化学"线上教学进阶之路的初探索

周广丽　化学化工学院

作为一名新入职的青年教师，期待第一次站在讲台上与同学们面对面共同学习、交流与进步。"物理化学"是应用化学专业的一门专业必修课。由于受到新冠肺炎疫情的影响，线下授课转为线上教学，零经验的我有些紧张，倍感压力。作为一名党员教师，在特殊时期更应该勇于担当，全力以赴做好线上教学的相关工作。我通过积极搜寻和学习各种网络多媒体授课资源，如中国大学MOOC"锐思云""钉钉""雨课堂"等，从初时的陌生无措逐渐过渡到后面的熟练掌握。

疫情期间线上教学以钉钉直播为主，辅助QQ、微信平台进行答疑和教学反馈。课前通过钉钉平台上传"物理化学"电子版教材、PPT课件、南京大学MOOC公开课视频等资源，让学生课前预习；课前5分钟进入课前预热，测试网络流畅性，使用群签到了解学生的出勤和网络情况；课上利用钉钉进行网络直播授课，授课期间使用连麦、白板、互动面板与学生在线互动交流；课后布置作业及单元测试，便于学生巩固强化所学知识并及时答疑解惑，逐步探索出"直播课堂听'讲授'、录播视频来'找碴'，师生点对点互动交流、答疑解惑"的线上教学新模式。

一、教学设计

（一）课前预习

"物理化学"是应用化学专业的专业必修课程，是一门综合运用数学、物理学、概率论及统计热力学等基础科学的理论和实验方法来研究物质变化及与化学变化相关的物理变化中所遵循的规律和基本原理的一门学科，为后续相关课程（如高分子化学、材料化学、化工原理等）的学习以及学生未来从事化学研究和开发工作奠定基础。它具有概念多、符号多、公式多的特点，理论性强，知识点繁多，公式的推导需要用到高等数学微积分手段，因此课前预习对于学好该门课程尤为重要。

在课前一周通过钉钉或QQ群上传课程电子教材、PPT课件和相应章节所需数学

微积分公式等教学资料、国家精品 MOOC 课程相关链接及视频，便于学生提前预习，对所学知识有初步了解（见图1）。

图 1 教学资源推送

（二）群签到+课前预热

为避免网络拥堵，尽力排除其他课上突发情况，在正式上课前 5～10 分钟开启钉钉直播，测试教师及学生的网络、摄像头、声音等各方面情况；通过钉钉发布"群签到"了解学生的出勤情况，为正式授课做好充分的准备；利用这段时间与学生进行沟通和交流，就微博热点、身边趣事等聊些轻松有趣的话题，拉近师生间的距离，让学生轻松愉悦地进入线上课堂。

（三）钉钉直播授课+利用连麦、互动面板等在线互动交流

课程通过钉钉在线直播讲解。由于其内容繁多细杂，又受到课堂时间的限制，主要以老师讲授为主（见图2）。讲授过程结合 OBE+BOPPPS，采取问题导向、案例法、类比法、提问作答、小组讨论等方式设计教学过程，力求讲授内容通俗易懂、形象生动、易于吸收。

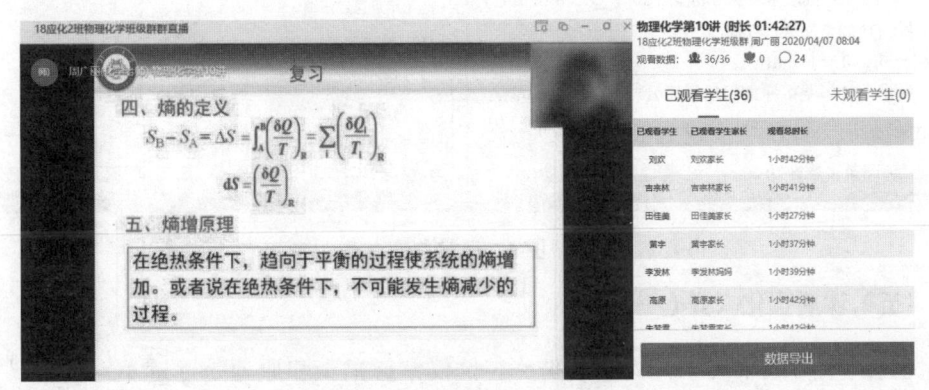

图 2 钉钉直播授课及反馈

教材公式较多，老师在推导过程中使用荧光笔在白板上或利用 PPT 实时在线逐步推导解释来龙去脉，内化知识点；每堂课穿插3～5分钟短视频（MOOC等资源），例如讲"解焦—汤效应"时，让学生观看动态模拟实验视频，使教学更加直观深刻，有助于学生理解与吸收，同时还能够增加课堂趣味性，活跃课堂气氛（见图3）。

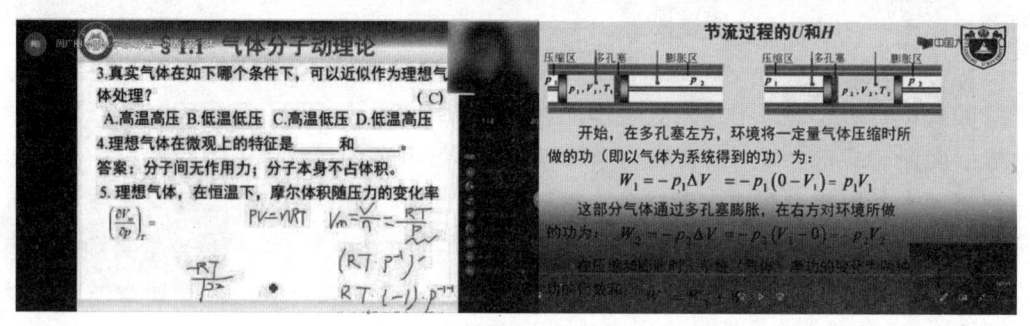

图3 钉钉直播实时推导解释及穿插MOOC视频辅助讲解

直播讲授过程中，鼓励学生随时提出问题，利用连麦或者留言互动面板，实时与学生进行在线双向互动；课堂相应知识点紧跟练习题，加以巩固，学生可在线作答，以提高学生课堂参与度、学习的主动性和积极性。

（四）课堂总结（课前回顾+课后总结）

每堂课前3～5分钟都对前一堂课程内容进行复习回顾，课程末尾3～5分钟进行本堂课知识点总结，归纳要点，利于学生厘清脉络，分清主次、有的放矢地去把握学习的重点、难点、要点、疑点（见图4）。

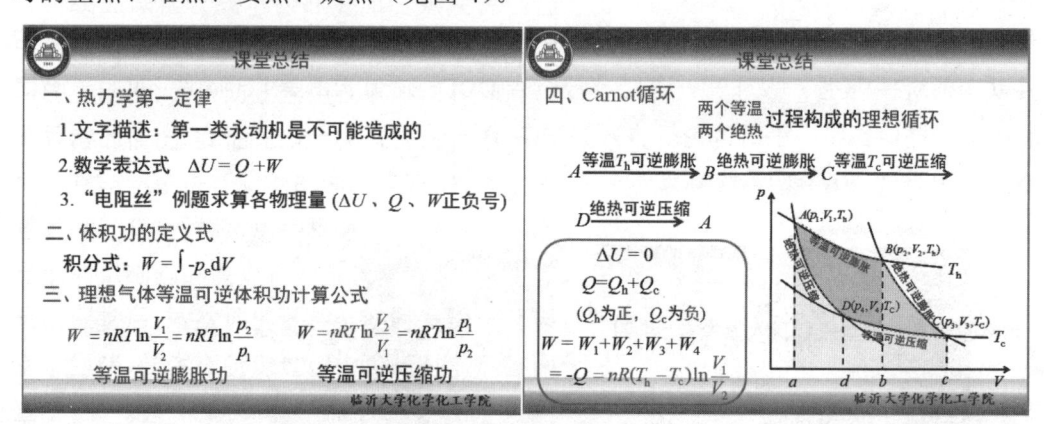

图4 课堂总结

（五）课后强化（开心一练）

优秀的学习成果离不开课后的努力，仅仅掌握知识和原理是远远不够的，课堂上学生是否理解，是否真正学懂、学深、学透、学精，能否活学活用、融会贯通、举一反三，则需要少量精题练习、实测并强化。

课程评价体系是课程建设的教学出口关,是检验教学质量的重要指标,对教学过程起着重要的引导作用。以往采用终结性考核形式,即"平时成绩 30%＋期末考试 70%",这种标准化的终结性评价方式忽视了形成性评价,缺乏动态的交流和反馈,尤其是对于疫情期间的远程在线教学,对学生的学习状态无法准确地进行检测。因此,将评价体系改革为:平时成绩 30%＋期中成绩 20%＋期末成绩 50%。其中,平时成绩为在线时长 10%＋作业成绩 20%＋单元测试 30%＋小组讨论 20%＋视频讲解课 20%。教师结合作业情况,对每位学生一对一地进行视频交流 2~3 次,准确区分个体差异。同时,课上的随机提问以及解题的机会也计入成绩,且教师评价与学生自评同步进行。

二、学生学习情况及答疑

"好记性不如烂笔头",养成记笔记的好习惯,突出要点难点疑点,便于以后的复习巩固。采用随机抽查听课笔记的方式,进行课程学习情况的检查,并及时反馈检查情况。线上直播授课有回放功能,学生有课堂不懂的可以再次观看回放视频。另外,课堂学习或者练习有疑问的地方,配以 QQ、微信、钉钉在线答疑解惑(见图 5)。

图 5 学生学习情况及答疑

三、学生反馈

积极开展"意见征集反馈"活动,利于 QQ 或者微信在线交流反馈,或者利用 QQ 的投票功能及匿名功能,设置多组问题。如:教师教学方式是否合理?教师教学态度是否亲和?教师教学内容是否科学?QQ 投票或者匿名评价保护学生的隐私,使学生能够畅所欲言。通过投票活动,增进师生间的关系,继而实现师生共成长,并针对学生的合理反馈做出相应教学优化调整与完善。

四、教师反思

我作为一名新进青年教师,自知缺乏教学经验,在课后与学生积极交流,认真听取学生反馈的合理建议与意见，予以采纳吸收、总结不足、精益求精。针对反馈，学习利用雨课堂、蓝墨云等媒介，加大师生互动比例，采取更加丰富合理的教学模式；我会进一步认真研读课本、课件及教案，针对有疑问的地方及时请教老教师，主动汲取教学经验；积极认真听取本专业其他有经验的老师教授的相关课程，学习利用MOOC资源，汲取教学心得以进一步夯实基础，在此基础上认真揣摩、学习前辈的授课技巧，并把所学运用于授课实践过程中；教学过程中，主次分明，采用启发式问题引导，深入浅出地进行知识点讲解，不断激发学生的兴奋点，引导学生参与到课堂讨论、分析、评判等教学过程中，力求拿捏尺度更加精准，提升学生高阶思维能力，培养其创新意识，从而获得良好的教学效果；每次教学都要积极进行自我评价，听取同学们的反馈评价，针对性地进行教学反思，进而反思备课过程、教学过程、学生活动设计、教学目标有无达成等并撰写反思日记。我会继续努力，改正不足，努力使自己早日成为一名优秀的教师。

现将教学过程中发掘的创新点总结如下。

（1）丰富教学内容，激发学习热情。在教学过程中运用混合式教学方式，多媒体、互动面板等多种教学手段以及问题导入式、案例讲授、提问作答法、小组讨论等教学方法，使学生们能很好地沉浸到课堂中，提升学生听课的兴趣及积极性。

（2）科教紧密结合，拓展科学思维。将时政热点、故事案例、科研方向与物理化学知识紧密结合，与学生们话家常、聊考研，交流转学为师的心得体会，拉近与学生的距离，活跃课堂气氛，将科研与教学紧密结合，拓展学生对科学研究的认识。

钉钉相伴，相聚云端课堂

——疫情期间"无机化学"在线教学设计与探索

郑兴芳　化学化工学院

2020年年初，新冠肺炎疫情在全国快速蔓延，2月底，在国家"停课不停学"的号召下，线上教学成为学校开展教学的核心阵地。线上教学利用各种互联网设备，通过视频、音频、语音、文字等进行知识的传授。面对新的教学形势和要求，如何能在保证教学质量的同时将疫情给教学带来的困境转化为优势和机遇，是设计线上教学时需要思考的主要问题。

通过前期多种线上直播方式的试用，最终选择钉钉作为线上授课平台，钉钉平台上的各种功能为完成教学任务提供了有效帮助。

一、在线教学设计

根据线上教学这种特殊的教学方式的特点，针对"无机化学"课程和学生实际情况，采用了课前、课中、课后与五个"1+1"相结合的形式，即课前"集体备课+个人备课"，课中"教师讲授+学生互动""PPT+手写板"，课后"作业+笔记""交流+答疑"的教学模式（见图1）。

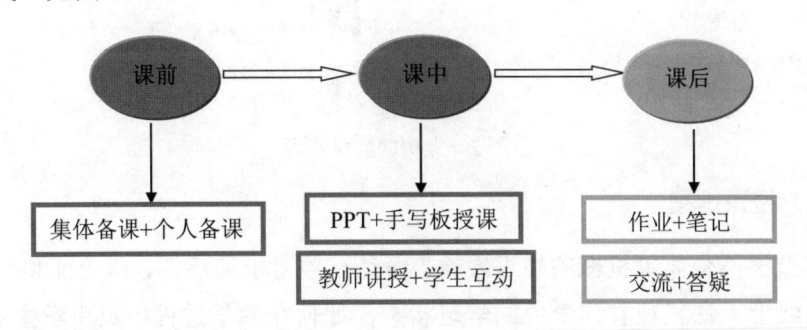

图1　在线教学设计

二、教学实施过程

（一）课前

在课前采取"集体备课+个人备课"相结合的形式，推送优选的教学资源。开课之前，课程教学团队在钉钉会议上进行集体讨论，设计教学方案，进行课程内容的优化和选择，从多角度、多层面去挖掘发挥集体的智慧，实现资源共享，达到课程目标的教学要求。

在给学生上传教学资源的时候，考虑疫情期间各门课程都要进行资源的传送，学生使用的平台和软件也会比较多，所以对教学资源进行精挑细选，选取与课堂内容息息相关的教学资源分享给学生，让学生学习过程更加方便，避免学生有眼花缭乱、应接不暇的感觉，让学生在有限的时间内掌握课程的重点和难点，通过上传学习内容的精华部分，让学生学习过程的目标性更强。

考虑到绝大多数的同学没有纸质版教材，在钉钉课程群发布教材的电子书以及相关的学习资料（见图2）。每章课前给学生推送课程教学课件和作业题，方便学生提前预习下次课学习的内容，同时在钉钉群里推送一些优选的参考文献帮助学生更好地理解学习的内容，加深对重点内容的掌握，巩固学习效果。

d轨道在一些场中的分裂情况.pdf 466.9 KB · 2020/04/10 12:03 郑兴芳	第15章 氮族元素作业题.doc 73.5 KB · 2020/03/12 14:16 郑兴芳
第11章 配位化合物.pptx 4.4 MB · 2020/04/07 11:55 郑兴芳	第14章 碳族元素作业题.doc 36.5 KB · 2020/03/05 21:02 郑兴芳
确定八面体配合物几何异构体型和数目的简单方法_钱... 305.2 KB · 2020/04/07 10:15 郑兴芳	第14章 碳族元素.pptx 3.1 MB · 2020/03/05 21:02 郑兴芳
无机化学下册.pdf 69 MB · 2020/04/01 12:31 郑兴芳	第13章 硼族元素作业题.doc 37.5 KB · 2020/02/28 12:15 郑兴芳
第17章 卤素.pptx 7 MB · 2020/03/31 11:12 郑兴芳	第13章 硼族元素.pptx 1.3 MB · 2020/02/28 12:04 郑兴芳
无机化学2 练习题.rar 326.8 KB · 2020/03/31 10:14 郑兴芳	练习题1.doc 24 KB · 最后更新: 2020/02/26 22:28 孙豪聪
第17章 卤素作业题.doc 54 KB · 2020/03/31 10:10 郑兴芳	第12章 碱金属和碱土金属.pptx 1.4 MB · 2020/02/24 17:01 郑兴芳

图 2　上传的教学资源

（二）授课过程

课堂教学不是简单机械的知识灌输，而是一项富于灵活性、创造性和艺术性的复杂活动。线上无法直观看到学生的学习状态，如何在教学过程中吸引学生的注意力，引发学生的求知欲，及时掌握学生的学习效果，就成为课程设计中的重点。根据课程内容，灵活采用了以问题为导向、以生活常识和热点时事与学生互动的方式，同时采用"PPT+手写板"等教学方法，激发学生的学习兴趣和动力。

1. 以问题为导向，引发学生思考

通过创设问题的方式引出具体的教学内容，在给出实例、给出问题、给出分析视角后,引导学生自己得出解释,使学生根据问题来掌握所学的内容(见图3)。同时通过连麦的方式,使学生紧跟教师的思路,避免上课走神,使其能够积极参与到教学进程中来。

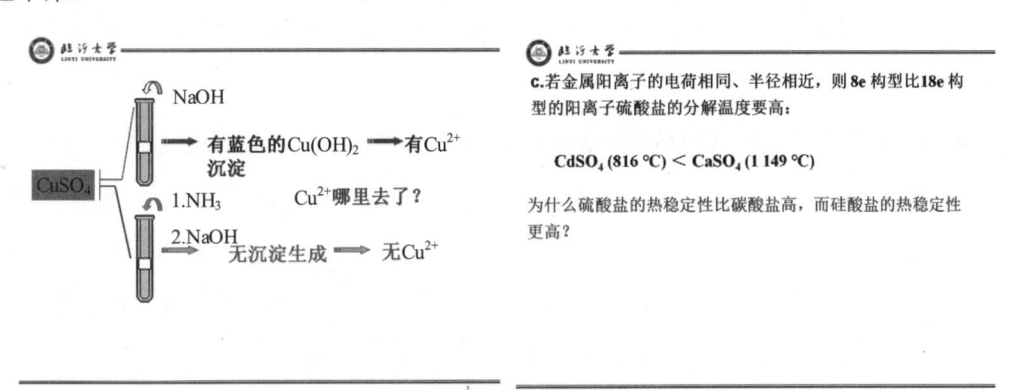

图3 以问题为导向的教学方法

2. 结合生活常识,在互动中学习元素化学的知识

把讲授内容与日常生活和生产知识密切联系起来,与社会问题结合起来,以激发学生的学习热情。例如在讲解"碱金属元素"时,指出金属锂的作用正在变得日益重要,锂电池已成为当今非常先进的绿色电池,进而让学生讨论锂电池的优点和在生活中的应用,如:生活中银镯子为什么佩戴一段时间后,颜色会发暗?为什么人工关节用钛金属?(见图4)

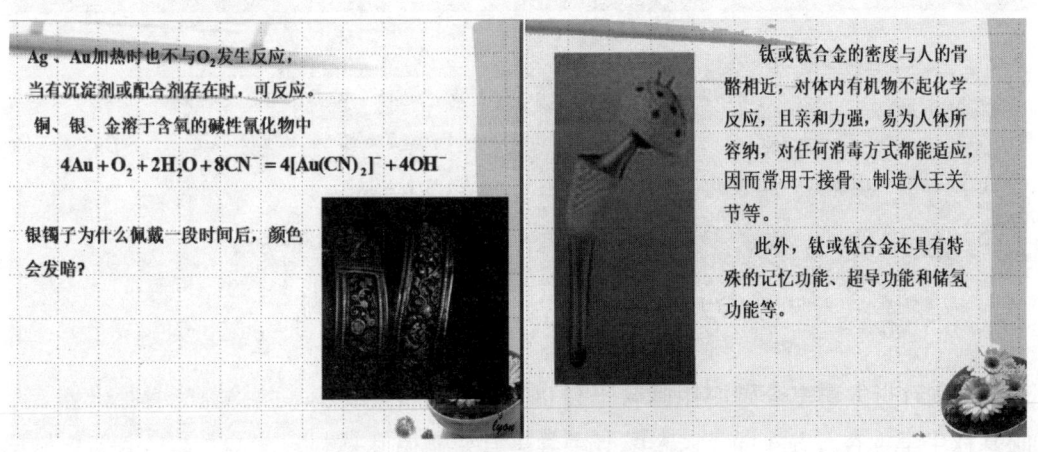

图4 生活常识和元素化学的联系

3. 以热点时事为媒,与学生共鸣式教学互动

结合授课内容设计一些互动活动、焦点对话等,加强师生间教学反馈的及时性;借助钉钉群、弹幕等工具,鼓励学生进行交流和反馈。一场重大疫情,也是一场人生

大课。新冠肺炎疫情既是全民关注的焦点，也是进行思想教育的一个契机。学生每天看到、听到一些疫情数据，焦虑、担忧、恐惧、期盼等多种情感交汇在一起，在课间或课前几分钟将自己的感受与学生进行互动，融入思政元素，教导学生要珍惜生命、热爱自然，要胸怀信仰、勇于担当。学生和老师产生了情感共鸣后，在后面的学习中将更容易跟进老师的教学进度。

4. PPT 与手写板板书相结合授课

直播中采用 PPT 和手写板交互式授课形式，将黑板搬进线上课堂（见图 5）。单一 PPT 授课有一定局限性，学生会产生审美疲劳，而对课程中的难点、重点以手写方式呈现给学生，则能在消除审美疲劳的同时也助于学生理解。特别是"配合物"和"氧化还原"这两大章，需要进行计算演练。老师在板书计算的过程中，学生不仅有思考的余地，还能使解题思路更加清晰，更容易理解内容。

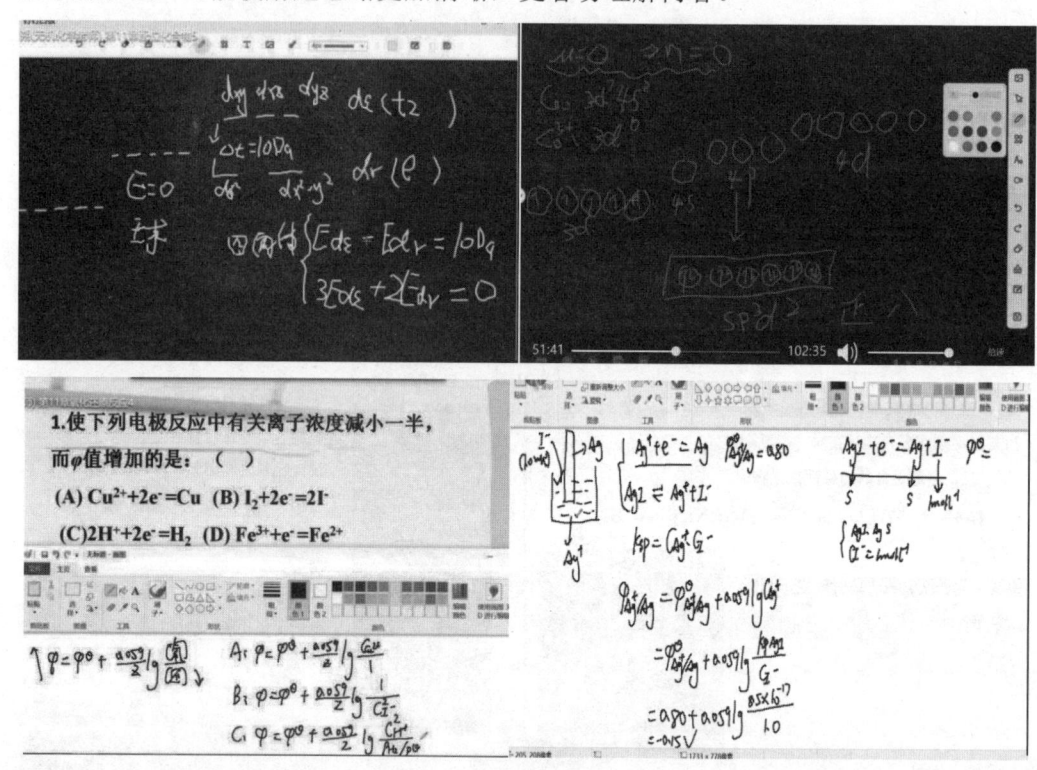

图 5 授课过程中的板书

（三）课后巩固

课后采用"作业+笔记"的形式巩固所学知识，并采用"交流+答疑"的形式解答疑惑。

1. 作业的布置、批改和讲解

作业是教学过程的重要环节，是了解学生学习情况、反馈教学问题的重要手段，因而将学生线下的作业进行线上反馈，是教学环节当中很重要的一环。

（1）针对每章节的内容，在班级群里布置作业，要求学生按时提交作业。作业通过钉钉的家校本进行提交，家校本可以很方便地看到是否有学生未交作业，并可以及时进行提醒，这样对于学生的作业完成能够起到督促作用。无机化学作业题型主要有选择、填空、简答题等，满分 100 分，学生通过家校本反馈的作业批改和成绩，能及时知道自己这一章的学习情况。另外，学生根据作业的情况，也可以进行查漏补缺的复习，而老师在批改作业的过程中发现学生错误比较集中的地方，会在下次上课时有针对性地进行讲解。

（2）作业通过家校本的"圈划批改"功能进行批改。虽然作业不是纸质版本，但是圈划批改功能使电子作业的批改做到了具体化和细节化，将错误的地方标注出来，让学生对于作业中出现的问题有很清楚的认识，有的作业同时还会通过文字和语音进行反馈（见图6）。

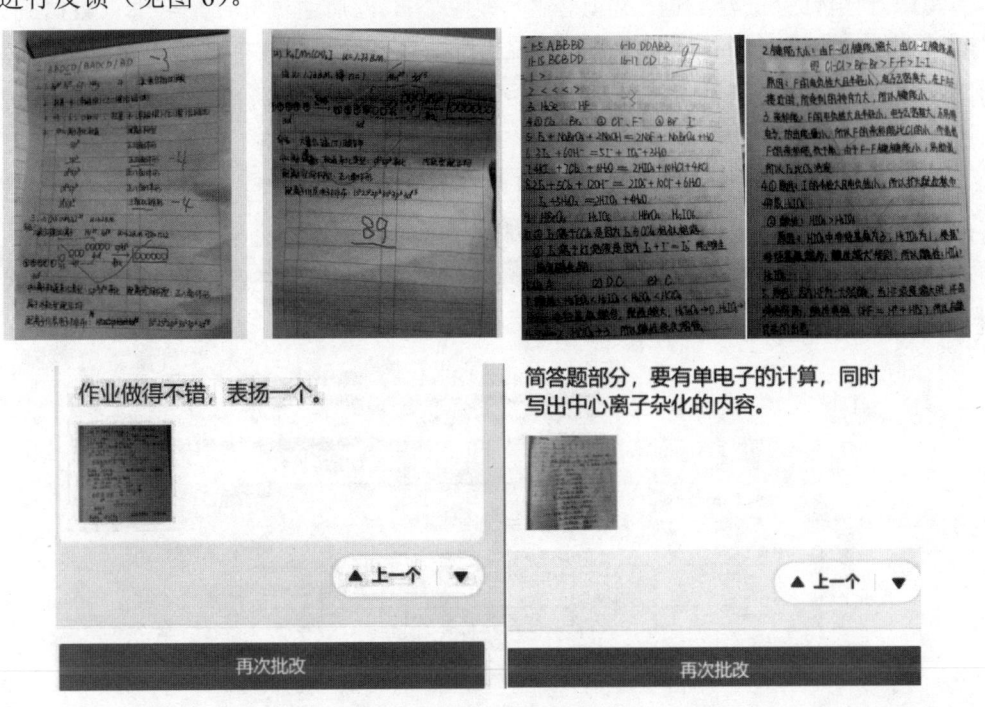

图 6 作业的批改和反馈

（3）笔记的抽查和展示。眼里过千遍，不如手里过一遍。要求学生在听课的同时认真做好笔记，对于进度稍微快一些的内容可以在课后整理笔记。学生通过记笔记或者整理笔记会发现问题，通过解决问题加深印象并强化巩固内容。在课后进行笔记的抽查，同时将写得比较好的笔记进行展示，起到激励的作用（见图7）。

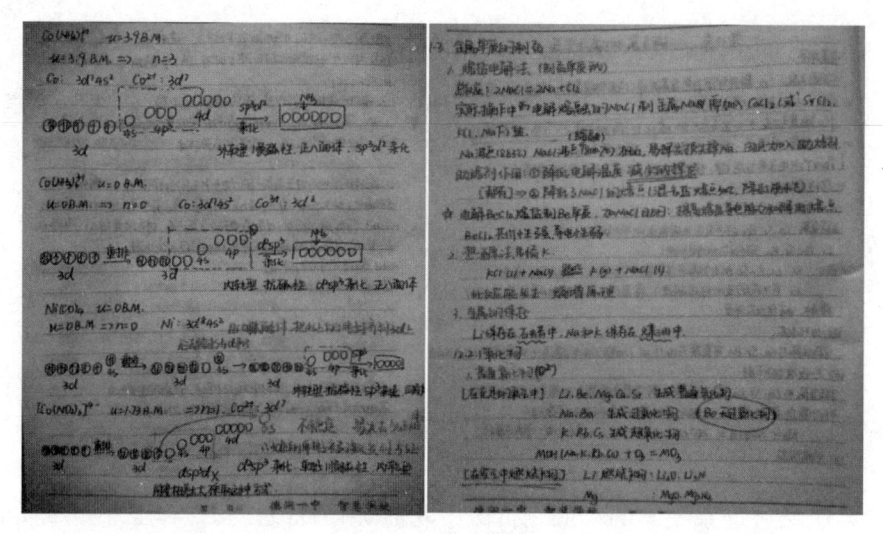

图 7　学生笔记的展示

2. 课后的交流和答疑

（1）利用钉钉平台数据，监督学生学习状态。课后通过钉钉平台进行数据统计，了解学生课堂听课时间、观看回放的情况，对于未及时提交作业或观看视频时间较少的同学，与之单独谈话，进行特别提醒，督促其自主学习；提醒学生作业按时完成，养成不拖沓的好习惯；引导学生一步一个脚印，"积跬步以至千里"。

（2）新的教学模式的尝试，更需要及时关注学生的反馈。网络在线答疑非常方便，学生有不明白的知识点可以及时咨询老师，师生一起讨论学习中的难点问题；教师通过钉钉、微信与学生进行交流和答疑，还能进一步了解在线上课的学习效果（见图 8）。

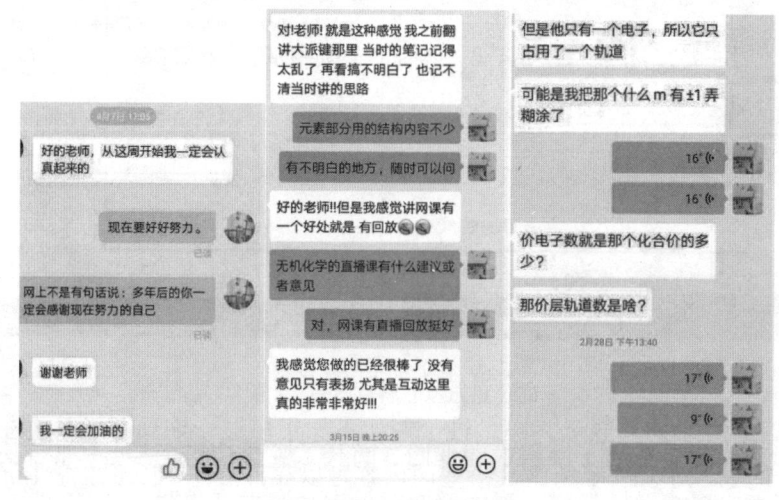

图 8　课后的交流和答疑

三、教学成效

通过一个学期的线上教学,绝大多数学生听课都非常认真,做到了课前及时预习、课上认真学习和课后的及时复习,学习效果良好。学生普遍能够快速融入在线教学场景,能够紧跟老师,及时认真完成学习任务;在老师设定的网络互动环节,能够大胆表达自己的想法,不像在线下课堂中那样不好意思开口,作业、课堂讨论也都得到了及时有效的反馈;运用信息化技术建立新型师生学习共同体,突出了学生的主体地位,调动了学生的学习积极性,而居家学习也锻炼了学生自主学习的自律性和自觉性。

四、教学反思与改进

特殊时期开展线上教学,教师和学生只能屏对着屏、键对着键,缺少了目光的交流。作为教师,需要积极引导、调动学生的学习积极性。线上教学并不是让学生只是观看或者听讲解,而是更加需要引导学生自主学习,用新的学习方式去理解和掌握知识。在家学习靠的是学生的自觉能力,自律的学生往往能够更好地管理自己的学习,在疫情期间的学习能够收获很多;但对于自律性差的同学,同样的一个学期,收获会大打折扣。虽然上课期间教师与学生常有互动,但是不能保证每个同学都能兼顾到,个别同学虽然也进入了班级群听课,但是具体的听课效果不好实时把控。

此次的线上教学是在"停课不停学"的指导方针下所采取的一种特殊的新型授课方式。课程团队应以此次线上教学为契机,转变教学观念,更新教育理念,积极探索新的教学方法及教学手段,坚持线上线下相结合的混合式教学改革,进一步提高教学质量。

"1+1"云课堂，让学习跨越时空

——疫情之下"生物化学"线上教学方法探索

聂红娇 化学化工学院

为应对新冠肺炎疫情，"生物化学"课程全体任课教师科学谋划、积极行动，打破常规教学模式，采用"1+1"云课堂模式开展线上教学，在教学中采用语言与内容融合的模式，借助于 MOOC 资源和多媒体技术所构建的人人互动、人机互动，实现了立体多维度的课堂互动，从开课前的准备、课程教学以及学习过程的跟踪管理三个主要环节进行了精心设计和组织，保障了课程教学的顺利进行，取得了良好的教学效果。

一、未雨绸缪，提前制订教学计划

"凡事预则立，不预则废"，为了落实"停课不停学"的文件精神，同时保证教学效果，课程全体教师在春节期间就提前进行了网络教学的准备工作，积极制订应对网络教学的翔实教学计划与预案；在中国大学 MOOC 上搜寻适合本学科的网络教学资源；进行网络教学平台的选用及管理与操作的学习，充分做好网络授课可能出现的各种教学问题的应对准备。最终初步确定了"1+1"云课堂教学模式，即基于 MOOC 课程资源，通过钉钉等直播平台，以任务导向、调查问卷、讨论互动等多种形式开展线上教学。

二、精心备战，提升学生适应性

目前的大学生已经习惯了线下的传统教学模式，在"停课不停学"要求下，需要学生课前预习、课后复习、自主学习，对学生的自律性及远程听课、网络获取资源能力无疑是一种新的挑战。课前先后组织了两次线上的课程动员与工作安排直播活动，并提供线上电子教材为学生解决上课的教材问题，通过和学生及时沟通，使学生尽快进入学习状态，积极配合教师和学校完成在线教学工作。

三、明确学习任务要求，提升学生学习自觉性

疫情之下的在线教学热议不断，其中一个热门话题就是"网课学困生"，这些学

生缺乏学习自觉性。例如,很多中小学采用钉钉平台开展直播教学后,不少学生对平台"打一星"评分,这反映出很多学生对于网课学习存在抵触情绪。不管未成年的中小学生,还是已成年的大学生,都有学习的惰性。如何在手机和网络游戏面前抢夺学生的注意力,是在线教学中教师必须面对的难题。

在当前师生分离情境下,教师更加难以掌控屏幕背后学生的行为。为了提升学生学习的自觉性,一方面采用任务型教学模式,帮助学生明确自身学习任务,提出硬性而有指引的要求和弹性而有必要的规定,做到给作业、给任务、给考核和给辅导。授课前通过钉钉平台向学生发布课程公告、电子教材、课程进度、课程对应的MOOC学习资源,并且根据课程内容以学习单元的形式,撰写详细的单元导学任务单,任务单中明确学生要完成的学习任务和时间安排;组织学生课前预习,同时配置对应的课前练习,以选择、填空题为主,检验学生掌握的程度,同时针对易出错的知识点发布在线测试,并通过手机端连麦随机抢答的形式激励学生参与,保证师生间能进行充分的互动,对学生的学习过程和学习状态做到及时调控,从而有效保障在线教学的效果。

另一方面,在教学中设计导学问题,环环相扣、层层递进,吸引学生持续深入地思考,提升学习积极性和思维品质。在每一部分内容讲述之前,用创设问题、随机提问的方式引出具体的教学内容,使学生根据问题由浅入深地进行学习,加深对课程内容的理解,同时鼓励学生在直播过程中随时提出问题,实现老师和学生的双向互动,而教师也能对学生的学习过程进行监督(见图1)。

图1 导学任务单、问题引导式教学与连麦抢答

四、关注学生思想变化,将思政融入课堂

面对特殊时期的线上教学,学生的思想波动比较大,因此在网络课程中结合课程内容融入思政教学的内容,充分开展线上思政内容的渗透,引导和教育学生正确坦然地对待人生中遇到的特殊问题就变得尤为重要。由于本课程是研究生物体的基本组成物质和代谢过程的学科,在线上教学过程中,从本学科的特点出发对学生进行思政融入。比如在每一章内容的讲解中穿插为生物化学的发展付出辛勤劳动的科学家们背后

的故事，以激励学生不怕失败、刻苦钻研、积极探索科学奥秘的精神；又如在讲解 RNA 时，结合新冠病毒是 RNA 病毒的实例，向学生讲解新冠病毒的特点，同时讲述新冠肺炎疫情暴发以来，在中国共产党带领中国人民抗击疫情的过程中，涌现出的许多可歌可泣、催人泪下的感人故事，将"中国抗疫故事"的生动情节和深厚价值传递给学生。此外，对于思想有问题的学生，结合 QQ 和微信等通信手段，与问题学生进行一对一的沟通，尽力做到"在完美体现思政教育的同时促进知识教育的进一步升华，力争做到德育教育与知识教育同步"，使学生全方位地良好发展（见图2）。

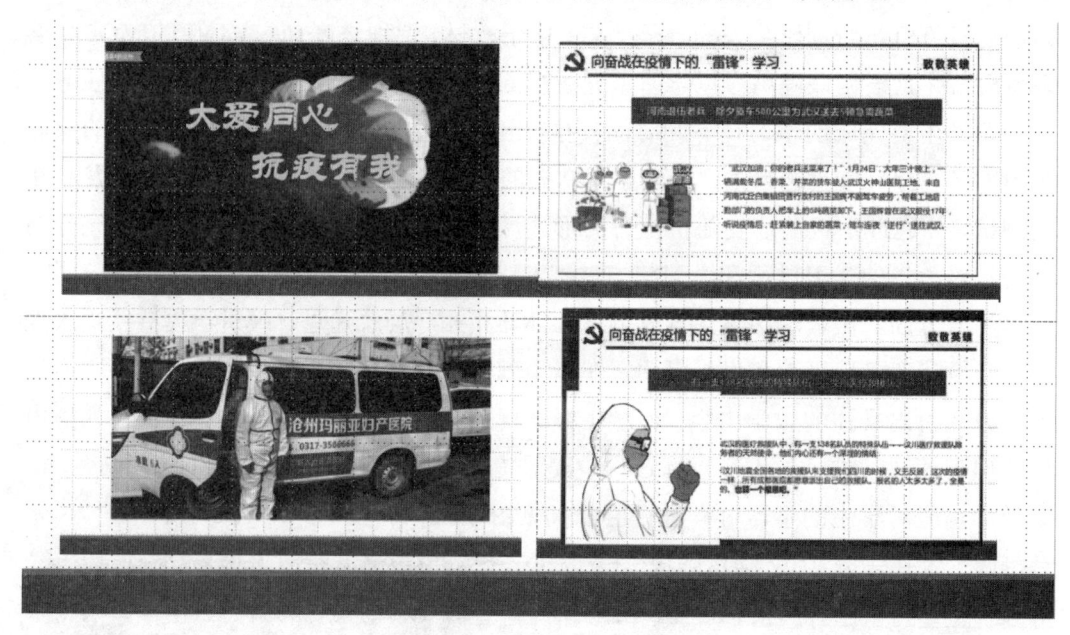

图2 "中国抗疫故事"

五、实时反馈，以学定教

学生的学习需要获得教师持续、及时和中肯的反馈。反馈既可以帮助学生继续有动力地学下去，也有助于教师和学生及时调整教学及学习策略，特别是线上教学，教师与学生之间有空间的隔阂，使得教师难以了解到每个学生在学习中存在的问题，因此对学生的实时反馈就显得尤为重要。

1. 课后作业及反馈

针对课程重点和难点，课后通过钉钉群发布作业，及时进行作业批改和结果反馈，同时对优秀作业进行展示，一方面使同学能够认识到自身的不足，激励学生努力学习，另一方面能够增加学生的参与感，为学生提供可视化的展示机会。

2. 设置讨论区

根据课堂教学内容，线下设置讨论组，让全部学生参与到教学内容的讨论中。由于课程所涉及的内容与我们日常生活息息相关，所以每次课后会结合本次课程内容和生活实际给学生准备问题，鼓励学生通过查找资料的方式自主解决问题。比如在讲解"蛋白质的空间结构"时，就试着让学生利用所学知识解释永久性烫发的原理；在讲解"蛋白质的纯化分离"时，让学生依据各种分离手段的特点解释生活中应该怎么选用净水机。通过这种方式，不仅增加了课程的趣味性，扭转了传统教学中教师为主体的错位，倡导学生"唱"主角，还使学生真正做到了学以致用。

3. 数据统计分析，精准帮扶

线上教学结束之后，通过钉钉直播数据，及时了解每位学生的学习情况，对没有按时收看直播及收看时长不足的学生的情况进行落实，同时将直播数据统计结果上传到钉钉群里，进一步起到督促作用。针对个别课程签到率较低、新选课学生与教师未建立有效联系等问题，进一步加强协作，切实在师生之间搭建有效的沟通桥梁，及时反馈学生学业困难和教师有关需求，分门别类地予以解决。

4. 调查问卷

定期发布无记名调查问卷，根据学生反馈情况及时调整教学策略（见图3）。

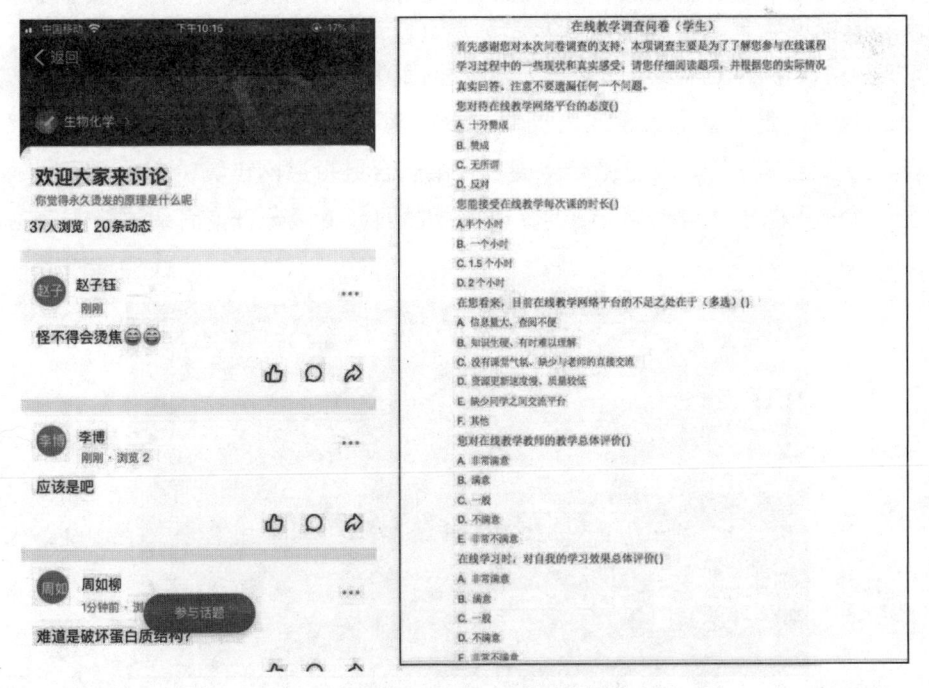

图3 讨论区及调查问卷

六、教学反思与改进

　　这一阶段的线上教学探索已经证实了目前采取的"1+1 云课堂"教学模式对"生物化学"的在线教学是可行的，该教学模式能使大部分学生完成课程的学习并取得较好的成效。一方面，线上教学促进了任课教师由"以教为中心"向"以学为中心"的教学理念的转变，更加突出培养学生的批判性思维、合作探究和问题解决能力，促进了由"注重知识目标"向"更加关注学生能力培养和综合素养提升"教育理念的转变；另一方面，线上教学提高了学生的综合能力，这种在线教学模式有效地提升了学生探求、发现新知识的能力，促进了学生自主学习、大胆提问的学习过程，使学生的表达能力和逻辑思维能力得到了提高，协作意识得到了增强，极大地锻炼了学生的自主学习、批判性思维等方面的能力。

　　当然，当前的线上教学模式还存在一定的问题，比如无法完全解决网络不稳定性、学生学习效果存在差异性等问题。在今后的教学过程中将继续探索线上教学模式，多与学生沟通交流，通过师生的共同努力，缩小学生之间当前存在的差距，并努力寻求合理的问题解决方案。2020 年的这场历史上罕见的大规模线上教学，促使教师们积极探索适合本学科教学的线上授课的新模式。即便今后回归线下传统教学，我们也要深思线上教学的新经验、新方法、新理念、新视角，不断创新教学方法和教学手段，提升人才培养的能力，为推动"生物化学"的教学改革做出积极的贡献。

共克时艰筑云端课堂，一丝不苟悟教学艺术

——"大学物理"线上课堂教学的实践与探索

孙媛媛 潘洪哲 魏明真 物理与电子工程学院

"大学物理"课程主要研究物质的基本结构及运动的普遍规律，是理工科各专业学生需要学习的一门重要的必修课程。本课程是开设专业课的前期课程，通过对该课程的学习，学生可以形成良好的学习习惯、科学的思维方法，具备科学地分析，解决问题的能力，为后续专业课程的学习打下基础。2020年年初以来，由于受新冠肺炎疫情的影响，线下课堂教学无法正常开展，我们响应教育部"停课不停学"的指示精神，开展了"大学物理"的线上教学，积极探索网络课堂的教学模式。基于线上教学的特点，结合传统线下教学的工作经验，我们对课程教学进行了一系列改革，探索适用于网络课堂的教学模式。基于课程线上课堂的教学实践，教学团队探索了如何高质量地开展线上教学，如何提高线上教学的教学质量和教学效果，以期为线上课程的开展提供经验与参考。我们在线上教学的实践中发现，钉钉在线直播与雨课堂互动相结合，是一种较好的线上教学实施模式。另外，在线上教学中适当增加师生互动环节，有利于调动学生课堂学习积极性、提高教学效果。本文将对该课程线上教学的实践与探索进行深入的分析与总结。

一、线上课程的教学模式探索

1. 用丰富的线上学习资源，培养课前自主学习习惯

由于疫情原因学生无法返校复课，我们在第一时间通过学校教务处的锐思云平台与学生取得联系，建立了课程钉钉群。首先通过钉钉群向学生们发送了电子教材，并提供了大量的线上学习资源，大力倡导学生利用网络课程与"大学物理"精品课程资源进行学习。例如，学习强国——山东大学刘建强教授讲授的"大学物理"、中国大学MOOC——华东交通大学任才贵教授讲授的"大学物理"等，指导学生利用网络课程与"大学物理"精品课程资源进行自主学习。

2. 钉钉群和雨课堂相结合，有效开展在线教学

在线上教学中，我们首先尝试在钉钉群中进行直播授课和师生互动，发现在互动时网络会出现卡顿现象，使得线上教学难以顺利完成。众所周知，师生互动是调动学

生课堂学习积极性的重要环节，这对线上教学的有效开展尤为重要。通过进一步的实践探索我们发现，采用钉钉直播结合雨课堂互动的教学模式，不会出现网络卡顿现象，由此线上教学得到顺利开展。雨课堂是一款多媒体教学辅助软件，在以往的线下教学中被专业教师普遍使用。我们在钉钉直播中向学生展示雨课堂二维码，学生通过微信扫码就可以登录雨课堂，通过雨课堂与教师进行多样化互动，使得学生线上学习的积极性得到了较大提高。例如，通过雨课堂实时向学生发送教学课件，每一节课的教学课件会一直留存在学生微信的雨课堂中，方便学生进行复习；学生没有听懂的知识点可以在雨课堂课件中选择"不懂"选项进行反馈；我们通过雨课堂发送随堂练习题给学生，雨课堂会对学生的答题情况进行实时反馈，以使教师及时了解学生的听课及对知识点的掌握情况。教学实践证明，利用钉钉的直播结合雨课堂互动进行线上教学，可有效地开展在线教学，促使学生认真听课，有效提高教学效果。

二、线上教学实施过程

1. 课前

教师在课前 20 分钟打开钉钉直播，播放音乐等待学生进入直播课堂，除去个别请假的学生，学生都能提前进入直播课堂。图 1 展示了学生进入钉钉课堂观看直播的情况。

线上课程较线下课程更加注重授课过程中教师与学生的互动，以充分调动学生在家学习的主动性。为了防止学生在家刷课、不听课、不思考的情况，我们在线上授课的过程中采用雨课堂与学生进行频繁的知识点互动。学生在登录钉钉直播群后，用手机微信扫描钉钉直播显示的二维码或课堂暗号进入雨课堂。学生登录雨课堂后，本次课的课件会实时发送到雨课堂学生端，学生在听课过程中可随时前后翻阅查看。

图 1 学生进入钉钉课堂观看直播的情况

2. 课中

在线上授课过程中，可通过雨课堂对学生进行滚动点名，要求被点到的学生在钉钉上留言回答问题；通过雨课堂向学生发送互动练习题，要求学生在限定时间内进行答题，实时掌握学生对知识点的学习情况。本学期雨课堂的课堂互动答题情况说明，多数学生在家能够认真参与课堂学习。

3．课后

为了提高学生线上听课的学习效果，我们在每节课结束后都会在钉钉上设置一个限定时间的课堂笔记作业提交任务（通常时间截止限定在下次课上课之前）。要求学生在课下整理课堂笔记，目的是促使学生在课下对课程的知识点进行梳理和总结。学生在梳理课堂笔记过程中会产生思考、发现问题，可通过钉钉向教师提问，教师会在第一时间针对学生问题进行解答。在要求学生总结课堂笔记的同时，每次课教师都会根据当次课的知识点在雨课堂上布置习题让学生课下练习，要求在下次上课之前提交作业。通过课堂笔记的整理和课后作业的练习，学生们能够牢固地掌握每次课的知识点。图 2 为雨课堂上学生的作业提交和答题情况。

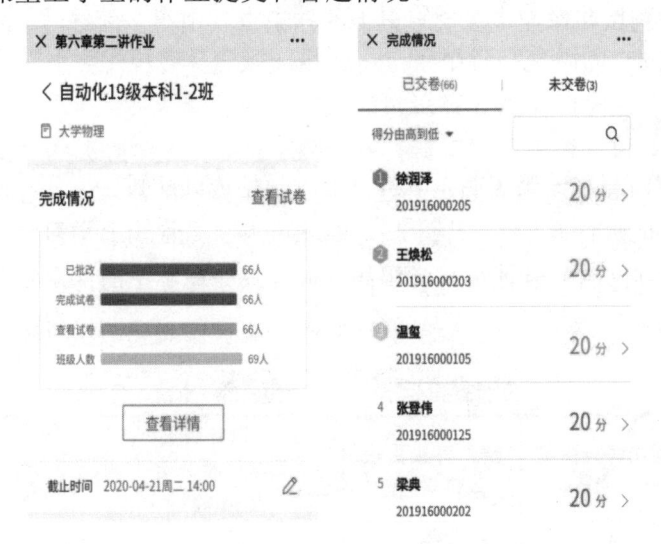

图 2 学生在雨课堂中的作业提交和答题情况

三、课程考核

本学期中，我们通过雨课堂进行了期中和期末测试，来检测学生的线上学习情况。在雨课堂中提前向学生发送考试时间和考试要求，在考试前邀请学生加入钉钉视频会议，通过雨课堂向学生发送试题，学生在雨课堂中进行限时答题，教师通过钉钉视频会议全程监控学生答题。通过以上模式，较好地实现了在线课程的线上考试。

四、教学评价

本学期的线上课程教学评价包括形成性评价和总结性评价两部分。形成性评价由学生的雨课堂表现、课后整理的课堂笔记、课后作业以及单元测验构成。通过形成性评价可以实时反馈学生的学习状态和学习效果，以便及时调整教学计划，提高教学效果。总结性评价由学生的平时表现成绩、期中测验成绩以及期末考试成绩构成，平时

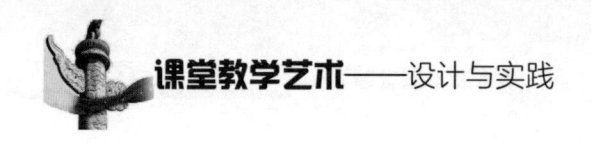

表现成绩由形成性评价产生，在本学期的总结性评价中，平时表现成绩、期中测验成绩以及期末考试成绩的比例分别为 30%、30%和 40%。

五、教学效果分析

在本学期的线上教学过程中，我们注重学生线上学习积极性的调动，在授课过程中增强了师生的互动，督促学生认真听课，提高学习效果。

1. 形成性评价

本学期的形成性评价结果反映，学生表现出了较高的学习积极性，能够及时发送课堂笔记、随堂测试和作业，课堂笔记中的知识点整理得全面细致、随堂测试和课后作业正确率都较高，说明学生们能够较好地掌握基本知识点。

2. 总结性评价

本学期的期末测试结果表明，40%以上的学生成绩超过 90 分，所有学生的成绩均在 60 分以上（包含 60 分）（见图 3）。由此可见，尽管线上学习学生容易分散注意力，然而通过合理的教学设计与教学组织，可有效提高学生的课堂参与度与听课积极性，进而达到预期的教学效果。

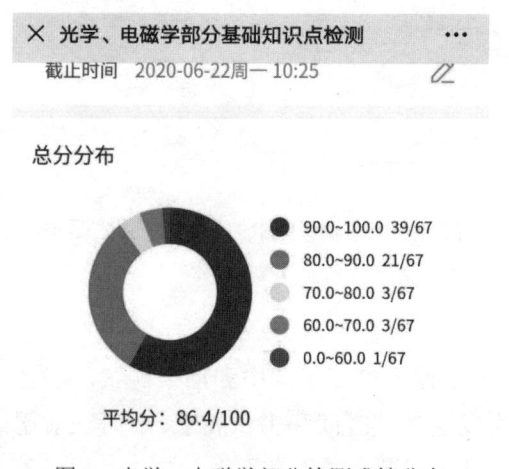

图 3　光学、电磁学部分检测成绩分布

六、教学反思与改进

1. 雨课堂的应用，为线上教学打下基础

在疫情发生之前，我们已经在线下课堂中应用了雨课堂并进行了相应的研究，为本学期的线上课程的开展打下了良好的基础。在以后的日常教学中，我们会多学习应用一些优秀的课堂互动 App，将翻转课堂的教学理念广泛深入地应用到具体的课堂教

学中，改变相对枯燥的课堂教学环境，让学生更加乐学。

2. 积累线上课程资源，培养学生自学习惯

在课程教学中应注意积累一些优秀的线上课程资源，在日常教学中提供给学生作为课程辅助资料进行自学，让学生养成通过自学拓展知识面的良好学习习惯。

3. 调动学生学习积极性，提升教学效果

由于线上学习时学生容易分散注意力，在本学期的线上教学设计中，我们注重提高学生的课堂参与度、增加师生互动环节，较好地提升了学生的听课效果。在以后的线下教学过程中，我们会进一步增加师生互动环节，并根据课程性质将传统的教师讲授和翻转课堂的教学模式相结合，增加学生的听课兴趣与课堂参与度，进一步提升教学效果。

相约"云端"，乐享课堂

——"单片机原理与接口技术"线上信息化教学艺术

王法社　物理与电子工程学院

"单片机原理与接口技术"是电子信息类专业的专业核心课程。为适应新工科背景下专业建设和人才培养的需要，同时为响应新冠肺炎疫情期间"停课不停学"号召，亟须进行课程教学改革。课程的教学既要求学生掌握硬件知识，又要求学生掌握软件知识。传统的线下教学方法效果不够理想，主要有以下几个原因：教学过程中理论教学和实践教学结合不够，学生学习过程中理论与实践脱节；单片机的教学内容包括硬件结构、软件设计、接口设计等几个模块，内容相对独立，缺乏综合能力训练的实验，学生很难形成应用设计的概念；学生学习评价方式单一，主要考查对理论知识的掌握，忽视了对应用开发能力的考查和锻炼。

根据课程特点，提出了"项目导向、问题驱动"教学方法，采用"雨课堂"信息化手段和传统课堂教学相结合的方法，该教学模式能够及时反馈学习效果，改进教学，实现精准教学，且注重过程考核，强化教学活动过程管理，充分调动学生参与教学活动的积极性和主动性。

一、课程目标与学情分析

（一）课程目标

课程目标 1：通过本课程的学习，系统地掌握单片机的基本知识、基本理论、基本方法，能够针对电子信息工程类问题进行初步的软件分析和设计。

课程目标 2：掌握单片机应用系统设计、仿真、报告撰写、文献查询等基本技能，提高独立分析和解决工程实际问题的能力。

课程目标 3：掌握设计调试单片机应用系统的方法和步骤，能利用所学知识设计一个中等难度的单片机应用系统。

（二）学情分析

"单片机原理与接口技术"课程是电子信息类专业重要的必修课程。课程具有实践性较强的特点，通过对单片机课程标准、教学方法手段改革、PROTEUS 软件仿真实验和实验实训相结合的实践活动的改革与探索，形成了"应用为主线、项目导向、任务驱动"的课程特色。

二、课程教学设计

（一）课前准备

在钉钉课程群发布教材的电子书，以及相关的学习资料，通过 MOOC 视频链接让学生提前了解本课程的相关内容，并于每周上课前给学生推送课件，方便学生提前预习课程内容，如图 1 所示。

图 1　钉钉群内发送课件和直播视频

（二）授课过程

对于硬件和软件的基础知识，上课时在钉钉平台利用视频分享模式进行直播，全屏播放课件，以"自学+讲授+利用雨课堂与学生互动练习"的方式，夯实学生对基础知识的掌握；利用雨课堂进行平时测验和期中考试，及时反馈学习效果，改进教学，如图 2 所示；采用项目式教学，把基础知识融入实验项目中，这种教学方式既能夯实基础知识，又能培养分析问题、解决问题的能力，采用仿真实验项目的形式，弥补不能进行项目实验的不足，同时能够实现在线指导和提交实验项目。并于每节课堂列出仿真实验项目，要求下课之前提交，督促学生更好地融入和参与到课堂中。

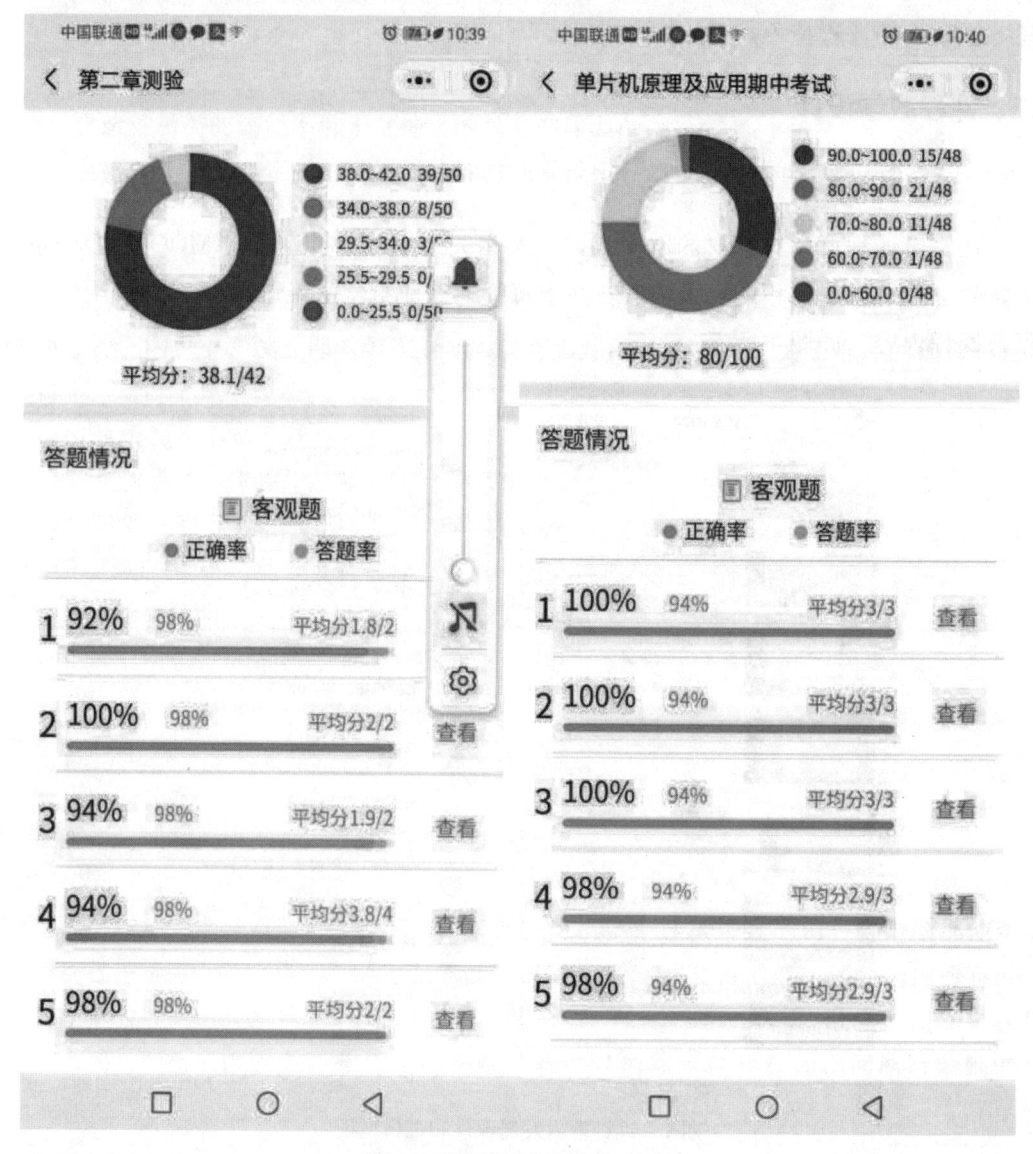

图2 雨课堂练习和期中考试

（三）课后答疑、作业的布置与批改

及时评价学生的项目作业，汇总作业中存在的问题，及时纠正错误；搭建实时网络在线答疑平台；课后进行数据统计，掌握学生的学习情况，督促学生自主学习。

（四）学习评价

针对电子专业学生的特点，为突出考试方式的多样性、针对性、生动性，夯实单片机原理与接口技术的理论基础，提高学生的应用能力和创新能力。采用多种考核形式组成的考核评价体系,该体系不仅考核学生对单片机基础知识的理解能力,还考核其应用能力、设计能力、创新能力、写作能力等综合素质。

注重过程考核,调动学生教学活动参与的积极性和主动性,保障课程教学目标的达成;采用雨课堂考勤,测验评价,保证多种评价方式的可操作性和客观性;以课程设计作为期末成绩,考查学生分析问题和解决问题的能力,有效地提高学生的自学能力、创新能力以及报告写作能力(见表1)。

表1 学生学习评价成绩构成

成绩构成	评价项目	权重	评价比例	次数	评价方式
平时成绩	考勤成绩	10%	30%	24	雨课堂数据
	随堂测验	10%		4	雨课堂数据
	项目案例	10%		8	老师评价+学生互评
期中成绩	期中考试	20%	20%	1	雨课堂数据
期末成绩	课程设计	50%	50%	1	设计报告+仿真展示

三、课程教学效果

教学实践表明,学生学习的积极性、主动性、参与性得到了激发,学生能够参与到教学过程的每个环节,其课堂参与率100%,实验项目、作业完成率95%,雨课堂测验和练习参与率98%、合格率100%,课程设计仿真成功率100%。

学生对单片机的基本知识、基本理论、基本方法的掌握程度有较大提高,能够针对电子信息工程类问题进行初步的软件分析和设计,平均达成度0.88,如图3所示。

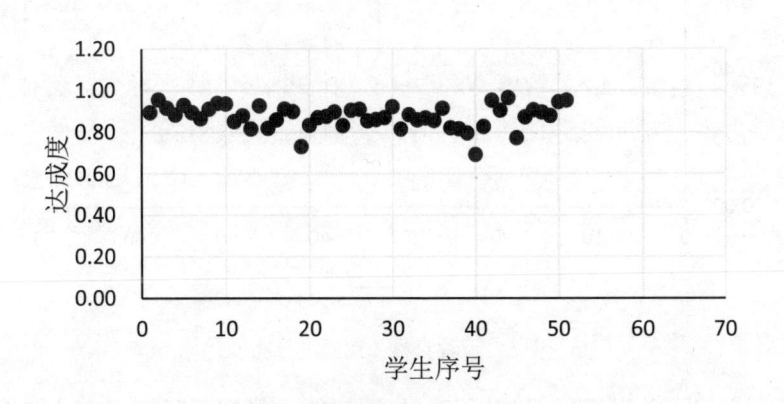

图3 课程目标1达成度分布

通过采用项目式的教学方法,实现在线仿真,学生能较好地掌握单片机应用系统设计、仿真、报告撰写、文献查询等基本技能，提高独立分析和解决工程实际问题的能力，平均达成度 0.88，设定达成度 0.70，达成比例为 98%，如图 4 所示。

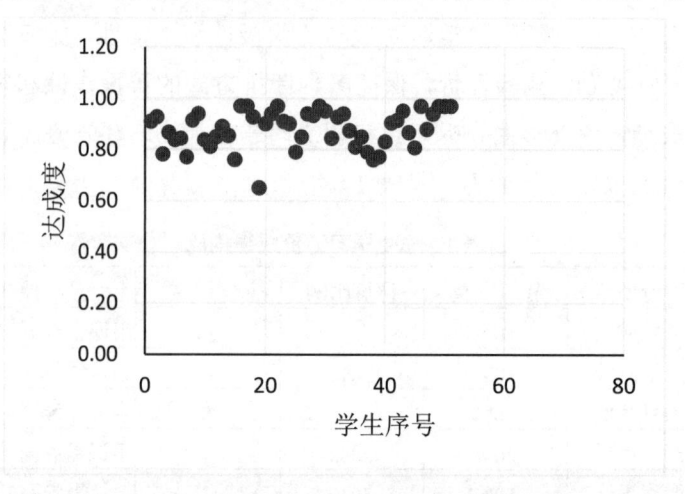

图 4 课程目标 2 达成度分布

学生掌握了设计调试单片机应用系统的方法和步骤，能利用所学知识设计一个中等难度的单片机应用系统，平均达成度 90%，设定达成度 80%，达成比例为 90%，如图 5 所示。

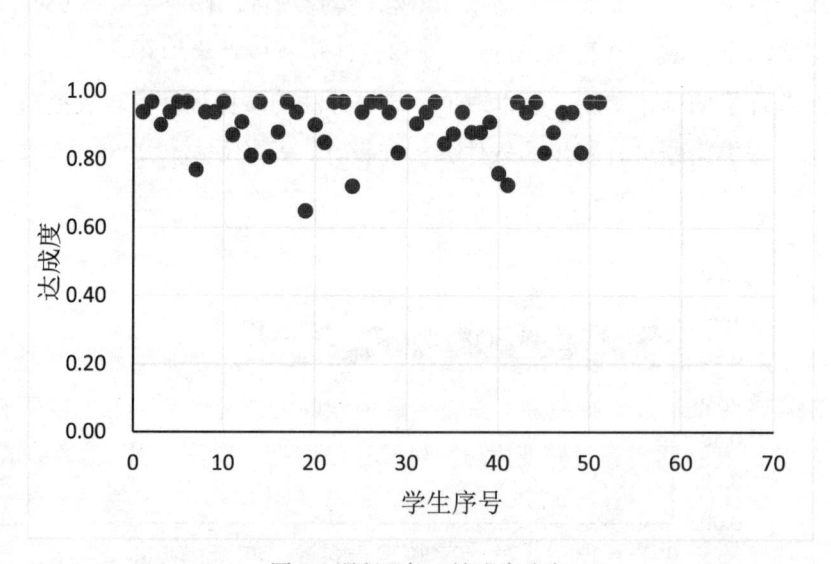

图 5 课程目标 3 达成度分布

通过线上学习，学生视野得到了开阔，创新能力得到了显著提高。在近三年全国大学生电子设计大赛、智能车大赛、省科技创新大赛、物理创新大赛中表现突出，毕业设计质量明显提高，获批大学生创新创业项目国家级 1 项、省级 5 项，学生参与教师课题发表论文 8 篇，申请实用新型专利 7 项，学生实践动手能力、表达能力和团队协作能力均得到了实际锻炼和提高。

四、课程教学特色

第一，采用项目式教学法，通过实验项目，让学生带着问题去学习，将抽象的理论知识渗透到项目中去，把学习过程变成人人参与的创造性实践活动，让学生在项目中理解和掌握课程要求的知识和技能，培养分析问题和解决问题的能力。

第二，采用"雨课堂"信息化手段和传统课堂教学相结合的形式，实现"课前预习+实时课堂+课后答疑全程教学活动"的数据采集，把教学从依赖经验向基于数据转换，以全周期、全程的量化数据辅助老师判断分析学生学习情况，以便调整教学进度和教学节奏，做到教学过程可视可控，并通过组合使用线下活动、翻转课堂、项目实验，对课程进行数据分析，以量化分析学生的学习情况，实现精准教学。

第三，进行过程化考核，强化教学活动过程管理，在教学过程中全过程考核评定学生的学习成绩，充分调动学生教学活动参与的积极性和主动性，保障课程教学目标的达成，同时重点考核学生分析问题和解决问题的能力。

第四，依据单片机课程标准，通过对教学方法手段、PROTEUS 软件进行仿真实验和实验实训相结合的实践活动的改革与探索，形成"应用为主线、项目导向、任务驱动"的课程特色。

五、课程教学规划

建设在线课程资源，包括按照知识点提供的 MOOC 视频、教案或演示文稿、重点难点、作业、试题库、参考资料等，在此基础上，实施翻转课堂，实现师生角色转换；整合课程内容体系，优化教学内容，提高线上课堂教学的时效性和针对性，建设符合在线教学要求的教材、教辅资料；强化"项目导向、任务驱动"，更新综合性和创新性实验项目，建设自主实验平台；挖掘课程中的思政映射与融入点、构建"能力培养—创新意识—思政教育"相结合的课堂教学新模式，建设和申报学校和省级思政示范课程。

六、结论

本课程在教学方法上实施项目式教学，结合学生实际情况与学生学习情况，根据教学目标要求，构建教学内容体系结构，根据教学内容进行知识点梳理，将抽象的理论知识渗透到项目中去，使学生在项目实施过程中理解和掌握课程要求的知识和技

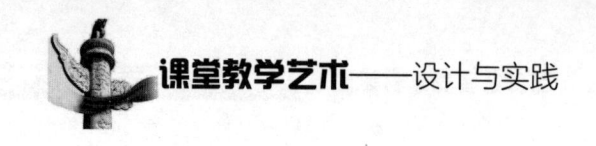

能，培养分析问题和解决问题的能力；采用"雨课堂"信息化手段和传统课堂教学相结合的方法，做到教学过程可视可控；采用课程数据分析，量化分析学生的学习情况，实现精准教学；学生学习评价注重过程考核，强化教学活动过程管理，增加课堂研讨、随堂测验、作业、笔记、项目等考核，在教学过程中全过程考核评定学生的学习成绩，充分调动学生教学活动参与的积极性和主动性。课程教学改革前后对比结果表明，学生的分析问题、解决问题、创新能力明显提高，课程的达成度明显提高，验证了课程改革的有效性。

同心战"疫"停课不停学，师生共情教学保质量

——以"数控技术"线上教学为例

田相克　机械与车辆工程学院

师生同心，共同战"疫"；"云端"讲台，筑梦未来。面对线上教学的挑战，课程组积极开展线上教学工作，认真思考制订课程线上教学方案，并做好教学预案，确保线上教学标准不缩水、教学质量不降低。通过积极探索创新线上教学方式方法，总结线上教学经验，推动线上教学工作在摸索中稳步前进。结合所授课程的教学目标和教学内容，坚持"以学生为中心、基于成果导向、持续改进"的工程教育专业认证理念，充分挖掘线上教学优势，注重培养学生分析能力和产出能力等解决复杂机械工程问题的能力，有计划、有步骤、科学规范地开展线上教学活动。

一、准备十足，有备无患

1. 尽心研讨集体备课

根据学校学院政策，机械工程教研室利用钉钉群和 QQ 群召开线上视频会议（见图1），集体备听评审，利用多平台、多渠道、多形式保障教学，确保线上教学有序、保质保量。教学团队进行研讨并制订线上教学方案，以学生为中心、基于成果导向 OBE 理念，针对课程教学目标对教学内容进行进一步梳理，对课堂组织形式、成绩考核方式等进行讨论，最终将学生跟随视频自主学习、教师"主导+指导"的互动式直播教学、学生数控仿真软件操作实践等课外学习，有机地融合在"课前、课中、课后"三个学习阶段。

图1　教研室视频在线集体备听评审

2. 选择合适的线上慕课

利用中国大学 MOOC 平台（见图 2），选用南京航空航天大学"机床数控技术"国家精品课程作为线上教学资源。本课程在组织教学过程中，始终贯彻理论教学与实践教学相结合、教学内容与工程背景及科学研究相结合、课堂教学与课外教学相结合的教学理念，建立了多层次渐进式综合教学体系。同时，充分发挥学科和产学研优势，追踪先进技术的发展，及时更新理论知识，充分利用现代网络与多媒体技术，针对在线开放课程的特点，使教学内容体现科学性、先进性、趣味性和实用性，不断提高教学质量，引导学生学以致用和自主研学，培养学生运用所学知识解决实际工程问题、开展实践创新的能力。

图 2 中国大学 MOOC 平台"机床数控技术"精品课程

3. 组织学生入班入群

提前建立钉钉班级群和微信班级群（见图 3），组织机制 2019 级专升本"数控技术"课程学生入班入群。通过钉钉群直播，指导、答疑、讨论，利用雨课堂进行随机点名、小练习、小测试，检查学生学习情况及学习效果，课后通过钉钉群布置作业。

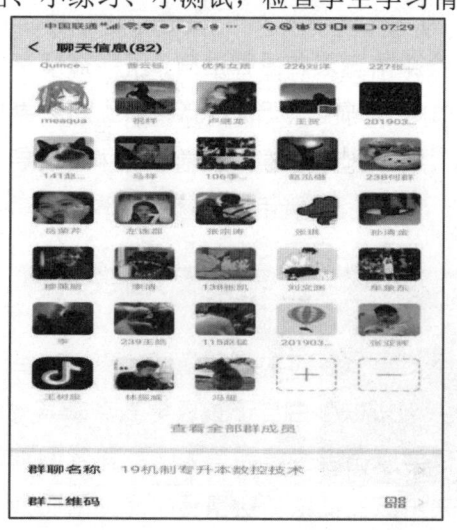

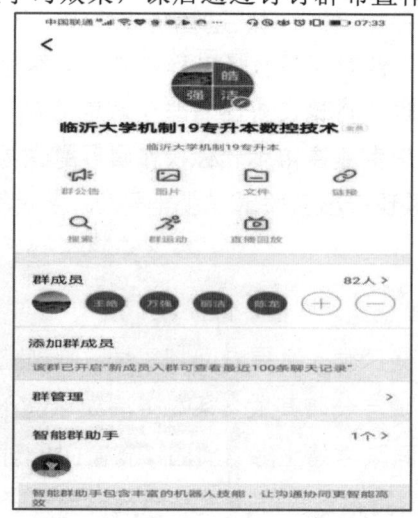

图 3 学生微信班级群和钉钉班级群

4. 提前进行直播测试

通过线上技能学习、教学演练,保证学生能够按时参与直播教学,提前进行直播平台测试,指导学生进行课程注册报到,预先体验签到、投票、课堂提问、随机点名、头脑风暴等课堂活动。

二、在线直播,时刻互动

1. 学生签到

通过长江雨课堂,选择上课班级,开启雨课堂授课,通知学生登录钉钉群观看直播授课。指导学生签到,告知学生签到情况,安排学习委员通知未签到同学及时签到,学生上课到课率达到98%以上。

2. 教师讲授

课中采用钉钉直播的屏幕分享(全屏投射课件)、开启雨课堂推送PPT课件进行同步教学。教学过程中同学可在雨课堂课件中标记重点、难点,及时反馈不懂的知识点,课下通过在线方式与老师沟通。钉钉群的直播回放可实现课后回听课程,这不仅可以让没办法按时上课的同学进行补课,更便于学生课后结合视频内容及时复习并完成作业。

为解决疫情期间线上教学不能完成实验授课这一问题,采用计算机数控仿真教学模式(见图4),模拟数控加工刀具切削毛坯形成零件的全过程,显示刀柄、夹具,甚至机床的运行过程和虚拟的工厂环境,效果如同在屏幕上观看数控机床加工零件录像。将计算机数控仿真与网络讲授合理结合,实现学生理论和技能的全方位提升,学生可在家进行本课程实验一到实验四的数控仿真实验,这一教学方法提高了学生的综合素质和创新能力。

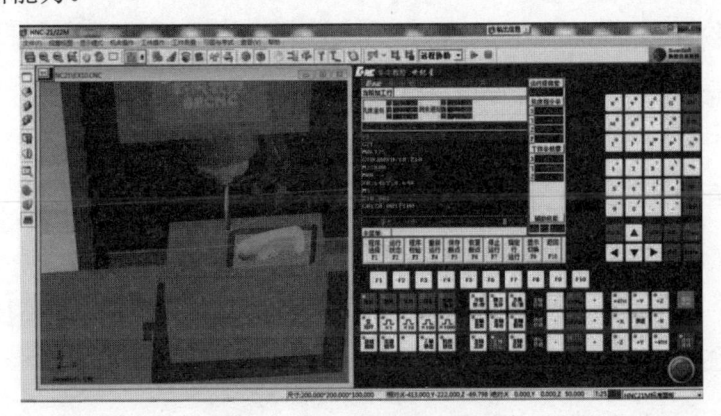

图4 计算机数控仿真教学

3. 课堂互动

答疑、讨论、互动，师生线上忙不停。通过雨课堂弹幕、钉钉群消息留言、语音同步、QQ 群发送图片、视频、屏幕分享等方式，及时进行师生问答、反馈等互动，与学生进行连麦答题、留言，通过投票、抢答、随机点名、头脑风暴、课堂答疑等活动，促使学生参与课堂互动，让学生"动起来"，确保学生的课堂关注度，活跃课堂气氛，提高在线学习效果。

4. 持续改进

通过课前随机点名复习提问、随堂测试和课后作业完成情况，以及每个知识模块学习结束之后的雨课堂单元测试等，及时掌握学生的学习状况，不断进行教学调整，以达到最佳教学效果。本课程在讲授数控机床分类后，在新课讲授前利用雨课堂进行随堂测验，并将作答情况投屏，了解学生对知识的掌握情况。

三、任务驱动，答疑解惑

1. 学习监督

利用钉钉群后台直播数据，观察学生线上课程学习情况，对没有学习、低于学习时长要求的学生进行督促提醒；监督学生完成作业，提醒没有做作业的学生或小组按时完成作业。

2. 作业布置

课后通过钉钉群布置自学作业，引导学生课外学习，学生在线提交作业后及时批改；让学生建群进行小组讨论，并给予监督评价，实行"老师评价+小组互评"模式，突出学生发现力、理解力、鉴别力、界定力、决策力，以及问题解决能力、创新能力的培养。

3. 通知公告

针对大部分学生在学习过程中出现的问题，或者需要全体学生注意的事项，通过发布公告及时通知学生，不断提升学生学习效果。

4. 问答互动

积极开展问答互动，及时回答学生问题（解决学生学习困惑），等于向学生提出问题（引导学生思考），鼓励学生互相回答问题（培养发现问题、解决问题的能力）。

5. 其他任务

紧紧围绕课程思政的实施理念，在课前、课中、课后始终把"立德树人"教育目标贯穿全程,指导学生科学规划居家学习生活,引导学生科学防控疫情,做新时代优秀大学生,为打赢防控疫情攻坚战做出贡献。

四、创新点

1. 创新线上教学方式方法

该课程采用钉钉直播的屏幕分享进行在线直播授课,开启雨课堂推送 PPT 课件进行同步教学,解决了疫情期间线上教学不能完成实验这一难题,采用计算机数控仿真教学模式,将计算机数控仿真与网络讲授合理结合,实现了理论和技能的全方位提升,学生可在家进行数控仿真实验,提高了学生的综合素质和创新能力。

2. 答疑、讨论、互动,师生线上忙不停

通过雨课堂弹幕、钉钉群消息留言、语音同步等方式及时进行师生问答、反馈等互动,与学生进行连麦答题、留言,通过投票、抢答、随机点名、头脑风暴、课堂答疑等活动,调动学生参与课堂互动,让学生"动起来",确保学生的课堂关注度,活跃了课堂气氛,提高了在线学习效果。

3. 在线教学效果实时监控,停课不停学,教学保质量

利用钉钉群后台直播数据,观察学生线上课程学习情况,对没有学习、低于学习时长要求的学生进行督促提醒;同时监督学生完成作业,提醒没有做作业的学生或小组按时完成作业。

每一粒熬过了冬天的种子,都必定有一个关于春天的梦想。特殊时期的线上教学既是一种挑战,又是一个契机。教学团队不断探索线上教学最优教学方案,提高线上教学技能,改进线上教学方法,促成线上课程目标达成,提高学生的学习成效。疫情终将被战胜,期待春暖花开时学生能够收获满满地重回课堂。

创新驱动课程发展，携手防疫共筑课堂

——"树脂配方原理"线上教学探索与实践

胡尊富　材料科学与工程学院

新冠肺炎疫情期间遵守与践行国家对疫情防控的指示，不扎堆不聚集，是高校实施以人为本思想、践行健康中国战略的必然要求，同时更是对学生开展生命教育的生动案例。为响应"停课不停学"号召，做好线上教学工作，学院通过成立线上教学备课组，"量身定制"教学计划，优化教学内容及教学方式，迅速探索出兼顾疫情防控需求与线上教学需要的教学方案。结合"树脂配方原理"课程特点，通过线上发布预习任务，推送课件、线上精品课程，钉钉直播授课，线上讨论，线上随堂测试，家校本作业发布及批改等启发式互动教学方式方法，凸显过程性评价，顺利完成了课程线上教学任务，探索了数字化教学手段与传统课堂教学的深度融合规律，取得了较好的教学效果。

一、教学设计

为更好地进行线上教学活动，学院成立了线上教学备课组，在团队协作研讨下快速高效地完成了课程资源的收集以及课程资源与平台的匹配问题。针对课程特点"量身定制"教学计划，由于课程知识点庞杂，将每周学习计划细化并通过钉钉群、QQ群及时传达，让学生知晓每周的学习任务，也有利于后期的学习监督，并为线上课程的开展做好充分准备。

区别于传统的课堂教学模式，大部分老师对于线上教学模式还比较陌生，直接使用线上授课较少，甚至从未进行过线上授课的也大有人在。因此，如何充分利用线上教学资源，调动屏幕另一端学生的学习积极性，切实保障教学效果，成为摆在教师们面前的一道难题。

为保障线上教学效果，消除师生距离感，在课前将该堂课程的课件、电子教材及线上精品课程资源通过钉钉群、QQ群推送给学生，同时结合教学计划将课程重点、难点内容在线上发布，以便学生课前预习。线上授课过程中，为防止学生因距离感分心，无法全程保持注意力集中，引入启发式互动教学，并提高学生参与程度，适时抛出问题，引发学生思考，要求作答、在线讨论或者连麦提问；结合树脂配方原理课程特点，通过身边实物、工业生产实际、相关学术前言动向解说等方式，尽可能提高学生兴趣，抓牢学生眼球。为巩固教学成果，授课结束后，通过随堂测试、课后作业、课堂笔记、翻转课堂等方式夯实学习实效。

二、教学实施

（一）学情分析

"树脂配方原理"是材料科学与工程专业的专业选修课，理论课为 32 课时。本门课的特点是理论性、经验性和技巧性相对较强，知识点多，学习内容较为庞杂。40 名选修同学中有 16 人系非高分子方向学生，其高分子专业基础相对薄弱，教师需适当调控教学难度，让学生更容易理解。最终决定采用钉钉直播的方式进行线上授课，同时辅以 QQ 群、线上精品课程、课后作业和讨论等方式辅助学生学习。

因为疫情突发，部分学生未能将上网设备（笔记本、平板）以及教材等带回家。开课前，首先建立钉钉教学群、QQ 教学群，与学生建立联系的同时通过调查表统计学生的线上学习设备、环境、网络以及教材情况（见表1）。统计结果表明，全部学生都可实现流畅、安静的线上学习，但大部分同学身边没有相应的教材，因此，为便于学生学习，教师通过 QQ 群提前将电子教材推送给学生。

表1 线上授课群体教学环境统计表

序号	学 号	姓名	是否有流畅的上网设备（手机/平板/电脑）	是否具有流畅的上网环境	是否具有适宜的线上学习环境	身边是否有教材
1	201707050101	***	是	是	是	否
2	201707050102	***	是	是	是	否
3	201707050105	***	是	是	是	否
4	201707050106	***	是	是	是	否
5	201707050107	***	是	是	是	否
6	201707050108	***	是	是	是	否
7	201707050109	***	是	是	是	否
8	201707050117	***	是	是	是	否
9	201707050125	***	是	是	是	否
10	201707050126	***	是	是	是	否
11	201707050129	***	是	是	是	否
12	201707050134	***	是	是	是	否
13	201707050136	***	是	是	是	否
14	201707050201	***	是	是	是	否
15	201707050202	***	是	是	是	否
16	201707050204	***	是	是	是	否
17	201707050209	***	是	是	是	否

（二）上课时间和方式的调整

本门课为 32 课时，每周一次课 2 课时，在每周一 5～6 节上课。本门课采用直播集中授课方式，为了让学生更好地掌握所学知识，在上课前将课件上传到 QQ 群、钉钉群，并通过平台提醒同学们进行预习。理论课主要由教师讲授，结合习题、常识及实际生产案例等内容，通过随堂测试、线上讨论、课后作业、课堂笔记等手段提高学生的学习兴趣及学习效果。课后布置习题，通过钉钉群或者私信对学生所提问题一一进行解答。

（三）教学平台的选择

QQ 群作为传统的线上交流平台，可为课件上传及课后答疑提供良好的平台。通过对各直播平台的尝试，最终选择钉钉作为直播平台，直播过程无卡顿，互动良好（见图 1）。

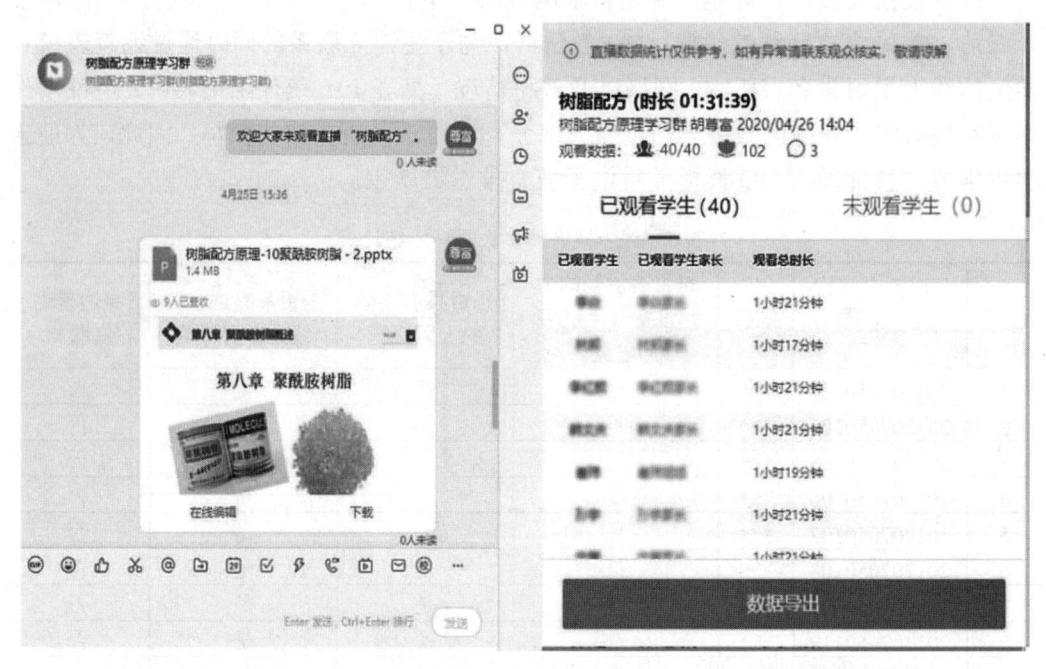

图 1 钉钉教学平台

（四）课程实施阶段

1. 课前提醒

因本课程是在下午第一、第二节上课，为提醒同学们及时进入课堂，在上课前 20 分钟通过钉钉平台，利用"DING"声提醒同学们提前准备，并提前 10 分钟发布签到打卡，以进一步督促学生进入学习状态。

2. 课中实施

提前 10 分钟开始钉钉直播，利用课前 10 分钟与学生交流近期线上学习情况、近期当地疫情情况，及时了解学生学习和生活动态，把握学生对线上授课的建议和意见，及时传授最新的疫情防控知识，引导学生积极居家学习，端正学习态度，并针对课程的学习内容、大家感兴趣的内容进行交流和讨论，尽可能使学习和兴趣接轨。

照顾到线上授课特殊情况，大部分学生未能将教材带回家，并且有些同学上网拓展学习资源不便，特将课件、电子教材等通过线上学习平台推送给同学们，同时为拓展学生学习的知识面及学习深度，将智慧树线上精品课程分享给学生。

为回顾上节课学习要点，并衔接本节课学习内容，首先带领同学对上节课的知识要点和难点进行梳理和回顾。作为与日常生产生活密切相关的高分子相关课程，为提高学生学习兴趣，课上以日常生活中接触最为广泛的聚酰胺制品（尼龙）为切入点，充分调动同学们的积极性。对于重点、难点，通过手写板（见图2）进行重点讲解，使学生减少线上授课的距离感，达到犹如置身学校面授课堂的效果。结合课堂提问方式，同学们采用文字的方式回答问题，极大提高了学习兴趣和积极性，课堂气氛非常热烈。

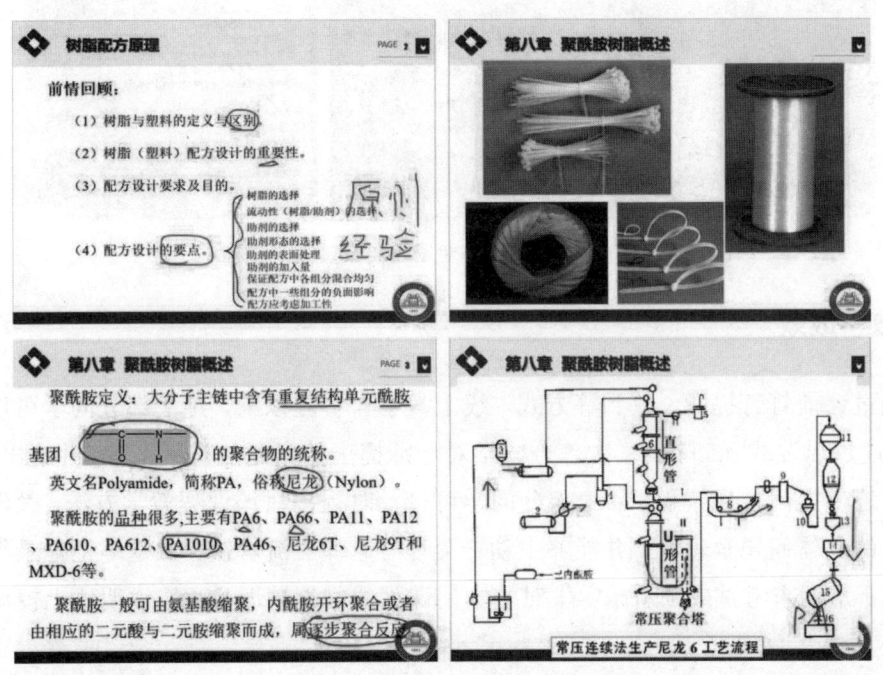

图 2　课堂引入及手写板展示

3. 课后强化

本课程是一门理论加实践的学科，课堂所讲的知识比较繁杂，讲授内容比较多，需要通过不断的回顾和积累才能掌握。有鉴于此，在所学知识的基础上，通过随堂测试、课后作业、课堂笔记等手段，加强同学们对基础知识的掌握程度。另外，通过QQ、钉钉家校本发布作业和批改，并在下一节课中对学生提出的问题进行普及性解答与讲解（见图3）。

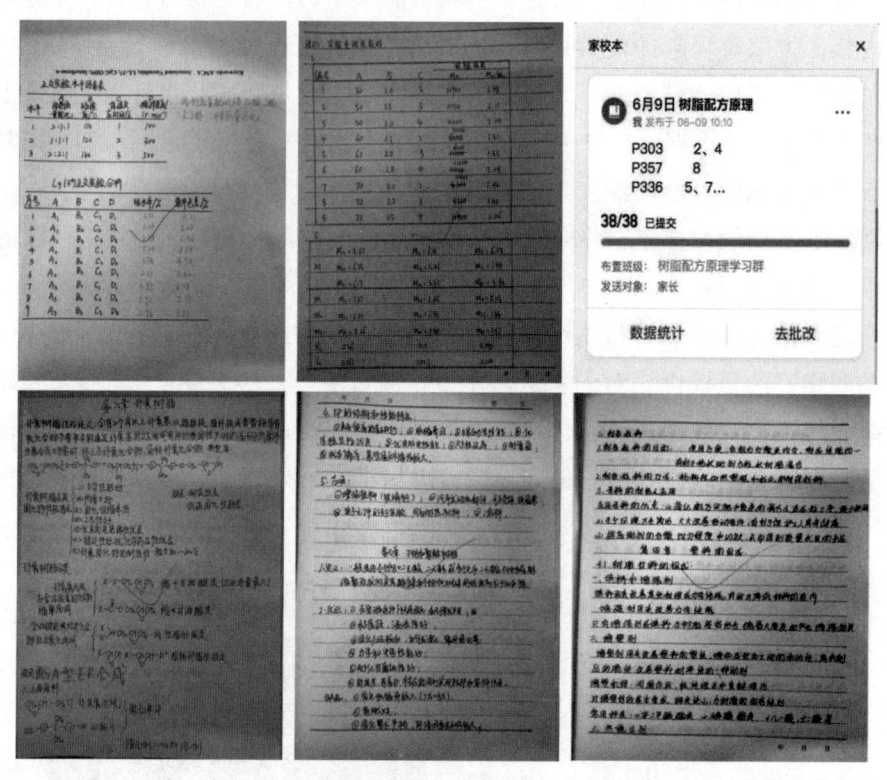

图3 随堂测试、作业发布及课堂笔记展示

三、教学成效

通过课前钉钉提醒、签到等方式，线上教学自实施以来，绝大部分同学可以准时参加。通过启发式互动教学，大部分同学对老师提出的问题能有所思考，并给出答案，对钉钉连麦提问也比较积极；大部分同学可以及时提出对该课程教学方法、教学内容等存在的具体问题及建议，并能够主动、及时与老师交流解决，课堂笔记记录得也比较完整。从期末考试成绩看，学生对于本门课程的掌握情况良好，说明线上授课的效果较好。

四、教学反思与改进

线上教学方式可有效推进数字化教学技术与传统教学的深度融合，也有利于学生养成自主学习、终身学习的习惯；线上教学手段的使用，既有利于提高学生资料搜索、整理的能力，也有利于学生分析问题和解决问题能力的提高；线上教学的直播与录播，可使学生轻易实现视频回看，有利于教师教学的开展和学生知识的掌握；同时借助于数字化教学辅助手段，考勤、讨论、随堂测验、作业发布及批改变得更为快捷便利，有利于学生学习的过程性评价，因此线上教学应该成为传统教学手段的有益补充。经过一学期的线上教学，教师充分感受到线上授课不仅是一种教学方式的转变，更是一种教学思维的更新，要求相对应的教学内容、教学计划、教学设计等均做出调整和改进，需要将更多先进的教学理念和教学方式用于线上教学中。这一线上授课经历对今后的教学改革实践具有重要的指导意义。

任何事物都不是完美的，线上教学也同样如此。线上教学初期，出于好奇和新鲜，大部分学生能够保持较高的学习积极性和关注度，然而随着听课时间的延长，网络的距离感凸显，部分学生开始游离于线上教学之外，不能始终保持较高的积极性和关注度。因此，如何吸引学生，保持其学习热情，提高其线上学习的参与度，对于线上教学就显得尤为重要。另外，传统的课堂教学设计已不能与线上教学完美契合，因此，探寻线上教学规律，摸索并建立适合于线上教学需要的教学设计，成为更好地开展线上教学的必然要求。

依托省级自建慕课，携手共享云端在线翻转课堂

——疫情下"智能制造技术"课程案例

赵琳　自动化与电气工程学院

受新冠肺炎疫情的影响，临沂大学"智能制造技术"课程教学团队响应国家教育部、山东省教育厅的相关文件要求，开展"停课不停学，网络直播授课"等系列教学活动。在课程教学中，依托省级自建慕课和智慧树在线翻转课堂，不断创新"互联网+教学"模式；通过提升在线翻转课堂的建设与应用能力，结合多种网络教学工具推动"现代信息技术"的运用，携手学生共享云端在线翻转课堂；运用思政育人元素与专业课教学的深度融合，激发学生对课程学习的原动力，培养大学生科技创新能力，并及时提供线上关爱服务，引导大学生树立科学的人生观和价值观。

一、课程背景

21世纪，随着社会经济和科学技术的发展，市场环境发生了巨大变化，消费者需求日趋主体化、个性化和多样化，产品的生命周期缩短，产品的质量、交货期和技术革新至关重要。同时，自动化、计算机、电子信息等技术的渗透、衍生和应用，极大地促进了制造技术在宏观和微观两个方向上的蓬勃发展，急剧地改变了现代制造业的产品结构、生产方式、生产工艺和设备、生产组织体系。李克强总理提出我国要实施"中国制造2025"，坚持创新驱动、智能转型、强化基础、绿色发展，加快从制造大国转向制造强国。"中国制造2025"强调了信息技术和制造技术的深度融合，是新一轮产业竞争的制高点，而智能制造技术则是抢占这一制高点的主攻方向。

本课程是在传统制造技术的基础上融合计算机技术、信息技术、材料科学、自动控制技术以及现代管理理念等专业知识，涉及制造业中产品设计、加工装配、检验测试、经营管理、市场营销等产品生命周期全过程，以实现优质、高效、低耗、清洁、灵活的智能生产，提高对动态多变市场的适应能力和竞争能力。本课程教学包含了产品的先进智能加工制造工艺及智能产品设计、智能生产设备、智能生产过程管理、智能产品销售过程等全部内容。在学科专业方面，其有别于传统制造技术的学科专业、单一、独立的特点，具有专业学科间的渗透和交叉特性。课程的设置对于培养专业视

野开阔、适应高科技发展和新技术应用的工科技术人员具有重要意义。

二、疫情下高校专业课教学遇到的问题

（一）传统教学模式无法开展，教师缺乏直播经验

疫情期间，老师和学生都无法按时返校，不能按照以往传统的教学模式进行授课与学习，亟须改革原有的教学模式和方法。多数教师虽然听过网课教学，但网络直播教学很少被用于高等学校的正规教学中，随着疫情的暴发，网络直播课被提上日程，很多教师成了网络主播。由于时间紧、教学任务急以及对网络直播教学的不熟悉，多数教师只能一边学习网络平台的操作技巧，一边完成教学。网络直播教学与传统教学差别较大，它从在课堂上与学生面对面授课的方式变成了对着电脑屏幕"隔空授课"。为此，很多教师对于网络直播授课感到无从下手，为了有效开展线上教学，选择和借力各种网络授课软件工具就显得迫在眉睫。

（二）缺乏课堂真实感，学生自律性差

传统课堂教学模式下，教师、学生在同一个空间内上课，有早读和晚自习要求，教师面对面监督学生，有同学在身边一起学习，即便如此，课堂上也还是存在学生上课注意力不集中等现象。而采用网络直播授课方式，学生在家中上课，自律性差的学生的学习效果就更差了，同时由于上课时间和学生在校上课的时间一致，一次课按两节课 90 分钟来上，学生的网络学习关注度不够，部分同学不能一直坚持听到最后，最终造成学生的无效学习和网络资源的浪费。如何对网络直播授课过程进行有效的规划和设计，激发学生的学习积极性和自律性，增加学生的课程学习兴趣，同样是非常棘手的问题。

（三）课程网络教学平台资源有限，无法满足在线学习要求

学校现有的课程网络教学平台资源不够完善，慕课视频、作业考试题库、教学辅助资源等资料无法支撑全程线上教学。如何完善线上教学资源，有益补充直播授课内容，对学生进行测试和考试，以便能够及时掌握学生学习情况，在直播教学过程中就成为重中之重的问题。

（四）加强学生爱国主义教育，课程思政内容有待补充

疫情特殊时期，为加强学生爱国主义教育，在课程中突出强调"担当与责任""科技创新""诚信与守时""大国工匠""绿色发展"等思政要素，并结合疫情期间的实际案例，将其有机融入课程教学，有效引导学生将个人发展与社会发展、国家发展、

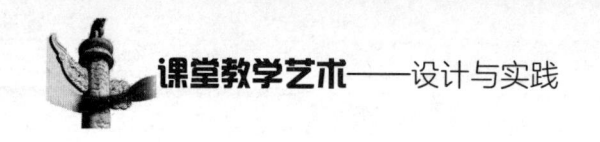

专业发展相结合，激发学生为国家学习、为民族学习的热情和动力。

三、"互联网+教学"的实施过程

针对上述疫情下高校专业课教学存在的问题，课程教学团队及时跟进教学改革，精心设计线上课程教学课件，依据学生实际情况，不断调整并完善教学计划，积极调动学生线上学习积极性，使其做到学以致用。

（一）依托共享课在线课程资源，建立翻转课堂

本课程团队在山东省高等学校在线开放课程平台已经建设完成"漫谈智能制造技术（山东联盟）"慕课，已运行两个学期，选课累计高校有21所，共有选课学生2886人。本课程总体情况如图1所示。

图1 "漫谈智能制造技术"课程总体情况

依托该慕课课程资源，根据临沂大学轨道交通信号与控制本科专业的培养方案，在智慧树网络教学平台为该专业的学生量身定制"智能制造技术"课程，携手共享云端在线翻转课堂，共同开拓本课程学习新模式。本课程智慧树网翻转课堂教学平台入口界面如图2所示。

在智慧树《智能制造技术》翻转课堂教学平台上传所有慕课授课视频，更新课件并补充教学案例，完善教学辅助资源，扩充题库，发布作业和测试任务，从而满足了该课程全过程线上教学需要。截至目前，在线学习平台视频资源总数已达108个，慕课视频总时长542分钟，题库试题300道，作业和测试总次数13次，为在线教学提供了有力保障。课程13个专题学习资源和专题一部分学习资源界面如图3所示。

图 2 翻转课堂教学平台入口界面

图 3 课程学习资源界面

（二）利用各类网上教学工具，强化教学平台使用

针对临沂大学自动化与电气工程学院 2017 级轨道交通信号与控制专业全体学生，任课教师创建了课程微信群，通过该群及时发布课程要求和答疑辅导。

在授课过程中，教师分别使用腾讯课堂、钉钉群和智慧树平台等不同网上直播授课方式，在多个平台切换授课进行测试，与学生一起测试网络流畅性，最终根据学生反馈情况，选择在钉钉群进行直播授课，保证了授课网络环境的稳定性。线上教学任务完成率为 100%，学生出勤率高，师生互动充分，学生积极参与课堂活动。本课程通过和学生视频授课，改变了传统课堂教学中的一对多的互动方式，转变成一对多与一对一互动同时进行，学生线上学习积极性高，教师与学生的互动频繁而热烈，同时通过翻转课堂布置预习作业，使师生讨论问题更有针对性。课程预习任务发布界面如图 4 所示。

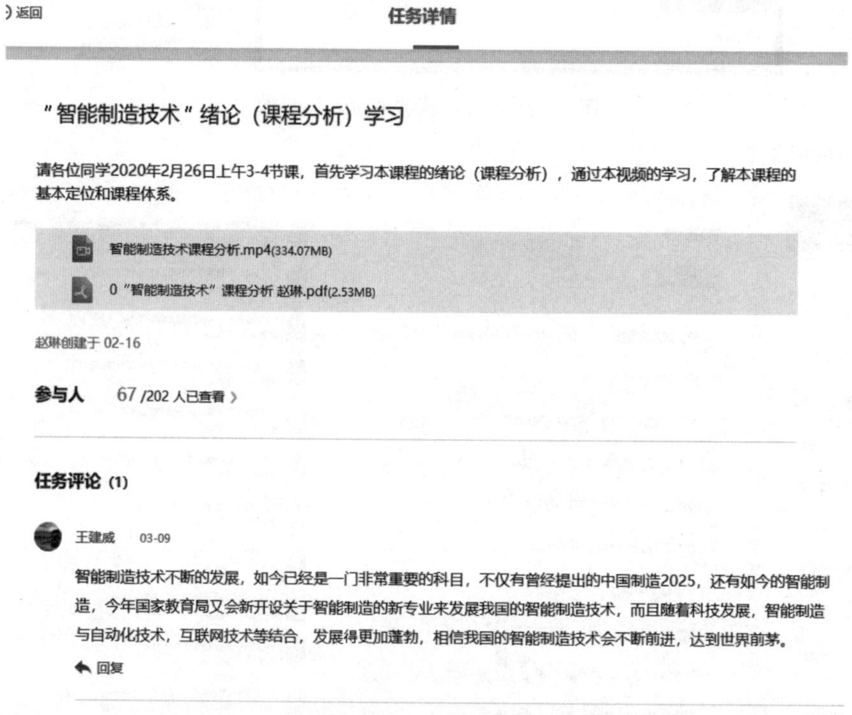

图 4 课程预习任务发布界面

利用钉钉课程群进行直播授课和考勤签到管理，同时通过视频通话和信息面板进行授课互动交流。

（三）用"战疫"案例充实课程思政，树立学生正确的人生观和价值观

在教学过程中，课程教学团队为确保线上课程内容、讨论内容、学习内容科学健

康，防范并及时制止网络有害信息的传播，实时将思政育人元素有机融入课程内容当中。

1. 结合制造业对国家综合实力的影响，引入思政元素

例如在"智能制造技术的发展及体系结构"专题直播授课过程中，结合我国制造业的发展历史，选用《中国工程机械》纪录片视频，通过工程机械行业龙头企业的几位企业家讲述的各自企业发展历史，彰显制造业的巨大成就，以此视频为切入点，引入"国家强了则民族强"的思政内容，强化学生对中国改革开放举措的正确认识和对攻坚克难精神的理解，使其明白责任与担当，增强了学生的民族自信、制度自信、文化自信。

2. 结合疫情期间火神山、雷神山建设，引入思政元素

新型冠状肺炎病毒突袭武汉，我国火神山、雷神山医院的建设速度向世界证明了中国速度，创造了世界奇迹，而如此之快的建设速度当然少不了中国工程机械的支持。推土机、挖掘机、起重机、压路机悉数登场，不少制造企业勇于担当，不计报酬地召集可使用的设备以及技术人员随时待命，积极投身到援建火神山、雷神山的工程当中。危急时刻，唯有中国企业方能担当民族大任，这就是中国速度背后的中国制造和中国精神。由于工程复工面临人员聚集带来的病毒传播风险，火神山、雷神山医院项目建设明确提出大力推进企业数字化转型，推进大数据、物联网、无人机等技术应用，与此同时国产汽车厂商第一时间转产口罩生产线，河南某建筑工程公司用 3D 打印技术"打印"隔离病房……这些感人事迹结合课程专题内容的讲解，无疑让学生意识到智能制造技术的发展正是中国经济发展的强劲动力，由此更加认真学习物联网、大数据分析、3D 打印技术、机器人技术、绿色设计等课程专题内容，立志将来利用科技创新制造出更多的工业智能产品建设祖国；激发学生树立正确的社会主义核心价值观；发挥课程思政中时事政治的重要作用。

3. 采用多元考核方式，体现学生综合素质

学生学业成绩=平时成绩×40%+期末成绩×60%，采用多元化考核方式，将过程考核和结果考核相结合，综合评定学生本课程学业成绩。

学生平时成绩由三部分组成：登录智慧树课程平台，完成本课程 6 个模块 13 章课程内容对应的 13 次作业成绩综合评定，占平时成绩 30%；由登录智慧树课程平台资源查看次数、资源下载次数、课程讲课视频学习时长等综合评定组成，占平时成绩 40%；课堂笔记成绩占平时成绩 30%。课程平台作业完成情况和学情分析情况如图 5 所示。

图 5　课程平台作业完成情况和学情分析

期末成绩考核方式具体要求如下：

根据课程内容要求学生撰写 3000～5000 字的综述性科技论文 1 篇，提供论文模板和命题范围，尤其鼓励学生自拟题目；研究报告论文必须独立完成，不得弄虚作假，不得抄袭他人成果，出现雷同论文皆以 0 分处理；研究报告论文需要提供有效的查重报告，重复率不得超过 30%。期末考试侧重于考核学生的文献查阅能力、知识运用能力及创新能力等方面，以体现应用型人才培养模式的特点。

4. 关心学生心理健康，提供线上指导关爱

特殊时期下，有些学生的家庭网络条件不能满足网络直播要求，直播授课过程中关注学生的上课情况，对于不能按时参加直播授课的学生，给予特别关注和沟通、单独辅导；及时疏导学生的学习心理压力，鼓励学生观看回放，进一步丰富翻转课堂的网络资源和教学内容，利用课程讨论区，以鼓励为主，引导学生对相关问题进行思考。

四、教学效果及反思

目前，线上学习的最大优势是可以不受时空限制，学习时间较灵活，学习安排较自由，其缺点是学习过于自由、知识碎片化、不易形成完整体系，尤其部分自制力不强或时间管理观念较差的学生会出现学习效率低下的情况。因此，线上教学期间，课程组教师团队优先引用疫情期间涌现出来的先进智能科技产品案例和思政案例，结合课程内容，激发学生兴趣；积极运用信息化多种教学手段，监督和引导学生在翻转课堂中的自主学习，从而帮助学生快速消化理论知识；在直播授课中加强师生互动环节，与学生探讨智能制造技术给当今社会带来的变革和影响，加深学生对课程知识的理解和应用。

通过以上探索和实践，本课程利用"信息化+思政育人"的教育新模式，培养学生思考的习惯和自主学习的热情，使其在学习中学会思考，在思考中寻求解决问题的方法。在课程今后的教学过程中，要不断总结经验，将线下学习转换成线上学习和课堂面授相结合的教学模式，即线上线下混合授课模式，与学生携手共享云端在线翻转课堂。

五、总结

疫情期间，通过"智能制造技术"课程"互联网+教学"的授课模式，使学生清晰地认识到科技前沿技术的重要性，完善了学生的知识体系结构，开拓了学生的科技视野，为其即将到来的就业和考研做好了准备。

咬定青山不放松，精彩课堂建云中

——"计算机网络"课线上教学艺术

符广全　信息科学与工程学院

传说中，恐龙统治地球一亿六千万年之久，突然间消失灭绝，源于行星撞击、火山喷发……给人类留下生物史上千年难解之谜；科学幻想中，陨石雨撞击地球、冰河世纪、大陆架板块漂移……灾难暴发，人类被迫建造宇宙飞船逃离地球，寻找生命的新空间。

这类属于传说和科幻中的故事，没有人会当真。然而，就在 2020 年年初，突然间新冠肺炎疫情暴发，摧毁了教学依赖的线下课堂，使得教师开始将目光转向线上授课，寻求云中的那片空间。为了打赢疫情防控阻击战，做到"停课不停学"，昔日的园丁各显其能，纷纷从三尺讲台转战到网络、云端，我们"计算机网络"课程教学团队经过不断摸索和尝试，有苦也有甜，得到了锤炼，总结出了一套融"放""管""服"于一体的线上教学经验。

一、以 OBE 理念为导向，以能力塑造为目标，定变统一的教学艺术

疫情期间，教学方式、教学手段会有许多变化，要想保证教学质量，确立一个核心教学目标是关键。不管怎么变，核心目标不变，主体原则不变。正是有了核心目标和原则，保障疫情期间教学形式、方法上的有章可循，万变不离其宗，才能保证教学效果与质量。课程团队多次研讨，认定以 OBE 理念为导向、以能力塑造为核心的目标，围绕这一目标，不拘一格地以各种形式，组织各类线上资源开展教学和训练。

在锁定教学目标的情况下，教学实施中遵行"放""管""服"的教学原则。"放"是指放开资源、放开时间、放开考核，让学生自由自主地探究学习；"管"是指研究线上教学机制下如何发挥老师的主导作用，监控、监管教学质量，以有效指导、主导教学进程，避免"放羊"；"服"是指在线上线下跨时空的大环境下开展学生答疑、指导服务，以保证学生探究学习的有效性。

充分利用现有的教学资源和手段构建线上课堂。近年来信息化教学积累了大量的线上课程资源，比如，既有可借用的计算机网络 MOOC 课程、思科网络学院、PTA（programming teaching assistant，浙江大学开发的程序设计类实验辅助教学平台，该

平台除了提供支持多种语言的海量习题外,还能实现在线评判、编译错误提示、多案例数据测试等功能)测试系统,也有在线教学辅助工具,如雨课程、对分易、腾讯课堂;同时有一系列的新型教学方法,为我们提供教学方法基础,譬如翻转论坛、MOOC自主学习、微课程、探究式教学、自主学习、在线交流答疑等。OBE 教育模式给我们提供了可借鉴的范型,工程专业认证给我们提供了可依托的机制。但以能力为目标的创新人才培养的实现,绝不是这些方法和模式的简单叠加和套用,它是问题和方法的有机结合,是方法的适切选择和有效搭配,需要围绕目标以 OBE 理念导向的资源与方法的整合,经能动地创造和创新地教学实施才能实现,如图 1 所示。

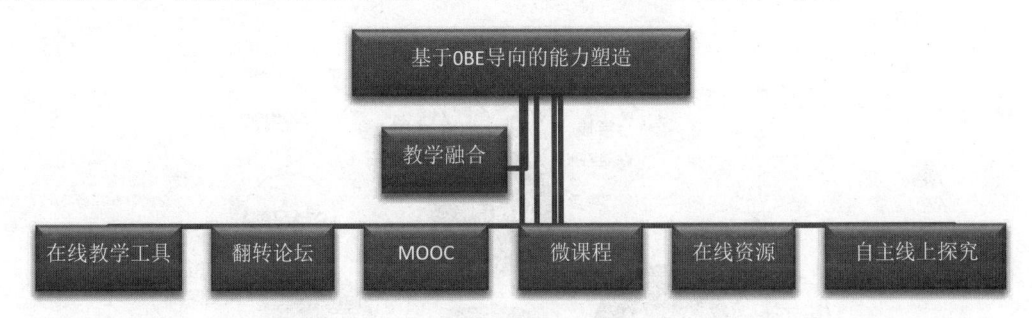

图 1　基于目标原则的线上教学融合

二、团队协作、接力互补的资源优化整合教学艺术

在省一流课程的申报和创建中,"计算机网络"课程形成了稳定的教学团队,也于线上线下的教学探讨中积累了一定的线上资源和教学经验,奠定了应对这次疫情的重要基础。要构建精品线上教学,离不开系统的线上资源和教学平台、工具。从教学过程看,包括教学、讨论、练习作业、实验、考核等环节;从资源上看,需要课件、视频、作业练习、实验、自主学习、考试考核等教学资源;从支持教学实施的平台工具上看,需要课堂教学、讨论互动、作业与批改、讨论交流、教学组织及考试测评平台。

在线上线下混合教学阶段积累的资源虽然数量不少,可用的平台工具也有多种,但这些资源、工具都是离散的,不能相互衔接系统地支持整个教、学、练、评的教学流程。因此,资源、工具、环节的搭配就成为关键。我们发挥集体的优势,团队协作搜集资源,整合优化,并将教学、作业练习、互动交流、组织、考核等系统接力互补,支撑整个教学流程,使离散的资源、工具整合支撑完整的教学系统,统筹对接提升授课效率,方便教师教与学生学,全面构建线上支撑平台。

之前进行线上线下混合教学改革和试点时,对网络教学和线上资源的建设有所积累,但从没有如此急迫,更不是如此系统、全程的迁移,所以课程方案的规划十分关键。课程组教师对教学形式、课堂形式、直播方式、录播方式进行了持续的讨论,多方查找,考察智慧树、中国大学等平台上的计算机网络课程,对比 MOOC 中的讲课内容和层次,同时考虑学生端的操作简易性,选定了多门 MOOC 优质课程,供同学选用;利用、建设线上平台以共享资源、开展讨论、进行线上作业、考核;考察与选择多种线上教学工具以组织教学,如 QQ 群、对分易、雨课堂、钉钉,并为学生准备了 PPT、视频、习题等教学资源。开课前的这些准备工作为线上教学的开展奠定了重要基础,至关重要。教学团队通过集中讨论和资料搜集,为课程线上教学筹备了资源、工具,搭配衔接完成了整个线上教学任务(见图 2)。

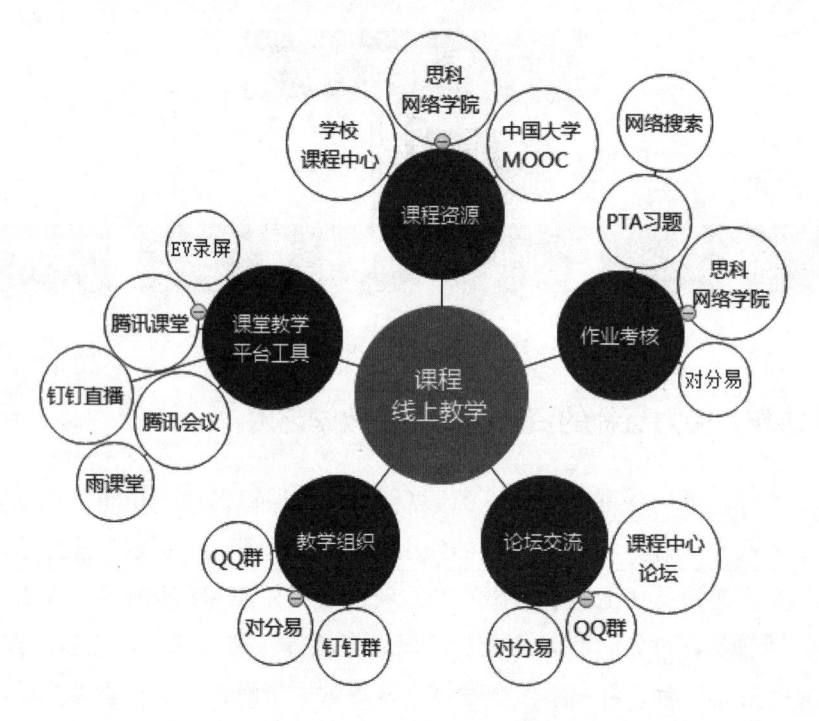

图 2 资源与工具构建线上教学系统

三、因地制宜的线上教学实施艺术

(一)线上课堂的"放、管、服"教学艺术

教学中,虽然给学生选择了 MOOC,可如果把课表时间都放给学生学 MOOC,老师就不能有效地跟踪和把握学生学习状态,很容易"放羊",学生学没学、学了多少,老师没法控制和了解,从而失去主导和控制的作用。教学中探索使用了"课上直播+雨课堂互动"的教学形式,在课表时间内进行线上直播教学,通过在线课堂主导和管控学习的进程,保障了基本理论的教学;课表之外的时间,则提供和放开资源,

让学生学 MOOC、探究问题、论坛发帖；通过提供优质 MOOC 资源服务学生，通过雨课堂、QQ 群、论坛等进行指导、答疑解惑，在师生在无法面对面交流的情况下，最大限度地同步进度，保证教学效果。

直播教学中综合运用腾讯会议、对分易、雨课堂、EV 录屏等在线工具，配合协作，师生逐步协调、运用自如，效果显现。腾讯会议直播流畅、功能实用，视频与桌面共享兼有，师生交互方便，学生端用微信就行，简单方便；用对分易、雨课堂给学生发送通知消息、考勤签到、课件共享、在线交互、讨论问答；直播课堂采用 EV 录屏，课后学生观看视频回放，消化难点。在开放时空、教学资源的情况下，通过线上签到、互动管理来把握学生状况，通过作业反馈、讨论指导服务于学生。

（二）放开作业训练，在跨越时空的自我探究中培养能力

课程组结合之前线上线下混合教学的基础和经验，综合应用多个平台进行资源共享和作业考核。图 3 展示了思科网络学院作业、试题完成情况。

（1）思科网络技术学院课程平台。应用重点：课件讲解、作业、自测、在线实验。

（2）PTA 平台。应用重点：作业、自测。

（3）临沂大学课程中心。应用重点：课件、视频学习、论坛交流。

（4）课程中心：课程论坛、课程视频学习。

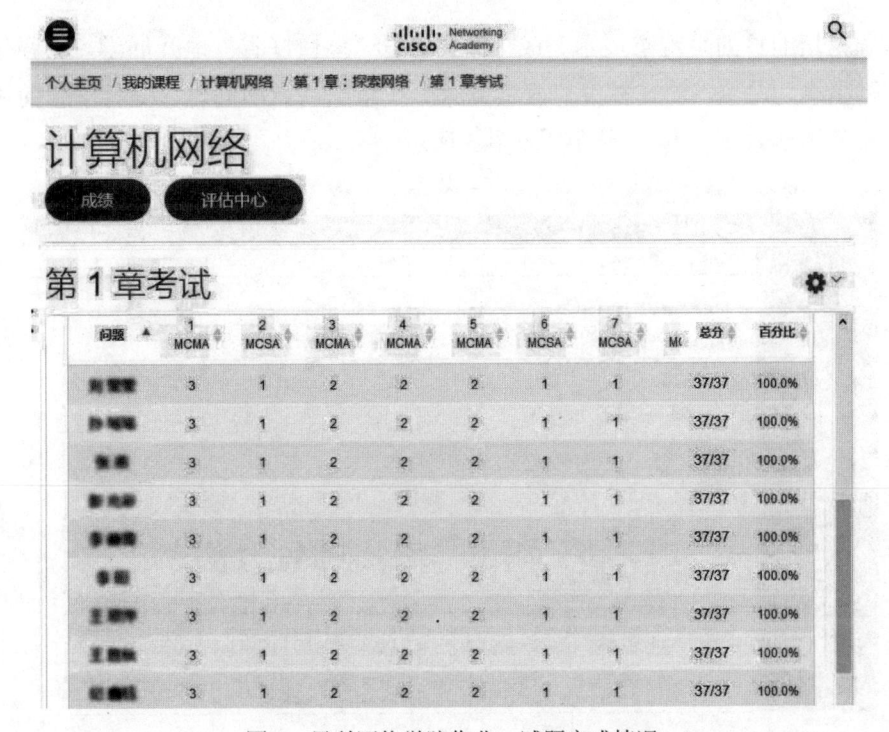

图 3 思科网络学院作业、试题完成情况

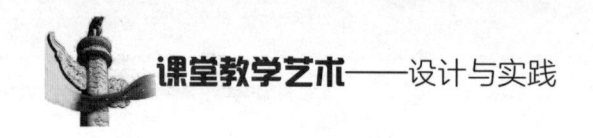

（三）基于论坛的小组协作式开放探究艺术

既然是在网上学习，就要不拘泥于传统。尤其在作业方面，我们突破传统作业的限制，开放思路，让学生充分利用百度、数字期刊等资源，探究一些课程、理论背后的思考，提升学生的思想高度，教会他们从更全面的角度看问题、想事情；为了增加师生交流和共享，我们利用久违的论坛作为师生交流的空间，为克服传统论坛发帖杂、乱、多的问题，我们制定了"师生论坛公约"，如图 4 所示。

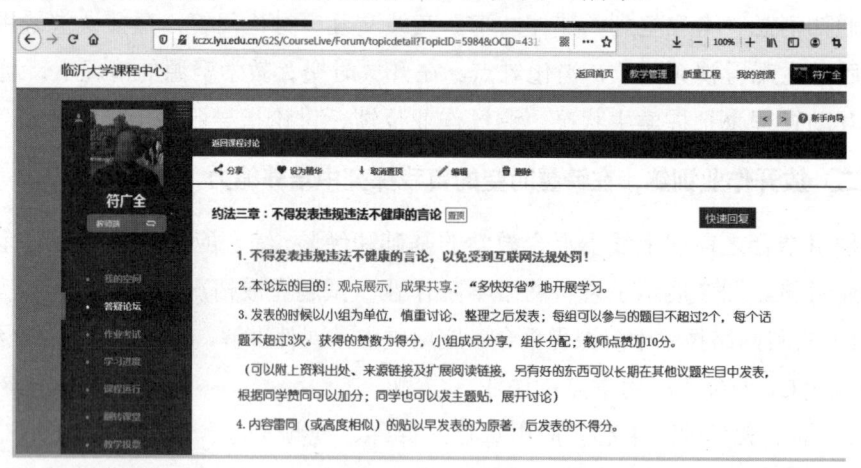

图 4　师生论坛公约

明确论坛的目的是观点展示、成果共享，以"多快好省"地开展学习；强化学生组织，以小组为单位，协作探究、互助共荣，在组织高效的同时，提升学生的协作能力、共荣的团队意识。其实施情况如图 5 所示。

图 5　探索成果的论坛发布

四、开放的综合能力考核的全过程评价艺术

以能力效果为评价指标,实施应用能力考核,以能力体现知识;过程阶段考核与期末验收考核结合;对学生成果进行展览、鉴赏的多主体评价模式;以评价促学,鼓励创新。

(一)能力考核

应用能力是考核的重点指标,以能力考核为重点,推行非标准化考试。案例分析、论述和综合题等形成试卷考试题型,考试采用线上组织监考、线下自主答题形式,将网络实践与笔试完美结合,以开卷开放的形式完成答卷。评价不拘泥于标准答案,不追求答案的唯一性,只要学生分析得有道理,就可以给出合理的分数。

(二)学业成绩综合组成

实行基于能力的"4+1+1"全过程多主体评价机制,立足过程性评价和终结性评价相结合;通过学习笔记、成果展览鉴赏,形成有学生参与的多主体评价,以评促教督学。

(三)过程考核

课堂上的雨课堂测试、思科网院的平时作业、论坛中的点赞得分系统自动生成,直接引用构成平时成绩。平时考核包括学生的单元考核、出勤、学习笔记展览等体现过程学习中学生思想品质及专业素养的评价。

(四)考核主体多样化

对出勤、学习笔记、实验记录、论坛等进行公开展览,由学生、教师共同组成考核小组,在展览中让学生评议,考核小组赋分。

基于能力进行考核的学业考核机制,鼓励了能力培养的教学改革,强化了其能力培养的成效。

五、成效与反思

(一)线上教学新天地,大有可为,大有作为

面对疫情突发给教学带来的影响,经突击准备、努力探索,成功开启了线上教学之路。这得益于前期混合教学的经验积累和线上 MOOC 的大环境,前期条件的奠定和资源的积累,为这次课堂教学大迁移提供了资源、条件和方法基础。在学校、老师

的积极筹备下，成功地组织了线上教学，教学过程基本顺利，并取得了较好的效果。"背水之战"有效地激发了师生的能动性，对充分利用线上资源改革教学的实践起到了跳跃式提升的作用，对更新教师线上教学理念、提升教师线上教学水平、发挥线上教学优势，及未来进行线上线下融合是一次极大的促进。课程组教师不同程度地学到了新技能，拥有了新体验，积累了新经验。

（二）多种平台资源的综合应用与优化，开辟云空间

教学中充分利用多种线上平台和工具，如课程实际使用的平台如思科网院、中国大学MOOC、临沂大学课程中心、PTA等多个平台；使用的工具如腾讯视频会议、钉钉、对分易、雨课堂、QQ群、锐思云等更是应有尽用。这些平台和工具优势互补、整合协作，充分挖掘资源支持课程教学。

（三）不足与反思

边用边学边创新，在提升线上教学效果的同时，也暴露了我们的不足，引发了我们更多的思考。

首先，线上资源和平台较为散乱、良莠不齐、不成体系，利弊共存。为满足本校个性化的课程教学需求，不得不临时凑成自己的"百衲衣"。另外，各平台内力不足，如潮的用户让平台系统崩溃，一定程度影响了教学效果。

其次，教师要建立自己线上课程的SPOOC。学校要支持，老师要自觉、积极地创建、积累线上教学空间，构建自己的SPOOC。构建课程的SPOOC有一定的困难，课程资源开发慢，系统平台更新快，教师理念、课件质量、教学方式都处处受到制约。但网络资源需要积累，别人的MOOC虽然可以引用，但终究不是自己的成果。建议学校提供和开放网络空间，给教师一块"地"让教师以自己的方式去耕耘，构建自己的云课堂空间。目前，我校课程中心是一个比较好的平台，在这次教学中，"论坛答疑"模块为课程教学中学生探究成果的展示、交流提供了平台，解决了一大难题。课程SPOOC的构建不仅是资源的积累，更是教学的整合，能够引发教学创新与改革。疫情之后，期待老师都能努力搬上云端筑新家，积极拓展新视野。

借疫情防控之契机，展线上教学之魅力

——"C 语言"课程线上教学模式的探索与改革

董艳雪　信息科学与工程学院

"C 语言"程序设计课程是培养学生核心素养、计算思维和程序设计能力的基础课程，是计算机类各专业的必修主干课程之一，是数据结构、操作系统、数据库及其应用等主干课程的先修课程。作为整个专业培养的基础之基础，该课程包含大量的实践教学环节，旨在使学生能够具备正确的软件设计观念和良好的编程素养。新冠肺炎疫情期间，正常的线下授课无法完成，如何应用线上平台完成知识讲解？如何从思想上激励同学们坚持学习？如何保证线上教学效果不低于线下授课效果？本文就以上问题做了一些探索和实践，在教学设计部署、教学过程实践、教学效果反思等方面分享一点经验。

一、教学设计

作为一门编程类语言，"C 语言"课程对学生动手能力的培养要求较高，相对传统线下面对面式的教学，线上教学对学生动手能力的训练难以监管，而无教师监督下的练习，学生难以找到出错点，进而容易产生倦怠情绪，势必难以达到较好的教学效果。基于此，引入"三段式"教学设计理念，综合运用线上直播和在线训练平台，力求"课程不忘融思政，当日知识不过夜，理论实践并进步"。

（一）第一阶段：直播，理论与思政（时长：30 分钟）

该阶段，主要利用腾讯课堂直播，带领学生完成以下两个任务。

1. 温故

对上次课的内容进行回顾和平台作业点评，实现本堂课知识的引入。传统的线下课堂往往通过课堂提问来完成，费时又不易掌握学生学习的整体情况。而线上课堂提供了互动小工具，教师可以分发题目、限定回答时间，短短几分钟的时间即可明白全体同学的知识掌握程度，从而有效指引本堂课知识讲授的展开。

2. 知新

通过线上互动进行启发式、探讨式教学，结合实际案例完成知识能力提升。在给出案例、流程讲解、完成案例代码编写过程中，学生利用弹幕或聊天窗口，在授课的任何时间提出疑问，教师实时调整授课速度、授课着力点，对提高授课效率和提升授课靶向具有非常积极的作用。

疫情当前，教师的责任不应只是完成日常教学，更应该关注对学生情绪的疏导，因此，在直播过程中应兼顾思政元素在课程中的融入。例如，在介绍"循环控制语句的语法构成、执行过程和执行特点"时，融入介绍每天看似平淡的生活其实是为将来的美好生活积能蓄势，学习也是如此，只有每日积累，才能积少成多，最终攀上科学的高峰；在介绍分支结构的语法形式、执行过程时，融入介绍人生同样面临分支、面临选择，当处于人生分岔口时，我们需要树立正确的价值观来指引抉择，除了要慎重抉择外，也要勇于承担抉择带来的后果。

（二）第二阶段：实践，编程与纠错（时长：40 分钟）

该阶段主要完成第一阶段理论知识的落地，即将编程理论应用于具体案例。C 语言具有表达灵活、执行效率高的特点，但也正是其灵活性增加了它的使用难度，代码编写过程中极易出错，即使是简单的几行也可能报出若干错误，只有通过大量的编程练习、代码调试、错误修改，编程能力才能有所提高。

教师通过该平台布置编程练习，或引用、或自行出题，学生线上提交答案后，实时获取错误提示和评判结果。对学生来说，其完成的代码量远远超过传统线下教学；对教师来讲，不仅从批改代码的繁重工作中解放出来，还能够从完成度、查重结果、成绩分析等数据统计结果分析出学生的薄弱环节，从而更好地进行下一步的教学设计（见图 1）。

整个实践阶段，授课教师全程在线监管，对出现较为集中的错误进行统一讲解，对个别问题进行线上一对一答疑。

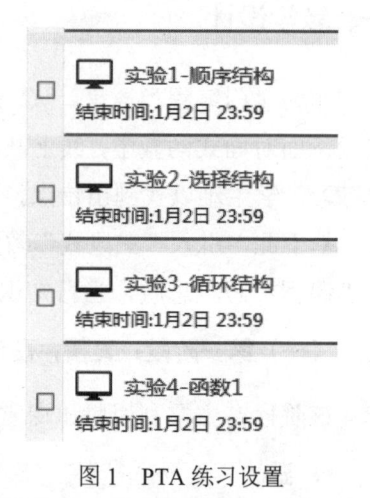

图 1　PTA 练习设置

（三）第三阶段：总结，升华与内化（时长：20 分钟）

该阶段通过总结理论、分析代码常见错误，实现学生认知的升华与编程素养的内化。首先，授课教师利用腾讯课堂的"答题卡"功能，对本堂课的知识点进行互动式总结；其次，利用 PTA 平台的数据统计结果，对常见的编程错误进行讲解和修正；最后，对难度较高的应用问题，逐步骤、由浅入深进行启发。

本阶段属于应用能力的拔高阶段，问题多出现在较为复杂的应用案例中，因此需找准症结，有针对性地进行总结讲解，并注意启发延伸，引导学生对代码的多样性产生更深入的思考。

二、教学过程

以"三段式"的教学设计为基础，采用"四步走"的方式完成教学过程的具体实施。

（一）通知

每次课前 10 分钟，利用腾讯课堂"邀请学生听课"的功能，将邀请码发送至学生群，学生扫描二维码，通过腾讯课堂 App 或浏览器进入课堂。

（二）直播

提前 5 分钟，利用腾讯课堂平台的"签到"功能，要求学生按时完成签到（见图2）。

图 2　发起在线签到

给定时间完成签到后，与学生共享教师屏幕，开始线上直播，为便于学生课下复习，勾选"生成回放"。

（三）任务

在 PTA 平台布置实践任务，教师监督学生完成编程任务，并在线随时针对个别问题进行答疑。

（四）反馈

根据练习题的题目通过率（见图3），有重点地进行讲解；对出现的语法问题或逻辑设计问题进行分析和总结,集体反馈与个别指导相结合,力求同学们一个都不掉队。

分数	通过数	提交数	通过率
15	121	495	0.24
15	107	695	0.15
15	121	470	0.26
15	109	250	0.44

图 3 PTA 平台数据统计

三、教学成效

疫情期间,虽然只能进行线上授课,但同学们的学习热情未受丝毫影响。课前,同学们都能准时进入腾讯课堂;课上,都能积极地参与互动,认真跟着授课教师的思路;课下,能按时完成课后任务,甚至很多同学会在深夜发来疑问,足见其端正、积极的学习态度。

从课程参与度来看,在 16 周的授课中,全勤率达 87.5%;从课程的编程练习完成情况来看,PTA 成绩量化为百分制,平均成绩达 93 分;从期末考试成绩分布情况来看,最高分 98 分,最低分 78 分,平均分达 91.3 分,及格率达 100%。

应该说,本课程的线上教学不仅圆满完成了教学任务,还在结合多种平台的基础上,实现了更加高效、高质的教学。

四、线上教学优势

借助腾讯课堂这一平台进行了为期 16 周的课程直播,从最初的生涩、不适应,到后来的熟练应对;从最初的以教师讲解为主的授课,到后来以学生为主的互动式授课,真真切切感受到了在线平台给师生带来的诸多便利

(一)到勤数据更精确

线下课堂点名,不仅占用了授课时间,而且数据往往不精确;而线上点名则极为便利,利用平台签到功能,设定 90 秒签到时间,时间到,结果出,快速掌握学生到勤情况。

(二)互动数据更精确

线下课堂中,授课教师难以用逐一提问的方式来全面知晓学生的知识掌握情况,

只能根据学生表情或个别提问情况来大致掌握；线上课堂中，利用平台的"答题卡"功能，给定答题时间，时间截止，马上显示学生的答题情况，这为了解学生的知识掌握情况提供了极可靠、极精确的数据。

（三）师生沟通更自由

线下课堂上，学生提问要直面授课教师，很多学生因为害羞胆怯而不敢提问；线上课堂上，学生变得更活跃，提问量明显比线下课堂有所提升，不得不说这是网络给师生交流带来的又一红利。

（四）授课视频可回放

线下课堂里，有的同学因课上没跟上节奏，不得不跟着老师听第二次课，费时又费力；而腾讯课堂平台提供的"视频自动生成回放"功能，给同学们提供了可回溯的机会，很多课上不太明白的问题可以反复回看且可倍速播放，学习起来更高效、更便利。

五、教学反思

线上平台在让教师精确掌握授课相关数据、与学生充分沟通、视频的保存与回放上都有巨大的优势，但经过一个学期的实践，个人也对线上授课总结出了以下反思。

（一）互动力度需加大

学生长时间看直播课程，由于屏幕小，又非现场授课，很容易疲乏、走神，因此在授课中，应增加互动环节，时刻吸引学生注意力，以保证授课效果。

（二）授课速度需放慢

由于授课教师无法直面学生，看不到学生对所讲解内容的反应，有时会不自觉地语速变快，导致学生跟进起来有困难，甚至有的学生后期放弃了课程学习。因此，在授课中适当地降低语速，重点内容多重复，学生跟进起来不困难，能坚持到底直至完成课程的学习。当然，授课速度的放慢并不是授课内容的缩水，而是将部分易接受、易理解的内容以录播的形式提供给学生，将线上直播与录播相结合来完成课程教学。

（三）教师答疑需助教

线上的自由交流给了学生更便捷的提问平台，然而诸多需回复的疑问无疑大大加重了授课教师的工作量。因此，建议指定多位同学担任线上助教并设定奖励机制，简单的语法问题、格式问题由助教完成答疑，较综合性的问题由授课教师完成答疑。

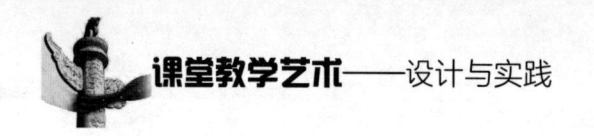

六、结语

　　虽然新冠肺炎疫情的肆虐阻挡了正常教学的进行，却为线上教学的进一步成熟提供了契机。综合应用多种线上工具，采用"三段式"教学设计和"四步走"的教学实施，成功构建了线上课堂。灵活的线上直播、多样的互动工具和更精确的统计数据，无一不为线上教学注入了无穷魅力，同学们也在这种新型的教学模式下获得了更优质的学习体验和更优秀的学习结果。可见，线上教学为传统教学提供了更广阔的平台，也必将在教学模式改革与探索的海洋中掀起五彩的波澜。

改革创新促发展,持续探索建"金课"

——"数据结构""基于OBE、理论和实践相结合"的线上教学艺术

许作萍　信息科学与工程学院

"苟日新,日日新,又日新。"创新是一个民族取得进步的有效保证,也是国家立于不败之地的重要因素。"数据结构"是计算机相关专业的一门专业核心课,无论是现实生活中、学生考研复试,还是大型互联网公司的面试,都能寻觅到数据结构的身影。在当前科学技术飞速发展、信息化技术不断普及的新形势下,恰逢新冠肺炎疫情防控的关键时期,如何实现该门课程教学同现代化技术的深度融合?如何建设适应新时代发展要求的一流本科课程?课程组教师不断尝试新的课堂教学模式,在更新教学内容和创新教学方法方面,一直在不断探索、不断调整、不断进步。

一、积极研讨,潜心教学设计的研究

(一)积极探索线上教学模式,建设智慧课堂

从 2017 年开始,课程组教师就一直在探索适应新工科人才培养需求的课程教学模式,从一开始的"B 站在线视频+雨课堂+PTA 平台"教学模式的尝试,到后来采用的"智慧树在线视频+雨课堂+PTA 平台"线上线下混合式的教学模式,在教学实践中积累了很多丰富的教学经验。在疫情防控的关键时期,课程组教师继续尝试过渡到线上的教学方式,针对不同的教学内容灵活采用多种不同的教学方法,最终确定以智慧树平台在线课程、腾讯课堂直播为主,辅以 PTA 程序设计类实验辅助教学平台课后练习、雨课堂随堂测试,再加上对重点内容单独录制教学视频,通过 QQ 群上传课程资料、课后答疑、布置小组作业,利用金数据集中调研学生的反馈信息,通过综合运用多种信息化教学手段,保证线上教学效果,让学生们停课不停学,只争朝夕,不负大好年华。

(二)不断更新教学内容,打造有深度、有难度、有挑战度的"金课"

1. 深入挖掘课程中的思想政治教育元素,落实立德树人根本任务

课程中的很多内容与现实生活联系密切,涉及的算法知识也是对学生逻辑思维能力的一大挑战。通过思政的具体化,把历史文化知识、社会主义思想等引入课程中的

部分专业知识，既达到课程思政的目的，又能促进专业知识的理解和学习。

教书育人是教师的天职。如何才能在教给学生专业知识的同时，也能够完成育人的使命？如果能引导学生寻找生命的意义，实现人生的价值追求，塑造完美的人格，对于老师来说实在是一件相当幸福的事情。为了这个崇高又必需的目标，在课堂教学中，深入挖掘课程内容所蕴含的思想教育元素，致力于将"理想信念""传统文化""爱国情怀"等思政元素巧妙融入专业知识点中。比如，讲到"折半查找的效率"时，引入中国高铁的介绍，通过中国高铁的发展激发同学们的民族自豪感；讲到"哈夫曼编码"时引入革命战争年代情报工作人员的事迹，通过回顾历史引发同学们珍惜现今美好生活的共鸣；讲到"分治思想"时引入《孙子兵法》中"凡治众如治寡，分数是也"的句子，让同学们了解传统历史文化知识和课程的关联；讲到"最小生成树"时引入习主席的三农梦，让学生了解国情、民情，树立民族自豪感，如图1所示。略显单调的专业课堂融入思政元素，就像加入了催化剂，学生听得更专注了，课堂气氛也热烈了很多。

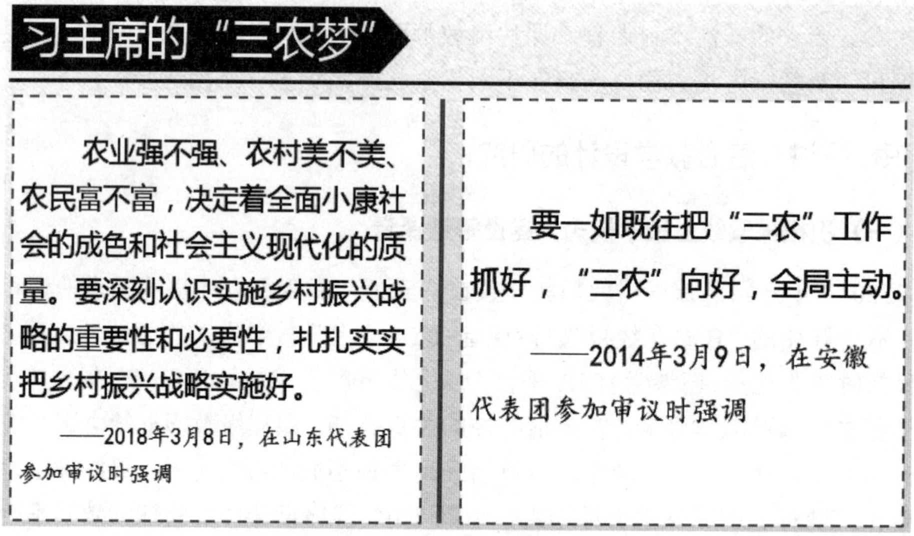

图1 思政元素——"习主席的三农梦"

2. 引入学科前沿知识，突出教学内容的创新性

"一叶障目，不见泰山"是传统课程教学中存在的问题。尽管教师不断强调理论知识的重要性，学生却往往不知其为何重要。通过引入课程内容相关的学科前沿知识，理论联系实际，学生不仅可以对抽象的理论知识产生具体化的认识，且能开阔视野，初步培养科学研究能力。比如讲到"哈希查找"时引入区块链（如图2所示）、讲"二叉排序树"时引入笛卡尔树、讲"二叉树遍历"时引入默克尔树（如图3所示），既提高了学生的学习兴趣、开阔了学生眼界，又为培养学生的科学研究能力打下了良好基础。

理 工 类

图2 学科前沿知识——"区块链"

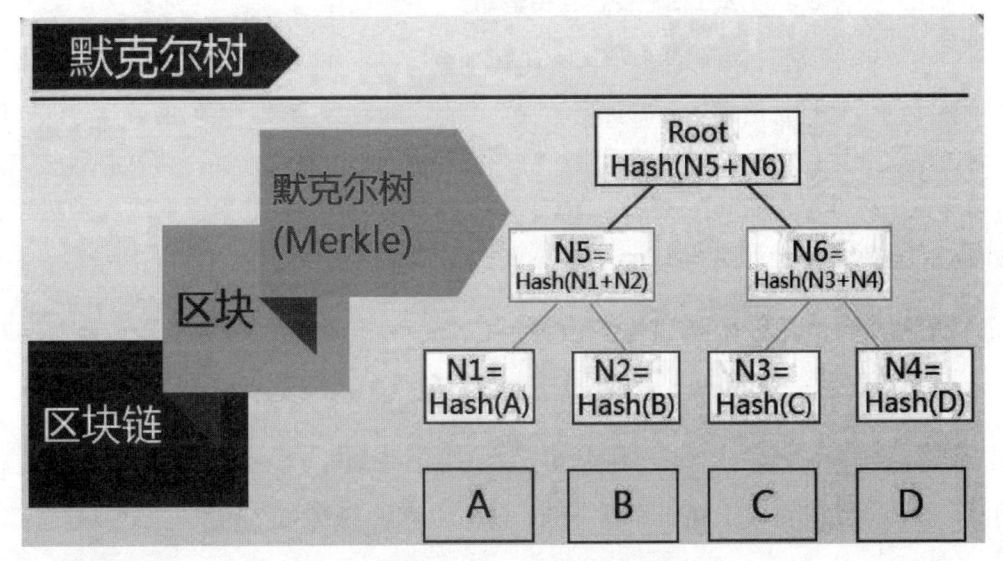

图3 学科前沿知识——"默克尔树"

3. 拓宽教学内容的广度和深度，提升高阶性

为达成知识、能力和素质这三项课程目标，培养学生解决复杂问题的综合能力，必须拓宽教学内容的广度和深度，实现学生的知识迁移，培养学生知识联想、创新思维的能力。比如讲"广度优先搜索"时，引入 DBFS 和 A*算法，如图4所示；讲"队列"时引入双端队列、超队列等知识；讲"拓扑排序"时引入用深搜的算法求解的新思路，以此拓展学生的知识面。

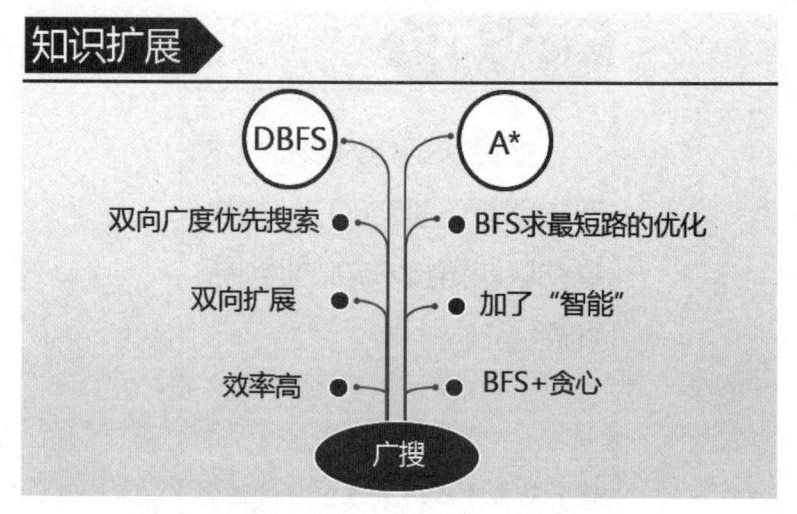

图 4 拓展知识——"DBFS 算法和 A*算法"

（三）多种教学方法互相融合、互相辅助

对很多同学来说，课程的很多内容比较抽象、难以理解。为了把复杂的知识通过浅显易懂的语言讲授给学生，需要因地制宜，不同的内容需采用不同的教学方法，如问题驱动式的案例教学法、翻转课堂、游戏进课堂、小组编程比赛、动画演示法、边讲边练、小组讨论、小组互评等。通过采用多样化的教学方法，为课堂注入了新鲜的活力，为课堂增添了灵魂和生机，学生们也充满了兴趣和激情。

二、精益求精，注重教学过程的设计

1. 课前签到

为让学生们以严肃认真的态度对待线上课堂，课前 10 分钟采用腾讯课堂的签到功能，督促学生们准时上课，养成守时、自律的习惯。

2. 制定详细的教学流程

每堂课开始之前，把本次课的流程告知学生，让他们做到心中有数，从而合理安排本堂课的学习时间，如图 5 所示。

3. 智慧树平台在线学习和雨课堂随堂测试相结合

充分利用已在智慧树平台上线的课程组老师们录制的视频，每次布置学生学习完视频之后，用雨课堂发送相关测试题目，不仅能够检测学生们的学习情况，方便课后进行有针对性的辅导，对自律性差的学生也可起到一定的督促作用，如图 6 所示。

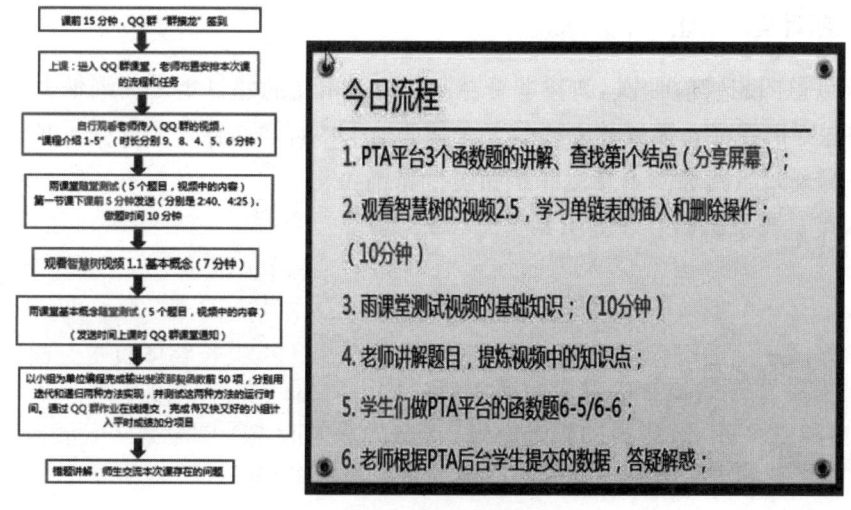

图 5 教学流程

图 6 雨课堂随堂测试

4．以腾讯课堂直播授课为主，QQ 群课堂和屏幕分享作为备用方案

整个课堂教学大多数环节还是以直播为主，包括作业反馈、本次课的上课流程、补充的知识点、雨课堂随堂测试的题目讲解、PTA 平台函数题的讲解。如果腾讯课堂卡顿，会启用 QQ 群课堂或屏幕分享继续直播授课。

三、及时跟踪，完成教学成效的统计

该门课是一门理论、实践和应用并重的课程，所以在教学过程中，特别重视对学生编程能力和应用能力的训练，为此采取了一系列的辅助教学方法。

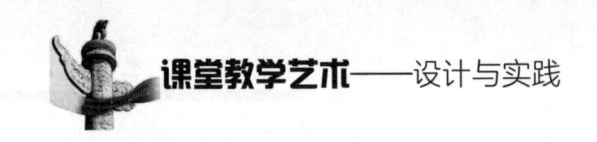

1. 建立题目集，不让一个人掉队

在 PTA 程序设计类实验辅助教学平台建立每个单元的题目集，训练学生们的编程能力。老师课后通过 QQ 单独提醒的方式督促学生按时完成作业，对分数低的同学以鼓励为主，并重点辅导，希望学生们可以同步前进。

2. 采用小组学习制

线上教学有一个很大的难题，就是和学生的在线互动较为困难，为了更好地了解学生们的学习情况，采用分小组学习的方法，4 人一组，小组长整体负责。通过 QQ 群作业功能布置小组作业，借此调动组员们学习的积极性和讨论的热情。

3. 录制视频，答疑解惑

针对个别同学不理解的知识点，通过 QQ 私信解答或录制视频的方式，为同学们解决心中的疑惑。

4. 采用平时表现加分激励机制

为鼓励同学们课上积极和老师连线，增强学习的主动性，养成勤于思考、动手实践的习惯，对表现好的同学采用平时表现加分的方法，对其他同学也能起到激励作用。

5. 倾听学生的心声，及时调整教学方法

课程进行一周后，通过金数据对学生进行调研，将近 80% 的同学赞成目前采用的教学方式，如图 7 所示。

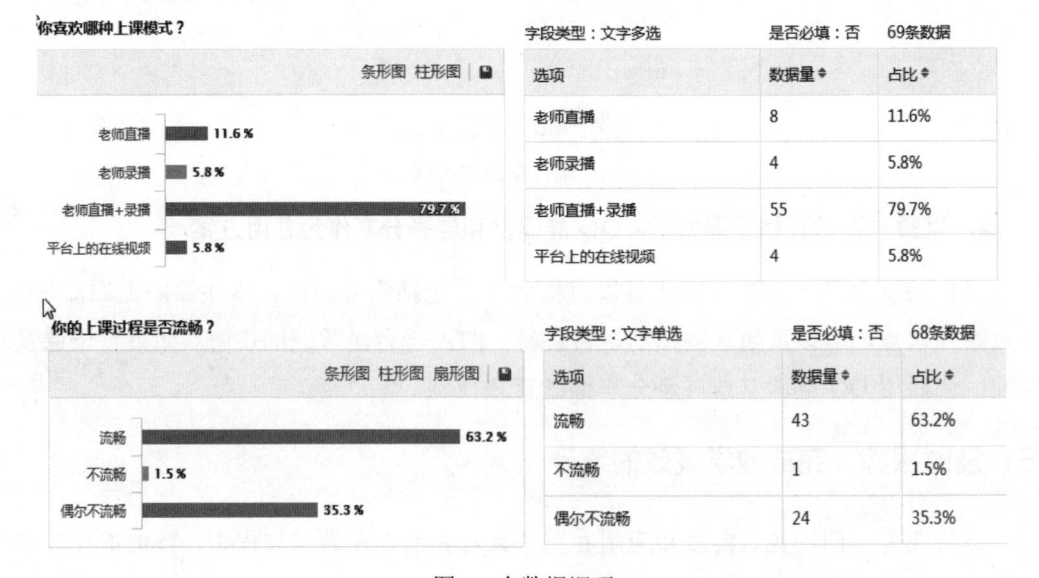

你喜欢哪种上课模式？

字段类型：文字多选　　是否必填：否　　69 条数据

选项	数据量	占比
老师直播	8	11.6%
老师录播	4	5.8%
老师直播+录播	55	79.7%
平台上的在线视频	4	5.8%

你的上课过程是否流畅？

字段类型：文字单选　　是否必填：否　　68 条数据

选项	数据量	占比
流畅	43	63.2%
不流畅	1	1.5%
偶尔不流畅	24	35.3%

图 7　金数据调研

四、自我审视，进行教学反思与改进

荀子曰："积土成山，风雨兴焉；积水成渊，蛟龙生焉。"由于课程前期线上线下混合式教学积累了丰富的经验，本学期过渡到线上教学就特别顺利。在前期采用智慧树平台、PTA 平台和雨课堂信息化教学手段的基础上，为了更好地开展线上教学，本学期又增加了腾讯课堂直播、QQ 群课后辅导答疑、金数据调研反馈等方式，对教学内容也重新进行了认真梳理，加入了思政内容、学科前沿知识，精心设计了教学方案。从学生的反馈来看，大部分同学赞成目前采用的教学模式，也具备自主学习的能力，能很好地适应网上课堂。经教师自我审视，现将课程的教学主要创新点总结如下。

（1）多种信息化教学手段深度融合；

（2）将课程思政、学科前沿科学地融入课堂；

（3）多种教学方法相互辅助；

（4）教学环节完整，无缝衔接。

教学中遇到的最大难题就是不能真实地观察学生的听课和学习状态，不能灵活地和学生进行互动。"学习永远在路上"，今后将继续关注网上教学的优秀案例，取长补短，进一步提升教学质量，更好地实现教书育人的使命。

扎根"智慧树平台"汲取养料,培育"直播课堂"线上花朵

——以"地图学"为例的在线教学模式探索

张玲玲 资源环境学院

2020年突如其来的新冠肺炎疫情,给同学们带来了"史上最长假期",也给传统的教学模式带来了新的挑战,"地图学"课程也开始探索一种新的教学模式。在"互联网+教育"的时代背景下,"智慧树平台地图学在线开放课程"成为线上教学的首选资源,而腾讯课堂、腾讯会议则成为线上直播的主要工具,在教学过程中采取启发式、探索式、案例式等灵活多样的教学手段,该模式极大地丰富了教学内容,激发了学生的学习热情,使同学们在新的学期真正地做到了"停课不停学",也为今后的教学模式提供了良好的教学经验。

一、教学设计理念

"地图学"是一门理论和实践紧密联系的专业基础课程,因此在课程目标设计时主要包括知识目标、能力目标和素质目标。

(1)知识目标是要求学生掌握地图学的基本概念和基本理论,了解现代地图学的最新发展动态等。

(2)能力目标是要求学习者能够利用GIS专业绘图软件熟练地制作专题地图,即具有绘制地图的能力。

(3)素质目标是主要培养学生具有一定的创新意识,具备分析问题及解决问题的能力。

为了达成上述的课程目标,在进行课程设计时还要遵循下列原则:

(1)授课内容上:注重地图的理论知识与制图实践相结合;

(2)授课形式上:注重"智慧树在线平台"与"直播课堂"相结合;

(3)授课效果上:注重学生的线上学习效果与课下巩固相结合。

二、教学实施过程

(一)课程的准备

本学期的课前准备工作相比以前要更加细致和烦琐,具体包括以下几个方面。

1. 课件的准备

传统的课堂教学采用多媒体和板书相结合的模式，对于课件上的重点和难点内容通过板书重新整理或是推导，而线上直播教学对于板书的环节显得比较生硬，所以将重点章节的课件做成了动态效果，把每一步的推导步骤以动态的形式呈现出来，并通过不同颜色、字体和字号区分重点和难点，使得学生能够容易地把握每节课的重点内容，也便于课后的巩固与复习。

2. 视频的录制

主要针对实践内容录制视频，因为理论部分视频内容已经在智慧树平台建设完成。实训部分主要录制了实训软件的安装、操作步骤的微视频，每个视频控制在 10 分钟左右，当直播课堂遇到网络等问题不能如期进行时，该视频可作为备用资源使用，另外，学生对于实践性较强的内容需要课下反复操作练习，该视频也可以作为学生课下巩固学习的重要资源（见图 1）。

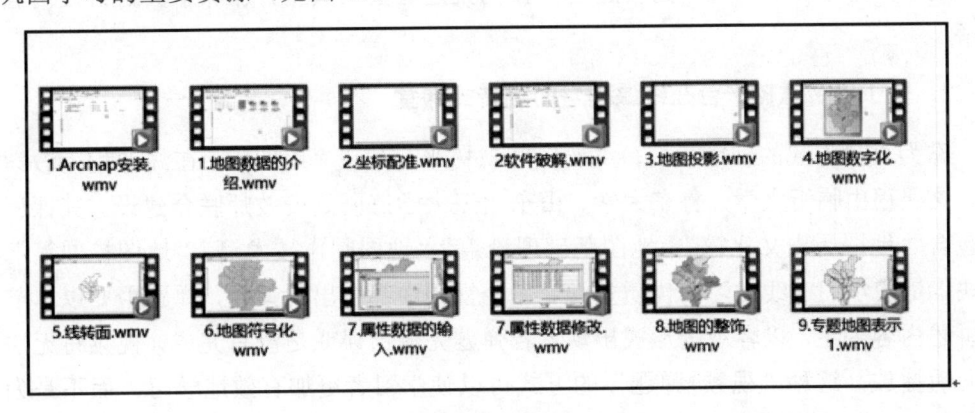

图 1　实训视频

3. 建立课程群

开课之前通过 QQ 建立相应的课程群，及时通知每一位同学加入课程群。后续授课过程中的课前预习、授课课件、课后作业、疑难问题解答等都在 QQ 群里通知、发布和完成，这一线上平台成了老师和学生之间联系的重要纽带。

（二）课程的实施

1. "以学生为中心"的直播式课堂

理论教学部分采用"腾讯课堂"直播，实训部分采用"腾讯会议"直播，不同内容采取不同的直播形式，让同学们参与到不同的直播形式中，充分发挥了不同平台的优势，避免了长时间使用一种软件所产生的厌倦情绪，更能吸引学生的学习兴趣。通过不同的直播软件进行比较后发现，其直播的流畅度、互动效果都比较好，不同之处在于：第一，腾讯课堂具有课程视频回放功能，由于理论课主要以讲授为主，对于不太懂的知识点可以通过课程回放加深理解，进一步厘清所学重点和难点；第二，腾讯会议没有回放功能，由于实践课以操作步骤为主，所以没有回放功能更能促使学生在实训时积极主动地学习，如记笔记、用手机录听课视频，以便能完成课堂任务。实训需要每位同学独立完成作图任务，因此课程结束后需要课后反复操作练习，这时把录制好的实训视频发送给学生，便于其课后巩固复习，进一步熟悉作图步骤，提高作图能力。

在"直播课堂"中更加注重与学生的互动，"以学生为中心"，让每一个学生都能参与到课堂中，这样能更好地调动学生的学习气氛，提高学生的听课质量，具体的形式主要有两种：一是讲课过程中针对重点或难点知识随时提问，学生得到老师同意后直接语音回答；二是学生把自己的答案输入讨论区，然后针对讨论区的答案进行分析，让每位同学参与其中，判断自己的答案与其他同学的答案的异同，从而得到正确的答案。这一环节中，学生既作为答题者又作为判题者参与其中，加深了其对讲授内容的理解。

2. 基于"智慧树平台在线课程"的翻转式课堂

作为直播方式的辅助模式，主要以智慧树平台建设"地图学"在线课程为教学视频，该课程由临沂大学、鲁东大学、山东理工大学三所高校教师联合建设。其课程内容包含"地图历史文化篇""地图基础理论篇""地图制作技术篇""地图扩展篇"等模块，是同学们在线学习的优质资源。每个视频中都会出现弹题，弹题主要以本节视频讲述内容为主，以客观题形式出现，若弹题完成错误或是没有完成，视频将无法继续向后播放，这种"视频+弹题"的方式可以使学习者更加有效地学习，而不是为了学分任务纯粹地刷视频。

根据学习进度可以掌握每位同学线上的学习快慢，对于学习进度较慢的同学可以及时督促。每一章结束都有章节测试，学生在学习完每一章内容之后，在一定的时间内完成相应的测试题目，既能加强学生对所学知识点的巩固，又能判断学习者的学习效果（见图 2）。在线课程的教学模式主要针对部分章节（"地图的概括""地图的符号"等内容）采用翻转课堂的形式，要求同学们自行观看相关章节的在线视频，针对视频提出关键问题，再以腾讯会议直播的形式进行讨论回答，这种方式使得同学们能够积极地参与到在线课程的学习中去。

（三）课后的任务

1."腾讯课堂"的监督功能

在线教学不同于传统的课堂教学，教师无法直接观察学生的学习状态，更无法与学生进行眼神交流，因此很难准确判断每个学生是否一直积极有效地参与到课堂之中。所以在直播课程中除了加强课堂互动外，还通过"腾讯课堂"提供的"导出成员列表"功能来辅助判断学生的到课情况。该列表不仅能详细地显示学生的出勤情况，还能提供学生课堂的听课时长、进出课堂频率，为判断学生的直播听课情况提供良好的依据。根据课程出勤、听课情况进行统计，对时长不够、请假的学生及时督促观看课程视频回放。

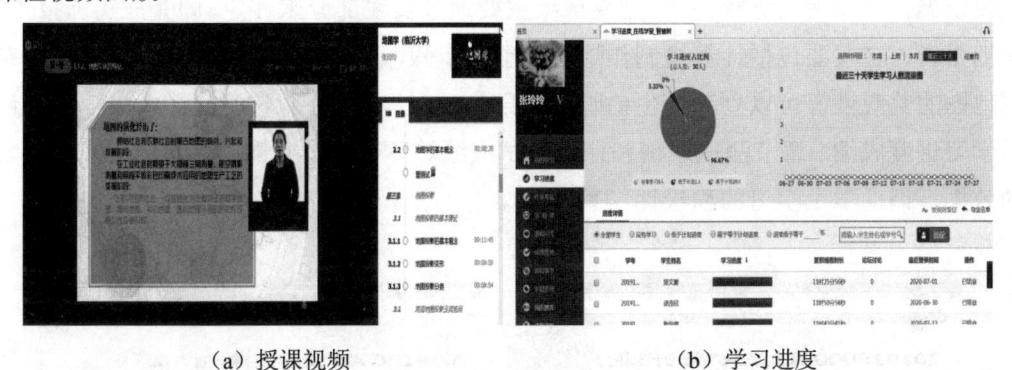

（a）授课视频　　　　　　　　　　（b）学习进度

图2　智慧树"地图学"在线课程

2."QQ"群的作业功能

课下通过班级的QQ群发送直播课程的课件，学生课后对照课件补齐本次课程笔记，巩固复习所学知识，并完成相应课后习题。课后习题主要通过QQ作业进行布置，学生通过拍照上传到作业里。该模式便于统计已经上交作业的学生成绩，批改完成后还能够实时把批改后的作业反馈给学生，对于未上交作业的同学可以在QQ课程群里提醒其完成（见图3）。

图3　QQ群中的作业

三、教学效果与成效

由于教学过程中采用了多种不同的教学模式，相应地，学生的学业成绩也实行多样化考核，具体由平时成绩、副卷成绩和智慧树平台在线成绩构成。其中，平时成绩主要依据作业和考勤进行评定；副卷成绩主要通过实践部分来评定，即完成实训报告，实训报告内容主要包括计算机制作地图的整个步骤，通过步骤的完整性、详细性和专题地图的美观性等可以判断学生的听课效果与掌握程度；智慧树平台在线成绩具体包括学习进度成绩、章节测试成绩和期末考试成绩等环节，该类测试能够加强平时学习的效果，调动学生学习的积极性（见图4）。

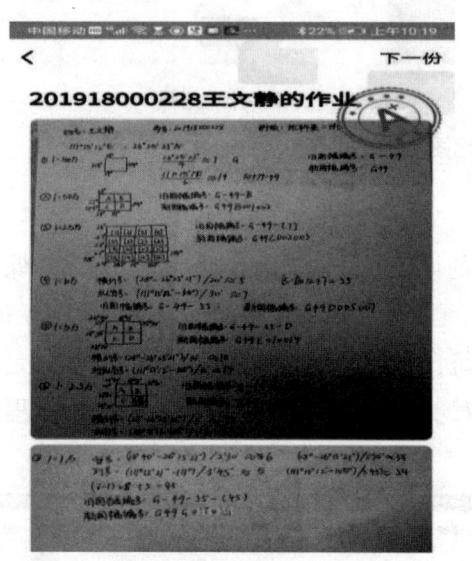

（a）平时作业

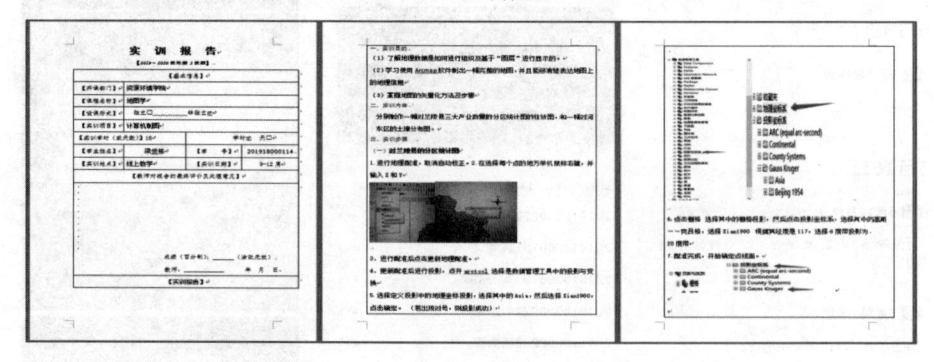

（b）实训报告

图4 学业成绩构成的多样化

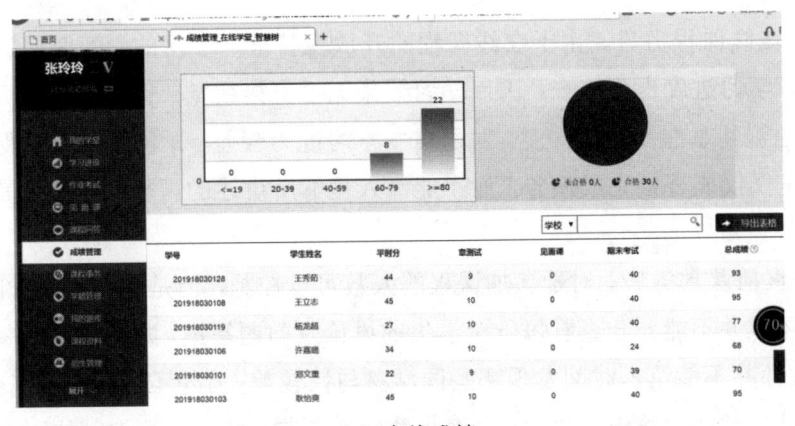

(c) 在线成绩

图 4　学业成绩构成的多样化（续）

通过采用灵活多样的教学模式，最终学生学习成果与往年相比及格率大大提高，取得了良好的教学效果。

四、教学反思与改进

本学期教师通过精心策划教学内容，利用在线教学资源和直播平台，真正做到了"停课不停学"。在此期间，在线课程运行的优势也得以体现，具体如下。

1．优势

（1）在线课程优势。首先，突破了知识获取的时间与空间的限制，学习者可以自主选择最佳的学习时间和地点，自主决定学习内容和学习进度、视频的观看次数，自主控制视频的播放速度，实现真正的按需学习。其次，教师能通过"学习进度"模块掌握每一位学习者的学习情况，如学习的平均进度、每一位学习者学习的快慢，能通过"作业考试"模块查看每一位学习者的测验成绩，从而判断学生的掌握情况，并能根据学生的学习情况及时监督学生的学习。

（2）直播课堂优势。首先，可以补充在线课程中没有的内容，或是在线课程中讲述简单的内容，可通过直播详细地进行讲解。其次，直播中可以随时与学生互动，检查学生的听课情况及学习效果。

2．劣势

"在线课程"与"直播课程"的有机结合，也就是把传统"线上+线下"混合式教学模式完全在"线上"来完成，同样达到了较好的翻转课堂教学效果。但是，"在线课堂"和"直播课堂"同时也是一把双刃剑，在取得显著成果的基础上，也表现出了一定的不足，需要进一步改进，其具体不足表现如下。

（1）在线课程劣势。由于在线课程的开放性特征，学生的学习时间、学习地点不受限制，学习进度也不统一，因而学习效果无法直接察觉，也不利于教师第一时间了解学生理解和掌握知识的程度。对于自主学习能力较差、不能按时保质保量地完成学习，或是仅仅刷视频完成任务，而不能深入理解所讲述的内容的学生，教师无法做到实时监督。

（2）直播课堂劣势。对于参加课程的人数可以控制，但是因为上课时间的限制，对于互动环节并不能一一查看每一个学生的讨论及问题答案，如果学生不参加互动环节，授课教师并不能第一时间发现哪些同学参与性较差；另外还存在滥竽充数的情况，有的同学第一时间回答出问题后，会有少数同学不加思考，直接把其他同学的答案复制到讨论区，这种情况很难及时识别出哪些同学掌握得较好，哪些同学掌握得较差。

总体来说，大部分学生能够积极主动地参与到线上课程的学习中去，"在线课程+直播课堂"的教学模式也取得了良好的教学效果。在后续的教学过程中，我们也要重新采用一种不同于传统的教学模式，把"线上和线下"更有效地结合起来，使课程的深度和广度进一步提升，为建设一流课程奠定坚实的基础。

直播教学中提升师生体验的六种策略

——以"现代教育技术"课程为例

朱家华　生命科学学院

目前，在线教学主要依托网络直播和网络录播两种形式进行。网络直播指通过智能手机、电脑、Pad 等终端，通过互联网实时呈现表演、展示、互动等行为的在线娱乐或服务方式。网络录播教学则是借助网络直播，通过互联网建构在线、虚拟、交互的教学现场与教学过程的在线教学手段。2020 年，一场新冠肺炎疫情席卷全国。疫情暴发后，有关部门研判形势，要求各校自主选择在线直播课堂、网络点播教学等形式，开展居家在线教学。其中，直播教学成为重要的在线教学方式。

一、课程简介与实施背景

"现代教育技术"是面向本科二年级师范生开设的一门专业必修课程，32 学时，课程的核心目标之一就是组织师范生体验各种信息化、现代化教育技术装备、掌握现代教育技术理论，提升信息技术素养和教师综合素养。

2020 年 2 月 12 日，在国务院联防联控机制新闻发布会上，教育部高等教育司司长吴岩强调："特别不提倡、不鼓励、不希望、不建议各高校在疫情期间要求每一位老师都要制作直播课。"诚然，直播课无论对教师或是学生的要求都较高，教师的备课投入也很大。对大部分的课程而言，如何用好教育部推出的 22 个线上课程平台的 2.4 万门既有课程？这似乎比仓促地筹备直播课更值得执教老师们思考。

为什么本门课程选择开展直播教学呢？作为一门特殊的专业必修课程，"如何利用各类网络平台开展远程授课"恰是本课程学习中拟探讨的重要问题。而全民网课的背景，也为本课程的学习带来了丰富的素材和深刻的体验。反复思考后，决定采用直播教学的策略，带领学生亲身体验网络直播学习的全过程。

二、直播教学中提升师生体验的六种策略

直播教学的特点是教与学的时空分离。课程讲授中，包括大量的实操内容，学生需要学习使用各种软件。在面授课堂中，教师可以首先进行演示操作，然后组织学生自主操作，如果学生出现困惑，教师可以在现场快速找出问题并进行指导。而在时空

分离的直播教学中，教师则很难在第一时间内把握学生的学习情况，如：学生操作演示到不到位？在哪一步存在共性问题？自主操作进行到什么程度了？可见，教师和学生只有通过高效的课堂互动，才能解决这些问题，以确保教学工作的有效开展。在教学中，笔者总结了六点在直播教学中提升师生体验的策略。

1．课前进行必要的学情分析

与传统面授课堂对比，直播教学时空分离带来的无所适从、课堂焦虑是影响师生体验的重要因素。若有针对性地把时空分离带来的割裂感、焦虑感降到最低，教师需要在课前进行必要的学情分析，其中包括学习环境分析、学习起始状态分析、预备技能分析等。如，学生学习的起点在哪里、最近发展区在哪里、参与网络学习的非智力因素如何、学生的网络状况如何、学生参与网络学习的准备状况如何。在课前，制作了“网络学习准备情况调查问卷”，并通过“问卷星”进行发放（见图 1）。

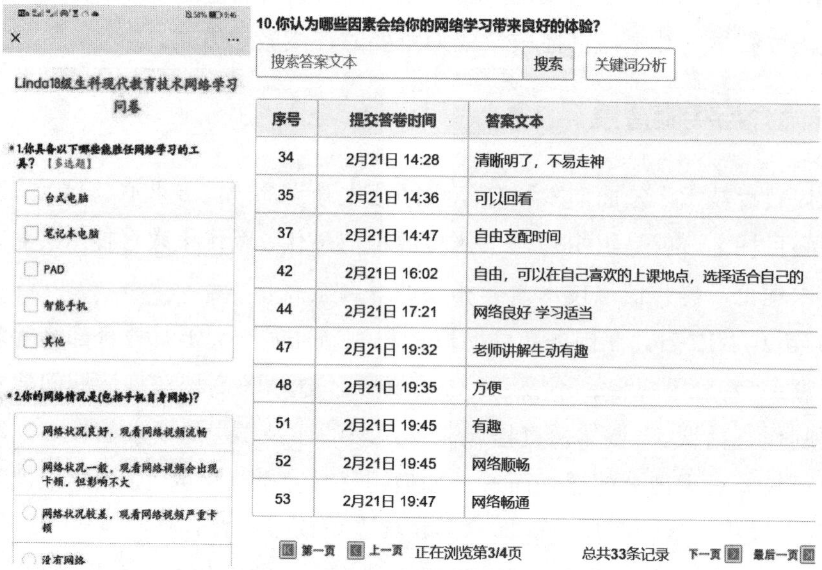
Linda18级生科现代教育技术网络学习问卷

*1.你具备以下哪些能胜任网络学习的工具？【多选题】

- 台式电脑
- 笔记本电脑
- PAD
- 智能手机
- 其他

*2.你的网络情况是(包括手机自身网络)?

- 网络状况良好，观看网络视频流畅
- 网络状况一般，观看网络视频会出现卡顿，但影响不大
- 网络状况较差，观看网络视频严重卡顿
- 没有网络

10.你认为哪些因素会给你的网络学习带来良好的体验?

搜索答案文本 搜索 关键词分析

序号	提交答卷时间	答案文本
34	2月21日 14:28	清晰明了，不易走神
35	2月21日 14:36	可以回看
37	2月21日 14:47	自由支配时间
42	2月21日 16:02	自由，可以在自己喜欢的上课地点，选择适合自己的
44	2月21日 17:21	网络良好 学习适当
47	2月21日 19:32	老师讲解生动有趣
48	2月21日 19:35	方便
51	2月21日 19:45	有趣
52	2月21日 19:45	网络顺畅
53	2月21日 19:47	网络畅通

第一页 上一页 正在浏览第3/4页 总共33条记录 下一页 最后一页

图 1 课前调查问卷

调查结果显示，课前问卷调查成效显著。除了在一定程度上能够了解学生的学情状况，以及学生对直播教学的一些诉求外，通过核查后台数据，还发现了一些来自当时疫情较为严重地区的 IP 地址，笔者同时设置心理自测题进行了追踪，及时掌握了疫情地区学生的心理健康状况，以便更好地进行直播教学安排。

2．营造温馨而富有对话感的开场情境

即便是学生进入直播课堂的前一秒钟，教师也无从得知他在做什么。直播教学的开场应该设置在正式课堂授课的前 5～10 分钟，正式开播前，教师需要尽可能营造一

种温馨、充满安全感和舒适感的学习氛围，才能尽快调整好学生学习状态，对此罗杰斯的人本主义学习观给予了笔者有效的启发。教师施教应该关注学生的身心差异，关注学生的"成长综合征"的出现。在直播教学的场景里，教师应首先从自身做起改变传统课堂"一对多"的师生关系，而尽力营造"一对一"的平等社交氛围。比如，简短的问候、舒适的音乐等（见图2）。教导学生制作PPT、学习平面设计基础等是本课程的内容组成，因此，可导入或采用具有视觉张力的平面设计作品，为同学们营造学习氛围，从而起到激趣、引智的作用。

图2 暖场（等待学生进入直播课堂期间）的背景，营造对话感

实践中发现，这种方式的教学效果十分显著，原本尚存陌生感的学生能够很快在讨论区热烈留言，学习氛围充满积极性和活跃度，为学习动机的激发打下了良好基础。当学生愿意关掉其他App或无关界面，全身心投入教师的教学中，教师的直播教学才能够得以有效开展。

3. 进行充分的互动

"有效的互动更有利于激发有意义的学习。"在近几十年的高校课堂教学研究中，其中一个核心话题就是，如何让教师在课堂中少点讲授、多点互动。

疫情背景下仓促"上马"的直播课，有的老师或许对互动多少有点不以为然。而美国家庭学校教育之父John Holt在其1969年的著作 SCHOOL IS BAD FOR CHILDREN 中有这样一句话：Our job should be to help the kid when he tells us that he can't find a way to get the right answer."

一节课中，最有价值的部分不是教师讲授的那部分，而是学生通过自己的学习发现的那部分。如何引导学生尝试自主发现？这需要基于巧妙的"课堂互动"。高校课堂也如此，哪怕课堂时间相当紧张，有效而必要的互动，或许可以交给学生一把开启宝藏之门的钥匙。而在直播教学中，师生互动不仅能够提升教学质量，还可以激发学生兴趣，提升学生学习的参与度。

笔者提前准备了一些选择题或问答题，让学生积极参与课堂，提升学习趣味性，评价学习效果。直播教学中的互动是必要的，否则老师一方面会逐渐失去教学的激情、专注，另一方面也不能及时掌握学生的学习进度，从而调整教学策略，因此，互动也起到了形成性评价的作用。互动的设计以简单问题为主，主要作用在于调整学生的学习状态、给教师以即时的教学反馈、激发学生的积极性和参与度。在互动形式上，选择题可以通过直播平台推送答题卡，问答题可以要求在线留言或连麦等（见图3）。

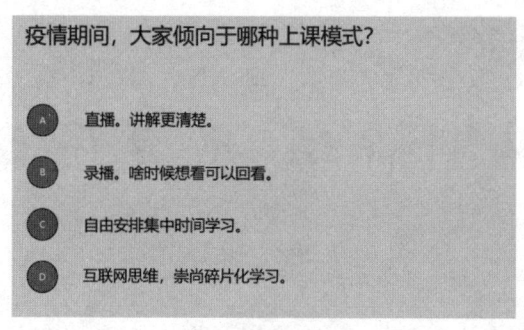

图3 习题互动

4. 打好直播教学基本功：形象在屏、课件精美、讲演协调、视觉引导

如何在一堂长达45分钟的直播课堂中保持学生的参与度，对教师来说是一个很严峻的挑战。笔者分析了一些优秀教师的直播策略，认为直播教学中，应注意教学基本功的发挥。除了每隔几分钟的互动、时常呈现并分享学生作品外，对于一些枯燥的理论内容的讲解，为了提升课堂的保留率，必须从教学基本功上下功夫。例如，力求课件精美、语言诙谐、讲解精炼，且注重边讲解边学习可汗学院的微视频形式，利用画笔工具引导视觉焦点。此外，在网络条件许可的情况下，保持"形象在屏"，这对班级氛围的塑造很有助益。

以教学讲解为例，根据不同的授课对象，教师要采取不同的语言风格，比如有时采用新闻主持人的郑重范儿："屏幕前的同学们，大家好！今天是2020年2月24日，星期一，今天直播的主要内容有：'信息技术与教育变革''现代教育技术的内涵与发展'……"

此外，语言风格上应贴近学生心理，例如，适度使用网红句式或网红词汇，甚至寻求几丝"综艺感"，往往会起到出其不意的效果。

5. 锤炼内容，推动教学信息"扁平化"：删繁就简、时空临近、信息聚拢

直播教学是在线教学的一种类型，时空分离也是直播教学的基本特征。而相比基于录播资源的在线学习，直播教学具有第一时间性、现场感、同步交互性等特征，然而这些并不能从根本上破除教与学的空间区隔。疫情背景下，对于缺乏直播教学经验的教师而言，开展直播教学的基本形式就是利用网络平台与信息技术，把传统教学从线下挪到线上，开展同步在线教学——对大量教师而言，这实际是一种传统教学理念与新型教学形态的对撞。于是，用什么作黑板？取什么作粉笔？执什么作教鞭？怎样进行师生互动？怎样感知学生的学习状态？怎样评价学生的学习表现？怎样维持学习的持久性？怎样渲染课堂文化和塑造课堂氛围？怎样营造同人学习的社交环境？这些问题难倒了相当多的教师。

而这些问题的解决，在很大程度上取决于直播平台具备哪些功能模块。如，师生有哪些出镜方式？有哪些互动通道和互动策略？人机界面是否友好、简约？即时交互与反馈是否便捷？如何导入课件？如何共享屏幕和做标注？是否具备多样可视化策略？教师端是否具备较全的学习管理功能？

为最大限度地保障直播平台的稳定，在直播教学的组织上，应简化流程、撤去不必要或过多的合作学习环节，以自适应、个性化学习为主；在教学内容的选择上，删繁就简，利于学生接受，而困难的部分可以评价的方式倒逼学生自主学习；在课件和讲演中，排除无关镜头的出现，保持教学信息高密度地传播，在课件的设计上凸显时空临近原则，控制好信息量、信息的可视化。

6. 随堂反馈是不可缺失的重要环节

授课结束后，要进行随堂反馈。这既是教学评价的需要，也是维持学生学习动机、增强学生学习参与意愿的需要。课堂上的反馈，不仅可以帮助师生评估本课教学质量，也有助于在一定程度上维持学生持续学习的动机。笔者在课堂上使用 QQ 群、问卷星等进行了随堂反馈，这种反馈是双向的，包括教师对学生学习情况的评价，也包括学生对教师教学情况的评价（见图 4）。

第5题：你对本堂课最欣赏的地方是？

搜索答案文本 搜索 关键词分析

序号	提交答卷时间	答案文本
11	2月24日 15:22	很喜欢老师
12	2月24日 15:22	老师讲的好
13	2月24日 15:22	老师准备充分 气氛很融洽 上完课后收获很大
15	2月24日 15:22	课间好看，美观
14	2月24日 15:22	幽默
16	2月24日 15:22	老师幽默风趣，重点和课程计划清晰
17	2月24日 15:22	老师很和蔼 讲的好 放歌听
18	2月24日 15:22	幽默风趣
19	2月24日 15:22	老师讲解幽默风趣，内容易懂
20	2月24日 15:23	老师很有趣 课堂不枯燥无味

第6题：你认为本堂课还需要进一步改进的地方是？

搜索答案文本 搜索 关键词分析

序号	提交答卷时间	答案文本
21	2月24日 15:23	各方面都挺好的
22	2月24日 15:23	课间
23	2月24日 15:23	网络状况
24	2月24日 15:23	有点卡
25	2月24日 15:23	中间休息的时候可以长一点
26	2月24日 15:23	老师还可以再帅一点
27	2月24日 15:23	中间休息一下
28	2月24日 15:23	没有
29	2月24日 15:23	各方面体验都比较好
30	2月24日 15:24	多点照片会更好

图 4　课后教学反馈调查问卷

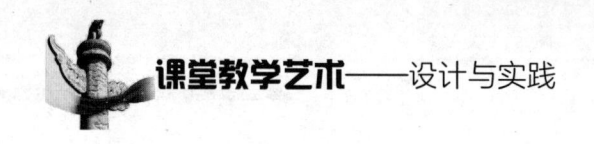

根据课后导出的学情数据，在 80 多分钟的授课过程当中，绝大部分学生均能全程跟进学习，每次课堂互动的参与度也在 60%以上。

三、结语

综上，笔者总结了直播教学中提升师生体验的六种策略，认为在全民抗疫的特殊时期，采取在线教学是一种较好的策略。如果忽略特殊背景，那么在现有的技术条件下，网课取代不了学校，互联网取代不了教室，在线教学取代不了面授课堂。这是由于一方面，在线教学效应量低，达成深度学习不易，输出同等学习成果，意味着更高的成本投入；另一方面，师生在真实课堂中的理解、体悟、情感升华，以及隐性的学习体验等是当前在线教学所难以带来的。因此，在线教学在特殊时期是一种必要而有效的教学手段，但是在技术瓶颈待突破、教育制度待健全、教学理念待革新的当前，不能过分拔高它的价值和作用，而是应合理地将教学需求和技术供给对接起来。

多种教学法在"动物生物化学"理论教学中的综合应用

——以蛋白质的结构与功能的关系为例

井文倩 农林科学学院

"动物生物化学"是动物医学专业的一门专业基础课程，是从事动物临床实践和科学研究必不可少的理论基础和有力工具。教学过程中，不仅以讲清基本理论、传授基本技能和联系实际应用为重点，还要注意培养学生发现问题和解决问题的科学能力、认真细致的科学态度和实事求是的科学作风，为学生专业课程的学习和今后的工作、科研奠定必要的基础。

但是，该课程又有信息量大且零散、内容繁多且抽象的特点。因此，如何激发学生的学习兴趣，减轻学生的畏难心理，提高课堂教学质量一直是"动物生物化学"教学过程中特别关注的问题。

一、教学设计思路

目前，教学过程中采用的教学方法以传统教学模式（lecture-based learning, LBL）、问题导向教学模式（problem-based learning, PBL）和案例教学模式（case-based learning, CBL）为主。其中，LBL 是以教师讲授为主，知识点架构清晰完整，课堂教学进度有保障；但学生多被动接受，缺少主动思考的锻炼。PBL 是以问题为导向，可有效引导学生主动思考，锻炼其分析问题解决问题的能力；但是相关知识点可能分散在多个章节中，不利于学科知识体系的整体掌握。CBL 是以案例为基础，组织学生进行剖析讨论，可强化学生科学思维的训练；但是学生的主动性和参与度差异较大，导致学习效果参差不齐。

各种教学方法的优缺点不同，单一使用往往达不到理想的教学效果。在"动物生物化学"的实际课堂教学过程中，可根据本课程特点、教学目标和具体教学内容，因"点"制宜地运用和组合适合的教学方法，改善整体教学效果。

以蛋白质的结构与功能为例。本节知识是在学习完"蛋白质的分子组成和结构"的基础上进一步阐述蛋白质结构与功能的密切关系，包括两方面内容：蛋白质一级结构与功能的关系；蛋白质空间结构与功能的关系。内容上，可紧密联系临床实例，如镰刀型贫血病、疯牛病；也可关联生物学现象，如系统进化树的应用等。

本门课程的授课对象是动物医学专业二年级的学生。他们已经修过"有机化学"，对化学键、构象、构型等概念有所了解；通过本章前面两节课程的学习也对蛋白质的组成及分子结构有了进一步的认识。但是，他们中部分学生化学基础相对薄弱，在空间想象思维能力上不足，对空间结构与功能的关系较难理解。且在有机化学中，糖类、脂类和蛋白质这部分内容一般为自学或选修内容，学生对相关内容的掌握不够全面。

因此，就本节知识而言，"教"的方面要做到：（1）重点突出，难点解析；（2）理论知识与临床案例相结合；（3）层层设疑，循循善诱。"学"的方面，建议学生采用微观世界比拟宏观世界、理论联系实践的学习方法。

二、教学过程

教学过程中，仍以传统教学法为主，结合典型案例，适时抛出问题引发学生思考。本节课程的具体教学过程如下：首先明确相关概念，而后以问题引出新的知识；以图片的形式引出典型案例，通过讨论分析，得出"蛋白质一级结构是空间结构和功能的基础"的结论；对比肌红蛋白和血红蛋白的功能不同，进一步明确"蛋白质的功能与其空间结构密不可分"这一点。

在授课过程中，首先开展 LBL 模式，主要借助多媒体课件讲解蛋白质结构与功能的框架和重点内容，同时有效运用图片、小视频等网络资源开展 PBL、CBL 模式，引导学生深入理解蛋白质结构与功能的关系。

PBL、CBL 等教学方法需要在学生掌握一定的基础理论知识的前提下进行，LBL 运用在本节内容教学活动的开端，为其他教学模式的有效开展奠定了基础。PBL 教学法是以问题为导向，因此，问题的设置和提出时机非常关键。比如明确蛋白质一级、二级、三级和四级结构的基础概念后，教师进一步提出问题："蛋白质的一级结构和高级结构及功能有什么关系？"学生通过课前预习一般都能准确地回答："蛋白质一级结构是高级结构与功能的基础。"教师再一次提问："为什么一级结构是基础？"，引导学生思考，从而导入蛋白质结构与功能关系的讲授。

CBL 教学法将鲜活的案例引入课堂教学中，教师指导学生将动物生物化学基础知识与临床病例相结合，既可以培养学生深入分析、思考和解决实际问题的能力，又可以活跃课堂气氛，受到学生的广泛欢迎。在开展 CBL 教学法的过程中，所选取的案例应具有较强的真实性、代表性和针对性。

比如"镰刀型红细胞贫血病"就是本节教学过程中最经常引入的一个案例。镰刀型红细胞贫血病不仅是一级结构决定功能的一个典型例子，也是高中生物课涉及的知识点。因此，选取"镰刀型红细胞贫血病"作为典型案例，可以有效衔接高中与大学的生物学知识，学生接受起来比较容易。

教师首先利用多媒体课件展示正常红细胞和镰刀状红细胞的形态（见图1）。然后提出问题："为什么镰刀状红细胞不正常？"引起学生的兴趣。教师揭示其原因在于血红蛋白β亚基的一级结构发生了改变，即第六位的谷氨酸被缬氨酸替代。接着进一步设疑："为什么一个氨基酸的改变会导致血红蛋白的结构和功能发生变化？"如果此时学生不能找到切入点，不妨提问："谷氨酸与缬氨酸结构的区别在哪里呢？"学生此时就会通过查看比较两种氨基酸的结构和性质，发现原来是谷氨酸的侧链在生理条件下带负电荷，而缬氨酸的侧链不带电荷。最后揭示答案：在生理条件下，带负电荷的谷氨酸（亲水）被不带电荷的缬氨酸（疏水）替代后，维持蛋白质构象的化学键发生变化，血红蛋白的溶解度大大降低并集合成管状，使红细胞扭曲成镰刀状。此时，学生往往会恍然大悟，进而再引出"分子病"概念。通过这样一个临床案例的分析，最终巩固了"蛋白质一级结构是空间结构和功能的基础"这一结论。

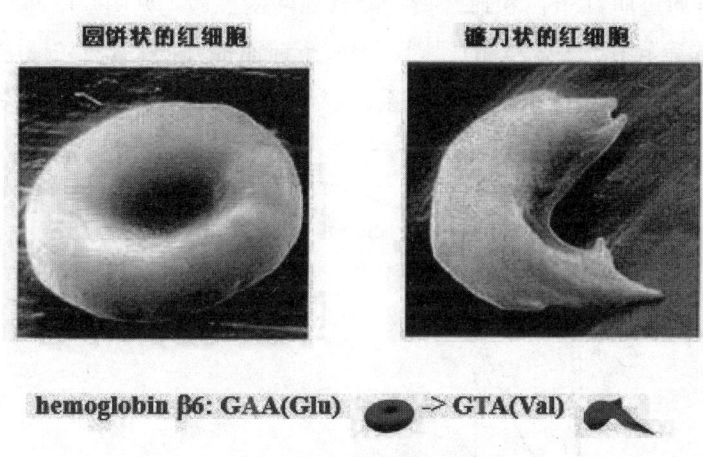

图1 镰刀型红细胞贫血症

而在阐明蛋白质空间结构与功能的关系时，最典型的案例就是肌红蛋白和血红蛋白的比较。在教学过程中，教师首先提出问题："肌红蛋白和血红蛋白在功能上有什么相同之处？"学生根据之前所学的生物学和动物生物化学的知识，往往可以回答出"它们都可以结合氧气"；接着提问"它们又有什么不同呢？"此时可提示学生通过比较肌红蛋白和血红蛋白在动物体内主要存在的组织器官，联想它们功能的不同。接着，教师可以将肌红蛋白比作动物机体内的氧气"仓库"，而血红蛋白却是氧气"货车"，分别发挥贮存和运输氧气的作用。这种形象的比拟可有效帮助学生加深对这两种蛋白质功能的认识，明确了"肌红蛋白在细胞中用于贮存氧气，而血红蛋白在血液中结合并转运氧气"这一点。

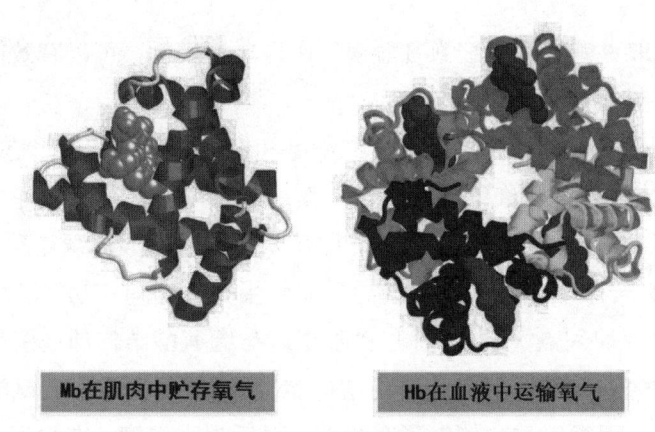

Mb在肌肉中贮存氧气　　　Hb在血液中运输氧气

图2　肌红蛋白和血红蛋白结构与功能

通过图片（见图2）直观展示了两种蛋白质结构的差异：肌红蛋白为一条肽链，只有三级结构；血红蛋白有四个亚基，具有四级结构。引导学生通过对蛋白质结构差异的比较，展开分析讨论，总结解决问题的关键：生物大分子结构决定了功能和性质。

接下来，再通过肌红蛋白和血红蛋白氧合曲线的比较（见图3），进一步明确了两种蛋白质功能的差异和造成差异的原因，呼应了前面提到的"仓库"与"货车"的区别，明确了蛋白质空间结构与功能的关系。

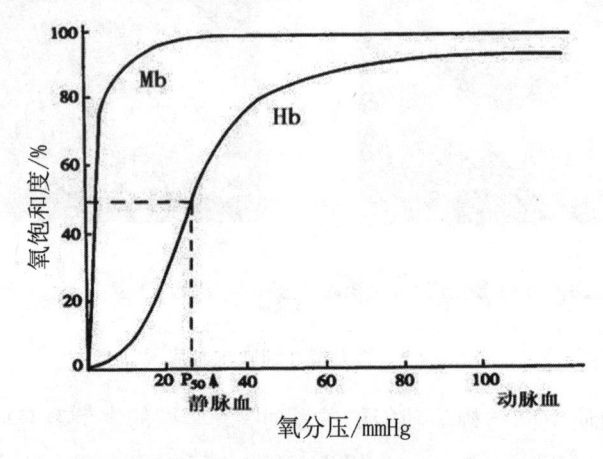

图3　肌红蛋白和血红蛋白氧合曲线

通过层层设疑和循循善诱，不仅使学生加深了"蛋白质的功能与其空间结构密不可分"这一认识，同时也初步建立了"结构、性质、功能以及相互关系"这一生物大分子的系统学习模式，有助于构建结构生物化学的理论体系。

三、教学效果

通过蛋白质结构与功能这一节的教学实践，结合"动物生物化学"课程特点，根据具体的教学内容和教学目标,将多种教学方法穿插应用于教学过程中,可将动物生物化学的知识生动形象化,提高学生的学习兴趣和主动性,培养学生的科研思维、临床分析和创新能力,同时为后修专业课知识和临床案例提供了理论基础,以取得良好的教学效果。

四、教学反思和改进

"动物生物化学"不仅是动物医学专业的基础理论,其相关技术也是兽医临床诊断与治疗和科研检测的常规手段。特别是近年来,新知识、新技术日新月异,教学内容日益丰富。因此,教学内容多和教学时数少的矛盾是"动物生物化学"课堂教学中面临的最大困难。

在有限的学时内,如果只是应用 LBL 教学法,往往会造成教师一味追赶教学进度,而学生只是被动抄写笔记的局面,师生之间缺乏互动。长此以往,导致教师教学激情减弱,学生学习主动性缺乏。PBL 和 CBL 教学法的单纯使用,往往因为学生相关知识缺乏、参与程度不同以及教师掌控课堂不理想等原因,也不能取得理想的教学效果。从本节知识的教学实践来看,将多种教学方法合理穿插、综合运用,教学效果要优于每种教学方法的单独使用。

特别是"互联网+"的运用,课前推送图片、视频等教学资源和临床案例,课后收集教学反馈和开展线上讨论,从空间和时间上为利用 LBL 和 CBL 教学方法提供了有力支持。疫情期间,通过钉钉群提前发布课程相关学习资料(见图4),推荐中国慕课的精品课程进行预习(见图5),采用钉钉群直播形式进行线上授课,利用长江雨课堂进行课后训练,较理想地达成了本课程的教学目标。

图4 学习资源推送

图 5　慕课推送——南京农业大学"动物生物化学"

五、小结

　　总的来说，多种教学方法的综合应用，不仅满足了"动物生物化学"理论知识的系统性学习，又达成了培养学生自学能力、科研思维和创新能力的教学目标，也激发了教师的教学热情，提高了教师的教研能力，起到教学相长的作用。

线上线下齐合力，混合教学防疫情

——"园林苗圃学"的线上线下混合教学艺术

谢东锋 农林科学学院

新型冠状病毒来势汹汹，为响应教育部关于"停课不停教，停课不停学"的教学要求，本人在教学实践中对教学形式和教学内容进行了改革，充分利用现代化信息技术的优势，与学生在课上课下进行紧密联系，通过线上教学、线下练习、交流互动的方式对课程进行教学，以此推动教学过程，提高了教学效果。

具体而言，首先是与教学班学生建立线上联系。例如在专业课教学上，以上课班级为单位通过QQ建群或者微信建群来联系学生，在通识选修课教学上，通过微信关注临大教务处的方式，以锐思云联系选课学生；其次，在与教学班学生取得联系后，建立钉钉上课群，通过钉钉网络直播进行教学；再次，在利用钉钉网络平台进行教学时，通过线上教学、线下练习、交流互动的方式，最终实现教学过程师生互教互学的目标，从而圆满地完成了各门课程的教学任务。

现以"园林苗圃学"课程教学为例，按照课前、课中、课后教学环节，分别从理论教学和实验教学的角度出发，对线上线下教学各环节进行经验总结，供同人在教学过程中借鉴。

一、课程介绍

"园林苗圃学"是园林和园林技术专业的专业基础课程，是一门建立在植物学、树木学、生态学、土壤学、农业气象学、植物生理学、植物遗传育种学和市场营销学等众多学科基础之上，研究园林苗木的培育理论和生产应用技术的应用性学科。通过本课程的讲授，使学生了解当前园林苗圃中苗木繁殖栽培的发展趋势，掌握园林树木基本的繁殖手段和技能，并在教学和生产中熟练应用各种园林树木繁殖技术，从而提高学生在园林苗木培育过程中的实践能力和动手能力，以及观察、分析问题和独立解决问题的能力。

本课程理论知识要求掌握以下方面：了解园林苗圃的区划与建设；了解园林树木的种实生产；了解苗木的播种繁殖；掌握苗木的营养繁殖；掌握园林树木的大苗培育；掌握苗木质量评价与出圃；掌握设施育苗技术。

二、理论课程的教学

本学期因为防控新冠肺炎疫情的需要,理论课程的教学模式和以前的传统课堂教学相比发生了根本性的变化,但是万变不离其宗,在整个课程的理论课程教学中都要抓住课前、课中、课后三个教学环节。

(一)课前准备阶段

首先提前 10 分钟通过钉钉上课群进行通知,要求学生做好上课准备,并开启钉钉直播,发起签到打卡,实现课前考勤,然后检查直播状况是否正常,调试摄像头与麦克风(见图1)。

图1 上课签到

(二)课中教学阶段

将教学过程分为 4 个阶段:课前复习阶段,理论课程直播讲解阶段,教学视频观摩阶段,课程总结及提问阶段。

1. 课前复习阶段

本阶段共计约 10 分钟,主要通过直播形式对上次课内容进行系统回顾,然后对上一节课学习内容进行提问,学生进行抢答。本阶段的教学目标是检验学生对上节课学习内容的掌握情况,并对学生答错的部分再次进行讲解,以巩固上一节课学习内容。

2. 理论课程直播讲解阶段

本阶段共计约 60 分钟,主要通过直播形式对理论课程进行讲解,首先系统介绍本次课程学习的主要内容,然后详细直播讲解本节课学习的具体内容,包括详细讲解基础理论、基本概念和基本技能,对重难点进行精确阐述,并要求学生在上课阶段做好课堂笔记,以利于识记和理解,课程结束后要求学生及时将笔记拍照,并通过钉钉作业的方式进行上传,以便教师检查(见图2)。

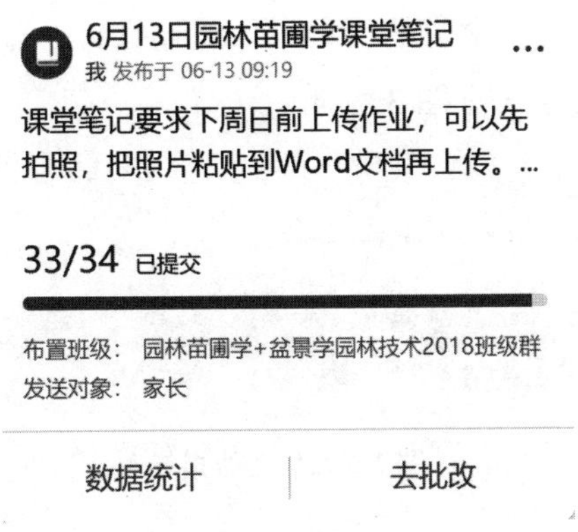

> 6月13日园林苗圃学课堂笔记
> 我 发布于 06-13 09:19
>
> 课堂笔记要求下周日前上传作业，可以先拍照，把照片粘贴到Word文档再上传。…
>
> 33/34 已提交
>
> 布置班级： 园林苗圃学+盆景学园林技术2018班级群
> 发送对象： 家长
>
> 数据统计　｜　去批改

图 2　上传课堂笔记

3．教学视频观摩部分

本阶段共计约 10 分钟，该阶段主要巩固前面基础理论知识和基本技能的学习内容，通过播放相关视频来加深学生对所学基础知识的理解，或者进一步学习基本技能操作过程。视频材料来自各种网络平台，如中国大学 MOOC 平台以及教师平时在互联网上收集的视频。

4．课程总结及提问阶段

本阶段共计约 10 分钟，该阶段主要针对本次教学内容进行回顾，然后对重难点进行提问，以促进学生对本次课程的学习内容的理解。此外，教师结合学生对问题的回答情况对本节课的学习情况进行课堂小结，点评学生学习表现，对表现好的学生给予表扬，对答题中出现错误的同学给予鼓励，并对学生回答问题中出现的错误进行解析。

在以上理论课线上教学过程中，课中教学阶段的这四部分教学内容不是割裂的，而是根据具体授课内容进行有机结合，并穿插进行的。因此在教学过程中可以根据需要，将每次的教学内容再细化成几部分，每部分细化内容都可以包括以上四个阶段，在每次授课过程中都可以穿插进行。总的来说，本阶段教学的根本目的就是促使学生在上课期间能够发挥主动性，积极进行思考。

（三）课后巩固阶段

根据本次课程的教学内容制定测试题，并通过钉钉家校本布置作业，让学生在课下答题，然后通过拍照的方式把测试题答案上传到钉钉作业。本阶段教学目的主要是通过小测验让学生进行自主练习，以强化学生对基础知识的掌握，养成学生课后进行复习和练习的好习惯。教师通过审阅学生测试题答案，针对学生在测试题中出现的问题进行更正、解答，当接收到学生的反馈时，通过钉钉、微信或 QQ 与学生进行线上的互动交流，及时在线指导（见图 3）。

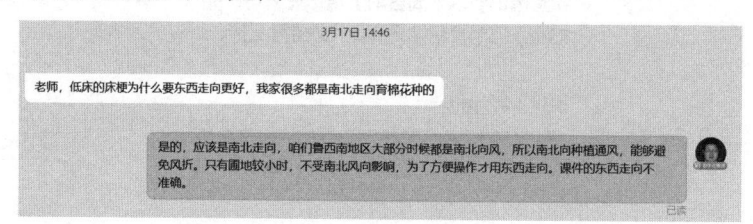

图 3 课后在线指导

三、实验课程的教学

"园林苗圃学"是一门实践性很强的学科，学生在课程中的主要学习任务是通过理论学习和实践实验相结合的方式，掌握园林树木种子生产、园林苗木培育、园林苗圃经营管理等方面的理论知识和实际操作技能，因此实验课程的教学非常重要。对于实验课程的教学，也要抓住课前、课中、课后三个教学环节。具体而言，首先，根据实验指导内容制定教学课件，进行线上授课，并布置实验任务；其次，学生在线下根据线上授课过程完成实验；最后，学生将实验报告及实验实践过程拍照上传至钉钉作业，教师根据学生的实验报告和过程照片对学生进行评价和具体指导。

但是实验课程与理论课程的教学不同的地方在于：一是在实验课程的线上教学过程中，增加学生对相关实验视频的观摩时间，借助中国大学 MOOC 等平台视频以及教师平时在互联网上收集的视频等优秀教学资源，让学生深刻理解实验技能及相关操作过程。二是加强线下指导过程，即要求学生根据实验课程的讲解内容，在课后因地制宜地进行实验操作。例如在实验教学中的播种实验、扦插实验和压条实验等部分，学生在线下具体操作中对实验过程各阶段进行拍照，然后上传到钉钉家校本，教师根据学生的实验过程照片和实验报告进行点评，并进行线上交流和指导（见图 4）。

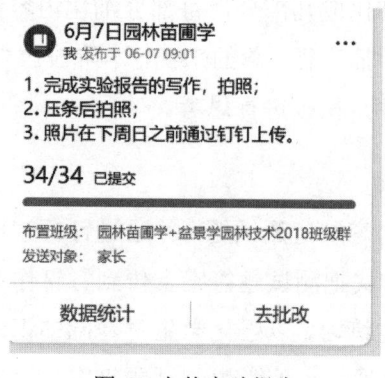

图 4 上传实验报告

四、结语

对本学期进行的线上线下混合教学过程进行总结,其创新点如下。

一是将线上教学与线下指导进行有效结合。在混合教学过程中,不仅利用钉钉软件的线上直播教学功能解决了学生课程理论和实验教学问题,还及时与学生交流互动,了解线上直播教学中所出现的问题,在教学过程中进行提问,巩固学生学习的知识点,并对学生提出的问题及时给予解答。此外,通过钉钉家校本功能布置课后练习作业,通过钉钉、QQ或者微信与学生进行线下交流,监督学生进行复习和练习,实现了线上教学与线下指导的有效结合。

二是将多个线上教学平台有机结合。通过遴选各个教学平台的优质在线课程,例如利用中国大学MOOC平台上与教学内容相似的优质课程,使用钉钉进行直播,学生学习起来更加生动有趣,不仅使授课教师讲授的理论知识更形象、更具体,摒除了理论课程枯燥的一面,还使实验课程中的技能操作过程得到了更详细的讲解和细节体现。

总之,疫情对我们的教学工作是个重大挑战。无论在授课过程中,还是在今后的考试命题、监考和阅卷过程中,乃至在整个教学过程中,都存在教学方式方法陌生、网络卡顿、学生居家有懒惰心理等问题,但是只要我们教师发扬不怕困难的精神,及时与学生沟通交流,督促学生自主学习,就不仅能够圆满地完成现阶段的教学任务,还有助于提升整体教学质量和水平,为今后的教学工作改革开辟出一条新的道路。